法　学

―― 法制史家のみた ――

［追補第２版］

利光　三津夫
林　　弘　正　著

成　文　堂

灰陶加彩　鎮墓獣

本彫像は中国唐代（7， 8世紀）のものと推定され、墓を守るために置かれた神獣である。その形態は、頭上に一角を有し、人面ながら、体型が牛に似る処よりみて、想像上の動物「獬」であると考えられる。獬は、正邪を見分ける能力を有し、有罪の者を角でつくといわれ、裁判の場において、利用されたという。このことは、古代中国では動物神判が行われた証拠とされている。

「獬」は、「獬廌」とも書き、音は「カイ」である。今日「法」と書かれている文字の古字は「灋」であり、「氵」と「廌」と「去」の合字である。「氵」は水に投じて曲直を判定する水神判とも、公平即ち「水平」をあらわすともいい、「去」は、「曲者を去る」意を示すといわれている。

法律家は、血も涙もないから、法という字は水を去ると書くなどという解釈が一部ではなされているが、それは全くの誣言である。

獬（かい）

37×24×11cm

現行憲法解説版画

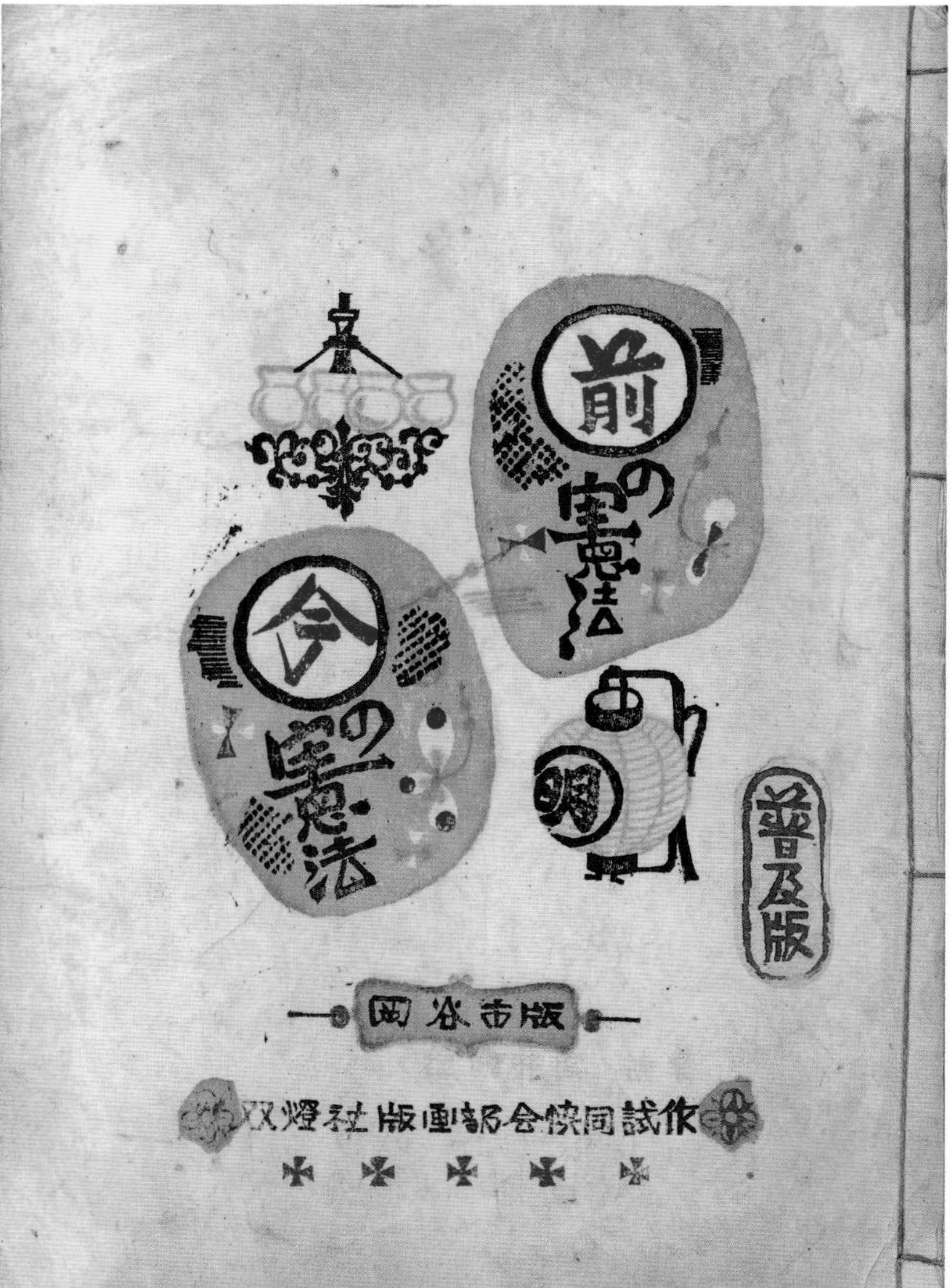

現行憲法施行の直前昭和22年４月、即ちその周知期間中に、四谷市（現在新宿区）において、市民に配布された新旧憲法の対照圖である。現行憲法のすぐれた点がやや不当なまでに強調されている。紙質その他、今日よりみれば、粗末なものであるが、当時の物資不足を考えれば、如何にこの新憲法制定事業が重要視されていたかを示している。かかる紙の特別配給をうけるためには地方公共団体といえども占領軍総司令部の許可が必要であったはずである。

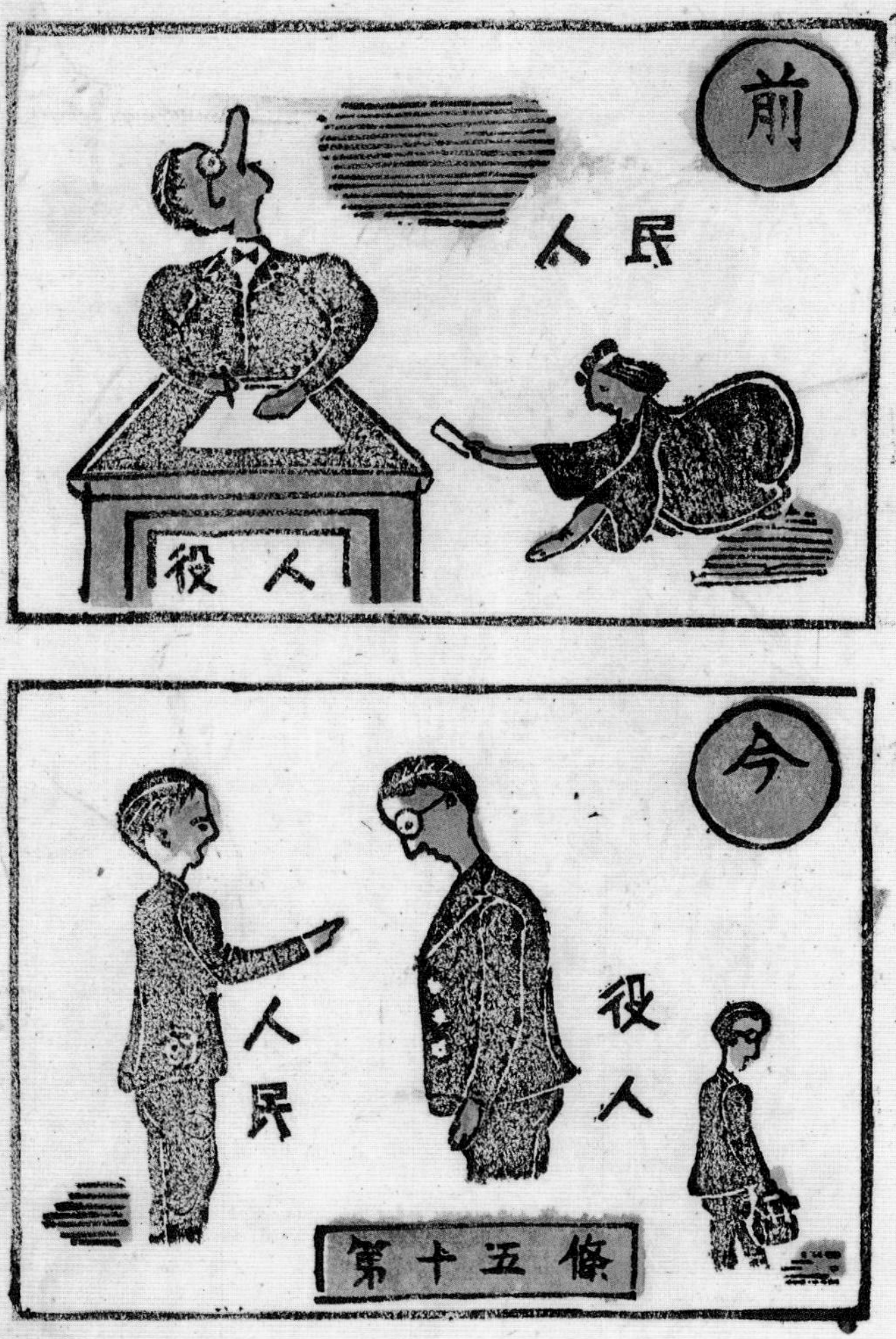

汝晴介

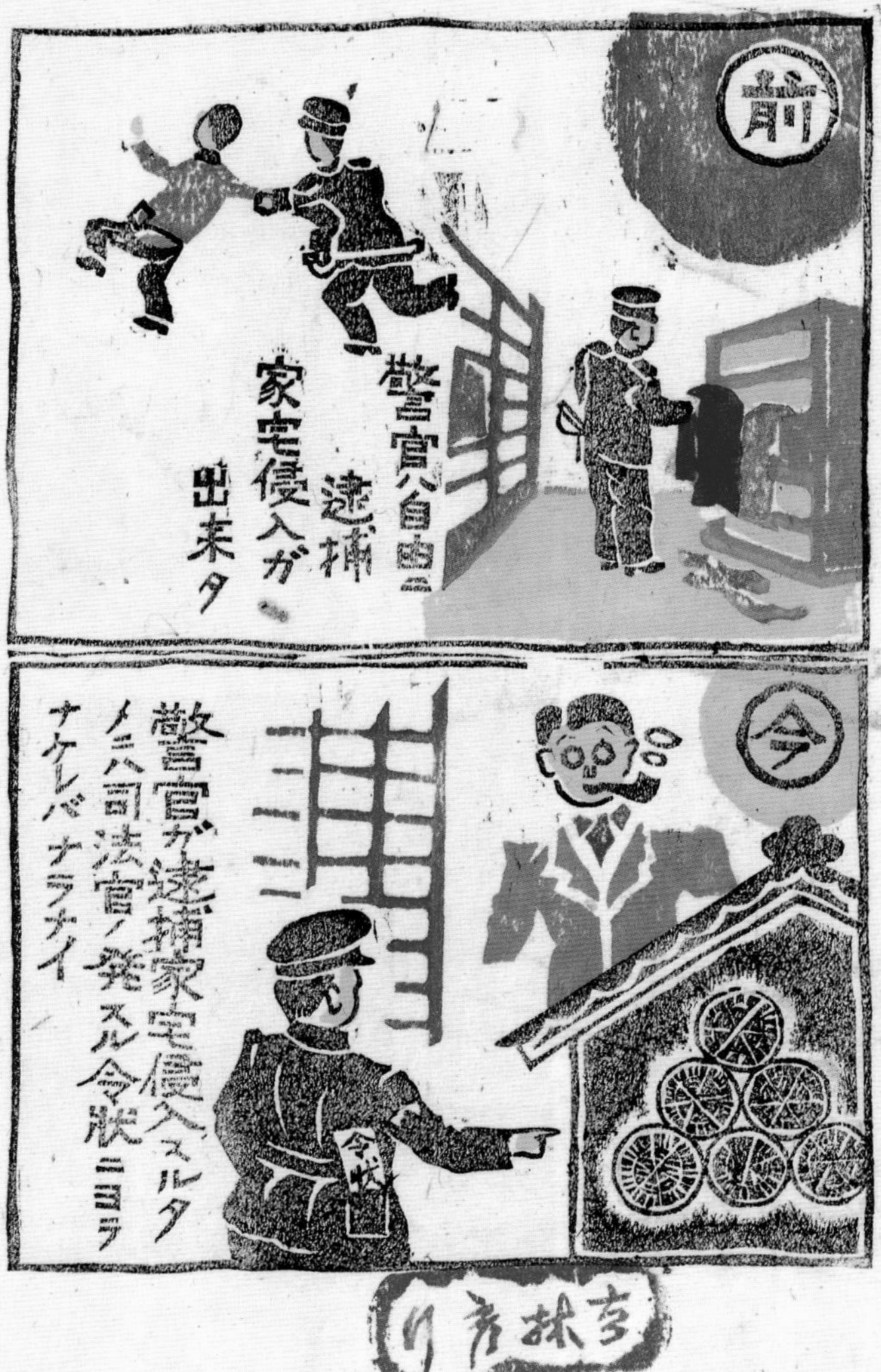
前
警官ハ自由ニ逮捕
家宅侵入ガ
出来タ
今
警官ガ逮捕家宅侵入スルタ
メニハ司法官ノ発スル令状ニヨラ
ナケレバナラナイ
令状

「須磨源氏」の弁

執筆者の一人利光は、現行法に最も程遠い、奈良平安時代の古代法制の研究者であり、いわゆる解釈法学者たちは、多少の揶揄をこめて、この種の研究者を「律令屋さん」と呼んでいる。しかし、いかに「律令屋」であっても、私立大学法学部に奉職する以上、持時間制というものがあり、法制史の授業のみを担当していれば、それを以て足りるというわけにはゆかない。

慶應義塾大学において、私に割当てられた法律学に属する最初の講義は、一般教養の科目の一つである「法学」であった。

既に故人となられた指導教授が、多少の危惧と、同情の念を顔にあらわしつつ、しばらくはこの講義を行うように命じられたのは、昭和四十年代の初め、即ち、大学紛争の嵐が近づきつつあった頃であった。

如何に専門から遠いといっても、学者たるもの、一たん引き受けた以上、多少とも実のある講義をしておきたい。かく志をたて、私はそれより約一年の間、全力投球で講義録作成にとりかかった。その間読破した「法学」、「法学概論」などと題された書が何冊であったかは、今では記憶にさだかでない。

その中には、随分と啓発され、ノートにとり入れさせていただいた著書もあったが、一方、これらの大半が、日本、或いは中国の法の歴史、或いは法に対する思考方式について、殆ど興味を示していないことに驚かされた。著者の多くは、法なる社会現象を理解するためには、欧米の知見のみで足り、他は殆ど無用と考えていると推定せざるをえない。

そこで私は、法学の講義に、日本をふくめての東洋的知見を導入してみたらどうかと思いたち、一回、一回の講義に、そのような方式を注入してみた。成功した部分も、失敗にきした部分もあるが、とにかくノートは着々としてうまり、一年間にして、ほぼ一冊の大判ノートをつくすこととなった。

周知の如く、大学の授業には時間制限があり、講義題目のすべてをつくすことは先ずない。私の講義も、その常のごとく、中道にしておわる。すなわち、「須磨源氏」となり、総論と、各論の一部におわった。しかし、とにかく、多少特徴ある授業を行いえたとの満足感を以て、教壇を下ったのをおぼえている。

法学の授業担当は、数年にして後輩と交替となり、以後二十余年、定年にいたるまで、これを担当することなく、むしろ大学院や、専門科目の講義に追われることになった。仍って、そのノートも御役御免、空しく筐底に蔵せられ、陽の目をみることもなかった。

老年に達し、他大学に移り、行政職に従事する時間が多くなると、人は多く壮年、ひたむきであった頃の著作がなつかしくなる。その例にもれず、私も近時、机中をあさり、かつての未定稿を読みなおす機会が多くなった。そして、このノートもまた再び机上にのぼり、一読の結果、手さえ入れれば、法を学ばんとする初心者に多少の参考に供しうるのではないかという気になった。

しかし、今日の私には殆ど余暇というものがない。そこでここに新進の刑事法学者林教授の助けを求めることになり、徹底的に足らざるを補い、過ぎたるを削っていただくこととした。稿をまわすこと数回、旧稿は面目を一新したが、やはり未完の域は、これを出ずることができなかった。

他日余暇あれば、その完結をはかりたいと思うが、「前途」余りに「程遠く」、それは所詮望蜀に過ぎぬのかもしれない。

なお、本書巻末には、外篇として日本法に関するエッセー、並びに判例研究を収録した。いずれも、欧米の人々とは発想を異にする法意識への入門として、読者諸彦の参考となしうると思考したからである。

最後に、本書が参考にした先達の書は多数にのぼるが、その中最も深い影響をうけた著述は、田中誠二博士「法学通論」（全訂版）（千倉書房）であり、ついで多くを参照したのは、手塚豊、伊東乾、新田敏三氏共編「入門法律学辞典」（泉文堂）、慶應義塾大学法学教育研究会篇「法学新講」（慶應通信）等である。その他、教科書という性格より、一、一出典をあげることを省略した部分が多いが、ここにまとめて、先学の学恩に厚き感謝の念を表明しておきたい。

平成五年十二月

執筆者を代表して

利光 三津夫

第二刷発行にあたって

第二刷においては、誤植の改訂その他一応の手は加えた。また、出版以降に入手した「刑法竝監獄法改正起草委員会決議条項」（刑法各則編第二次整理案、昭和一〇年八月一五日付）にみえる改正条項について、多少の考証を行った（以下、昭和一〇年改正案として引用する）。

昭和一〇年改正案の伝来は、旧満州国（現中国東北地区）法院関係者蔵であり、恐らくは、同国刑法立法のために、日本司法省より送付され、保存されたものと推定される。昭和一〇年改正案には十一条に及ぶ「選擧ニ關スル罪」（但し審議未了と記されている）等があり、また、第二十三章には、妻のみならず、夫の姦通罪も定められ、まことに興味つきぬものである。なお、夫の姦通罪についての規定は、既に昭和二年の刑法改正豫備草案第二百四十八條に「配偶者アル者」と規定し、昭和一五年の改正刑法假案第三百二十五條では、構成要件をより明確にし「其ノ関係繼續中悪意ヲ以テ妻ヲ遺棄シ又ハ之ニ對シテ同居ニ堪ヘザル虐待」と規定している。假案の規定は、昭和一〇年改正案よりも構成要件の明確化を図ることにより、趣旨としては或る意味で後退しているものと解せられよう（昭和一〇年改正案については、小野清一郎編『刑事法規集　第一巻』（昭和十九年）には含まれておらず資料的に重要な意味をもつと言える）。

追補版　序文

執筆者両名は、本書の公刊にあたり学問の進歩・深化と自己の研究成果を反映することを責務としながら改訂の機会を逸したまま今日に至ってしまった。

この間に法律学をめぐる環境は、司法制度改革の実践により大きく変化した。

その第一は、法曹養成機関としての法科大学院という専門職大学院が二〇〇四年に開設されたことである。執筆者の一人林は、島根大学大学院法務研究科の刑法担当者として赴任し今日に至っている。

第二は、二〇〇九年五月二一日から開始された裁判員制度という司法への市民の参加である。

追補版は、かかる変化に対応し、とりわけ裁判員となり得る可能性のあるより多くの読者に法学の基礎を提供するべく執筆にとりかかった次第である。惜しむらくは、追補版原稿を共同執筆者である利光三津夫先生に目を通して頂くことのかなわぬことである。

本書は、利光三津夫先生と筆者との思い出の法学の入門書である。

筆者は、最初の奉職先である新設の常葉学園富士短期大学に利光三津夫学長のもと助教授として赴任し四年間多くの学生と同僚に恵まれて研究と教育の機会を得た。筆者は、理論刑法学の研究と併行して新たに被害者学の視点から児童虐待研究を始めることができた。富士でのホテルでの先生と共にする時空は、常に研究を念頭に置いたものであり、先生の博識な教養に触れる時間でもあった。移動する目白からの新幹線での往復の車中の時間も同様であった。

その後、筆者は、一九九四年新設の法学部の単科大学である清和大学に学長として招聘された利光三津夫学長とともに教授として赴任した。本書は、予てからの先生との法学の書を執筆するとの懸案を果たすため常葉学園富士短期大学での最後の秋冬を利用して執筆したものである。

清和大学での一〇年間は、筆者にとって横浜地裁所長をなされた岡田光了先生を初め奥村正雄教授、末道康之助教授の刑事法スタッフと切磋琢磨し研究に専心した充実した時間であった。

筆者は、二〇〇四年島根大学大学院法務研究科教授として新たに開設された法科大学院に刑法担当研究者教員として赴任した。

法科大学院は、司法制度改革審議会により「司法制度を支える法曹の在り方を改革し、質量ともに豊かなプロフェッションとしての法曹を確保する。」との趣旨から提案された法曹の人的基盤の拡充の一方策として設立された法曹養成の専門職大学院である。

島根大学大学院法務研究科は、法曹過疎の筆頭である山陰地域の要請から設立された専門職大学院であり、実務家教員である弁護士兼職の教員と研究者教員とのコラボレーションのもと院生の指導に専心している。筆者は、研究者教員の一員として刑法を講義するとともに研究者としての名に恥ずることのないように研究の日々を過ごしている。

筆者は、清和大学在職中に千葉県内の看護専門学校で関係法規等の講義の依頼を受け一五年余に亘って目的意識の明確で熱心な学生とともに Informed Consent や医療過誤について考えてきた。

本書の追補版執筆にあたっては、看護系受講者にもより利便性の高い法学の教科書とするべく内容を補充した。

二〇一〇年三月五日

Madrid から Granada に向かう AVE の車中で

林　弘正

追補第二版　序文

利光三津夫先生との『法学－法制史家の見た－』は、一九九四年に刊行し二六年が経過した。その間、二〇一〇年に看護系受講者のために「法律学と医療関連領域の諸問題」を加筆し追補版とした。

島根大学大学院法務研究科での研究者教員としての九年間は、理論刑法学の重要問題の一つである「相当な理由に基づく違法性の錯誤」、国民の司法参加として実施された裁判員裁判制度、生命の誕生に関わる非侵襲的出生前遺伝学的検査(Non Invasive Prenatal Genetic Testing：NIPT)等に関心をもって考察を重ねた。

武蔵野大学での五年間は、NIPT及び着床前遺伝子診断(Preimplantation Genetic Diagnosis：PGD)、異数性に関する着床前遺伝学的検査(Preimplantation Genetic Testing for Aneuploidy：PGT-A)の問題、刑法法制史研究として「横領罪と背任罪の連関性についての法制史的一考察－改正刑法假案の視座－」の研究をすすめ、今なお呻吟している。

追補第二版は、医学系受講者のため新たに「専門職の倫理」の講を起こし「法律学と医療関連領域の諸問題」の充実と「医療と社会保障」の章を追記した。Case Methodとしての判例研究は、法律の実相を知る上で不可欠である。追補第二版では限られたスペースで「医療過誤・重要判例」(三三五頁)及び「医療と社会保障　講義概要」(六〇頁)を加えることは叶わず講義資料として配布することとした。

研究者としてその成果を常に反映した法学教科書を編み続けるとの利光先生との盟約の一端を果たすことが出来ればと願うばかりである。

二〇二〇年一〇月一三日

小日向の蝸廬の孤小な書斎にて

林　弘　正

目　次

各　論

総　論

第一章　はじめに

法学の講義をはじめるに際し、先ず法学なる講義がいかなることを目的として行なわれるかということを述べておこう。

一般に法学なる講義には二つの目的があるといわれている。その一は、民法学、刑法学というような一定の学問を学ぶための前提として、学習者に対して準備的基礎的知見を詳細に与えることを目的とするということであり、その二は、一般教養として法に関する常識的な知識を与えるということである。

前者と後者とは、その目的をやや異にするものであって、前者を重んずれば、「法とは何ぞや」というような法一般の原理、法哲学的問題に時間の大部分をさき、法解釈の問題、法の種類の問題、又は、現行法の各部門の説明は簡略に止められてしかるべきである。しかるに、後者を重んずれば、社会人としての教養に必要な法の解釈方法や、法が実際社会においてどのように行なわれているかという問題に多くの時間をさかねばならない。

本書は、一般教養の書として、むしろ法律という社会現象にふれることが多からざる学生を対象とする書である。これらの学生は法律学科に属する者といえども、後に、法の各部門についてのすべての授業を履習する者はあまりおらず、民法又は刑法の一部と憲法、行政法、訴訟法程度の授業を聞いて卒業してしまうものが大部分である。

故に私は、この講義においては、法一般の原理というような問題はなるべく簡略にすませ、法の解釈方法、種類、現行法の一般原則、並びに、最も重要な法制である憲法を理解するための史的背景、人権問題等を中心として与えるということで、著述を進めて行きたいと考える。

現代人として、法全般に通じるということは理想であるが、たとえこれを究めたとしても、訴訟に出会うことは一生に一ぺんといわれる日本の社会においては、宝の持ちぐされになる場合が多い。従って、浅い実学的知識といえども、それを学ぶ価値は決して軽視しうべからざるものがあると思う。

一・法の定義

法学なる学問に入門するに際して先ず明かにしておかなければならないことは、法とは何ぞやという問題である。

大体物事に定義を下すということは、容易そうで実は甚だ困難な仕事である。動物と植物というようなものは、その分類が明確で、定義を下しやすそうにみえるが、実は、生物界にはその中間的な生物が多く存在しており、動物は移動可能であり、植物はしからずという如き常識的な定義を下すことはできない。ましてや「法」というような複雑な社会現象をその対象とするものとなると、その定義は異論百出止まるところをみないのである。

法とは何ぞやという問題が法学において最初に論ぜられるべき問題であるとともに、その学習の最終段階において、再び考証されるべき問題でもあるといわれるのは、これがその理由である。

それならば、何故そんなに問題が解決困難とされるのかというとそれは、各時代各場所において、法とよばれるものが多義であるからである。

このようなことは、多くの社会科学上の用語についてもいいうることであって、「封建制度」という語についても同じである。

封建制という言葉は、中国世紀前、周王朝の都市国家時代に作り出されたものであり、それは、荘園制の上にたつ鎌倉室町期の封建制、幕府中心的な江戸期の封建制と異り、更に農奴制を前提とするヨーロッパのヒューダリズム（feudalism）とも異り、ましてや、民主制に対する前近代的制度を指す俗語とも異っている。従って、それは多義という外はなく、一言にして、これを論ずることは不可能である。

これと同様に、法とは何ぞやという問題についても、正確な答えを述べることは不可能に近いと思う。故にここにおいては、現在多くの学者がそれに賛成している法の定義を挙げておくに止めたい。

その定義というのは、法とは、第一に社会規範（social norm）の一種であって、第二にその典型的なものは国家権力によって外的、強制的にその効力の保障をなすものであるということである。

第一の点、即ち、法が社会規範の一種に属するという要件は、いかなる時代、いかなる社会においても適合することである。規範という用語は、本来法則とは対立するものである。法則は、その内容において、必然性をもつものであって、たとえば「生命は有限である」という類のものであり、自然科学における法則がこれに属する。これに反して、規範は当為（Sollen）、即ち、「行うべきである」（これを法律家は作為義務という）とか、または「行うべきではない」（これを不作為義務といい、伝統的な用語では「禁制」という）とかを定めるものであって、例えば「汝、人を偽るなかれ」という類のものである。

前者は、一〇〇％実現し、まぬかれようがないことであり、その一部においても実現しない場合には、法則は全く誤りということになる。しかるに後者は、実現の可能不可能を問わないものであって、むしろその違反の可能性が常に予想されている。「法則は事実と一致することによって妥当し、規範は事実と一致しないにも拘らず妥当する」というのはこの意味である。

このように法則と規範とは異ったものであるが、法が法則ではなく、規範の一つであることは明かなことである。

さて法は規範の一つであるが、それが単なる規範ではなく人類社会の規範の一つであることも疑いがない。人間には、孤立しては生活できない本能的なものがある。社会生活、集団生活は人間の本性であり、無人島に一人残されたロビンソン・クルーソーの苦しみは、まさにここにある。

ところが社会生活を維持するための秩序維持には、個人の欲望を一定限度拘束する必要がある。そのため人類社会には、さまざまな規範が存在するにいたったのであって、その重要なものとしては法の外に道徳や宗教等が挙げられる。法が、道徳や宗教等とともに、社会規範の一つであることは疑いがないことである。

以上のように法は社会規範の一種であるが、法は政治的に組織化された社会力、その典型的なものは国家により外的に強制され効力が保障されている、少くともその可能性が存するという第二の点によって、他の社会規範とは異なる特徴を有している。

心理的強制ではなく、外的物理的な力、即ち、刑罰や直接間接の強制執行によって強制が加えられるということは法の重要な要素の一つである。

この点、法は道徳その他と異るわけであるが、法と道徳等とが具体的にどう異るかについては、次の項目にくわしく述べることとしたい。

なお、法は、その典型的なものは最も強力な政治的組織体である国家によってその効力が保障されるものであるが、人類の社会には国家以外にも、国際社会、地方公共団体等の多くの社会があり、それぞれの政治的組織を有し、規範を強制しうるものが多く存在している。この場合その規範はやはり法の一種であると考えられるべきである。

しかし、これらの規範は、近代国家成立後は国家の意思にさからっては、存在しえないのであって、国家が明示的黙示的にこれを承認してはじめて法として存在しうるのであり、江戸期の村法にみえる村八分の如きものは、この面より排除される。

故に右にいう法は、今日においては通常二次的な法、又は国家外法と呼ばれ、国家権力によって強行される法とは区別されているのである。

なお、原始社会の法、即ちいまだ政治的に充分に組織化された存在を有していない社会の法は物理的強制力が弱体であるから、不完全な法と呼ばれる。かかる法において、家族その他による仇討ちの如き、自力救済が認められることが多いのは、その強制力が、いまだ不完全であることを示している。

以上は、法の定義として、多くの学者がこれを認めているものであるが、学者によってはこの外に法が法たるためには、実効性があることを要するとか、その規範に正当性があることを要するとか、述べるものがあり、法の定義は論者によって、全く多岐に分れている。

しかし、右に述べた要素は法の概念の中に必然的に含まれるものではないと考えられる。

第一に実効性の問題であるが、この論者のいう実効性とは、法が実行可能であって事実として守られていることである。即ちこの論者によれば、或る法が、実行不能であり、これを守る人、一名もなしという状態にたち至れば、法はその妥当性即ち法としてこれを守ることが要求されることもなくなり、法として存在しえなくなると解するものであるが、これは法制史を専攻する者にとっては、やや不当な見解である。

何故ならば、わが国の法の歴史においては、実効性を全く欠いた法が、法として存在しえたことが多く証明しうるからである。

例えば、中古の律令の中には、当時全く行なわれなかった法が多くあるが、かかる条文も法として認められ続け、後に、実効性をもつようになり数百年にわたって存在しているのである。

具体例を挙げれば、律令の婚姻法は、奈良平安期において、招婿婚の風習があるわが国においては全く行なわれていない。従って離婚法の如きも、男性が一方的に離婚するいわゆる「追い出し離婚」の規定の如きは、全くナンセンスであって、追い出されるのは、むしろ男性の方であった。

しかしながら昔から嫁入婚のみを婚姻と考え、それ以外の形態を認めない唐との関係では、わが国国民はそれを法として認めているのであって、法律を継受した国においては、外国に対する体面上、実効性のない法が法として存在しうる例として知られるのである。

かかる現象は現在の法においてもみられることであって、例えば、社会福祉に関する法の一部の条文などには、実効性を有していないのではないかと思われるものも見出される。しかし、かかる法も法と考えられていることは、事実であって、法の概念に実効性云々の問題をもちこむことは、わが国の法律学においては困難であると断ぜざるをえない。

第二に、法には正しさが含まれなければならないという正当性の議論も、歴史の上からこれを実証することは困難であるといわざるをえない。この論者は「悪法は法でない」ということを主張するために、かかる要素を法の概念の中にもちこもうとするものであるが現実は明かな悪法であっても、これが法として認められることを物語っている。

例えば、徳川期の生類あわれみの令などは、人間よりも動物を重んずるという世界に例なき悪法であり、新井白石なども口をきわめて、その弊を説いているが、不幸にも、幕府権力が最高に達した時であったので、法として一定期間存続し、実効性を有した。

この議論は法の意義と法の目的とを混同したものであって、「法は正義の実現を目指すべきである」ということは理想としてはいえるが、これを法の定義とすることはできないといわざるをえない。

要するに、法とは社会規範の一種であって、政治的に組織化された力によって強行されうるものであると記憶してもらえば、それで足りると考えるのである。

なお、最後にこれは余談であるが、われわれが通常用いている法という字が本来いかなる意味を有しているかということについて一言しておこう。

法という字は、現在法規範の外に宗教的規範の意味にも用いられている。法師、法語などという語があるがこれは法なる字が宗教的用語に用いられる場合があることを示している。

しかし法は、本来法規範をさす用語であって、それは法の古字が灋（ハフ（呉音）、ハウ（漢音）、ホウ（通音））であることによって知られる。

右の字を分解すれば、法は水と廌と去とから出来上っていることになるが、廌は、中国の伝説的な神獣獬（カイ、カイチ）の同音異語である（巻頭写真参照）。

唐代の土俑では、人面のものもあるが、獬は、本来は牛の類より想像されたものであって、頭上に一角を有し、よく正邪をみわける力があると信ぜられており、したがって裁判に用いられ、この動物の角につかれた側が敗訴する風習があったといわれている。これは神判という裁判形態であって、原始時代には、どの民族も一度は、これを行ったことが法制史上知られている。

神判には、この外にさまざまな形態があるが、この外にも水へ投げこんで沈んだ者が敗けとするものも知られている。しからば法の「三水」は明かに水神判と呼ばれるものを指すといわざるをえない。

かかる神判はわが国においては、比較的近年まで行なわれていたのであって徳川時代の村同志の境界あらそいの訴訟などは、最後には湯起請とよばれる探湯神判、または、焼けた鉄にふれさせる鉄火神判によって解決がつけられたという記録が残されている。

故に法なる字は明かに裁判に適用される規範をさすわけであって、現在の法律とさしてかわりがないものであったことが知られるのである。

なお、漢字では法は律、令、則等の文字であらわされる場合もあるが、この中、則は貝即ち、宝物を刀で割る、即ち民事裁判をあらわしている。しかし律、令等は、単なる基準をあらわす文字であって、本来は法の意味を有しないようである。

律という文字は、彳（行いてゆく、英語のing）と聿（刀筆を以て書くこと）から構成され、令という文字は、亼（家屋の意）とマ（人が跪いていること）から構成さているといわれている。

例えば、律は、本来は音楽の音階のことであって、これより転じて法の意味に用いられるようになった。故に漢字の原義からいえば法規範は法則と書かれるのが最も適当であろう。法は刑事、則は民事の規範である。

なお、日本語においては法、律、令、則、憲等いずれもその読みは同じであって「ノリ」というのがその訓である。「ノリ」は「ノベル」と同意であって、権威のある者が口に出した宣言をいい、それより転じて、社会規範全体をさす用語となったもので、法に特定されるものではない。

その因由は、わが国に法、律、令、則、憲等の文字が輸入せられた頃には、いまだわが国は、中国ほど文化が向上しておらず、法規範は他の規範から分離していなかったからである。法規範が分離する過程については、第二章でこれを詳しく述べるつもりである。

なお、現在においては法律なる語には広狭二義があり、広義には法一般をさし、狭義には国会で制定された法をさしている。また法律なる語は成文法をさす場合のみに用いられることもある。法制史家が法律史という言葉を用いる場合には、成文法史の意味である。

第二章　法と他の社会規範

第一章では、法の概念について論じたが、ここでは法と他の社会規範との差異がどこに求められるかということを述べてみよう。

前述の如く法は、社会規範の一つにすぎず、社会の秩序維持の規範には、この他に宗教的規範、習俗的規範、道徳的規範などがある。

即ち法規範は、他の規範と互に補完しあって有効に社会統制（social sanction）を行なうのであって、かかる機能上の制約を無視して社会統制を法のみをもって行なおうとするのは、中国の法家の徒が、多くの非難をこうむった如く、よき結果は得られない。

しからば、この宗教、習俗、道徳の各規範は法規範とどのように異っているのであろうか。

規範は歴史的にみると先ず習俗より道徳、宗教が分離し、更に法が分離したといわれている。その順に考察を進めて行こう。

一・法と習俗

まず法と習俗であるが、両者の差異を一言にしてこれを述べれば、政治的に組織せられた権力によって外部的に強制されるか否かにあると考えられる。

習俗は人間の模倣性に依処して、現実生活の中から無意識的に生まれる社会規範であるといわれ、習俗にはその最初の行為者といえどもそれがいかなる効果を発生させるかを期待していないのが通例であると説かれている。

習俗にも、その適用を受ける個人に対して、強制をもたらすものがあるが、しかし、これが強行されるのは政治的に組織化された社会力によるのではなく、世評というようないわゆる「非組織的な社会力」による心理的強制によるのである。

例えば、学校の教師は、あまり突飛な服装をすべきではないということは今日一応認められている習俗、慣習といえると思うが、それに反したからといってたかだか不評判を蒙るだけである。しかも、かかることが時代の推移によって大いに変化していることは、個性的服装や容貌をした教師の出現があらたな習俗となっているという主張さえ、今日生れつつあることに注意すべきである。とにかくこの点で、習俗は法と区別できるわけである。

法と習俗とは、かように政治的に組織化された社会力によって外的強制をうけるかどうかという点に大きな相異がある。従って、その差異は、むしろ強制の様式にあって、その内容にあるのではない。故に習俗の内容と法の内容とが一致することは多くあるのであって、むしろ、法がよく遵守されるためには、換言すれば法が実効性をもつためには、習俗と大凡一致することが望ましいとすらいわれている。法が習俗とその内容をともにすることが望ましいか、正義に合することが望ましいかは、今日においても議論のある処である。何故ならば、習俗は、伝統的保守的であって、理想という点において欠ける面が多いからである。

習俗と法とは、右の如く深い関係を有するから、習俗が長期間維持され、組織的な社会力によって強行されていると人々から認識されると、即ち法律家の言葉によれば法的確信（Rechtsüberzeugung）を得るようになると、慣習法という法の一種が生ずるのである。

慣習がどのような場合に国家の法として認められるかについては、第三章で更に述べることとしたい。

ラートブルフ（Gustav Radbruch, 1878 – 1949）によれば、習俗は法と道徳との予備校であるという。即ち習俗は、法と道徳とがなお未発展・未分離の状態で包含されている両者に共通の前形態であり、「法および人倫の形態をそれぞれ別の方向に向って発足させる未分化状態」（ゲオルク・ジンメル）である。

その例として、弱者にあわれみを抱くという習俗は、一方では慈恵という道徳的義務へと発展し、他方では、貧民救済、公的扶助という法制度へと発展する。即ち、法および道徳をまず準備し、それを可能にした後には、その大半が法と道徳によって吸収されてしまうことが習俗の運命である。

二．法と道徳

次に法と道徳との関係であるが、これも法と習俗との差異と同様に、その差は内容にあるのではなく、むしろその内容は、同じであることが多い。両者の差異は、法と習俗との場合と同様に政治的に組織化された社会力によって強制されうるか否かにあると考えられる。

法と道徳との区別については、従来多くの学説が存在し、法と道徳の分離（legal autonomy）がはかられた。

トマジウス（Christian Thomasius, 1655 − 1728）は法と道徳とを区別して、法は他人に対する関係を統制し共同生活の秩序を基礎づけるものであり、行為の外的過程に関するものであるのに対し、道徳は人間の良心に関しそれに内面的平和を与えることを使命とするとともに意志の内的関係に関するものであるとした。ラートブルフは、法と道徳とは区別されながらも相互に密接な関係に立つものと解し、「法の外面性」（Äußerlichkeit des Rechts）と「道徳の内面性」（Innerlichkeit der Moral）によってこれを分ける。

更に、イェリネック（Georg Jellinek, 1851 − 1911）は、法は「倫理的最小限度」（das ethische Minimum）であるとする。しかし、これらの説はいずれも厳格な区別とはいい難いように思う。

法は外面的行為の規範というが、それだけではなく内面的な心の状態に関連し重要な差異を定める場合もあり、さすれば第一、第二の説は成立困難となる。法が内面的な心の状態を問題とすることは刑事法上の故意と過失、盗犯等ノ防止及処分ニ関スル法律第一条二項にみえる恐怖、または、民事法上の善意悪意等によってもこれを知ることが出来る。

但し、刑法上の故意、過失を心理的に理解する心理的責任論（psychologische Schuldlehre）は今日では克服され、行為者の心理状態を超えた規範からの非難可能性という価値判断を責任の内実とする規範的責任論（normative Schuldlehre）が責任論における支配的見解となっている。

盗犯等ノ防止及処分ニ関スル法律第一条二項　前項各号ノ場合ニ於テ自己又ハ他人ノ生命、身体又ハ貞操ニ対スル現在ノ危険アルニ非ズト雖モ行為者恐怖、驚愕、興奮又ハ狼狽ニ困リ現場ニ於テ犯人ヲ殺傷スルニ至リタルトキハ之ヲ罰セズ

次に、俗に法は道徳の最低限度であるというが、必ずしもそれは正確な言葉ではない。先に述べたように、法

と道徳とは密接な関係にたっているから、両者の内容が一致することもあり、また法が道徳の最低限度を定める場合もある。「盗ム勿レ、殺ス勿レ」というような道徳はほぼ普遍的に妥当し刑事法の条文とほぼ一致している。また、民法の扶養義務に関する条文の如きは、よくこの例に引かれるように法は扶養者の経済的余力を前提として、道徳の最低限度を定めたものといえよう。

民法八七九条　扶養の程度又は方法について、当事者間に協議が調わないとき、又は協議することができないときは、扶養権利者の需要、扶養義務者の資力その他一切の事情を考慮して、家庭裁判所が、これを定める。

しかし、法には、道徳と全く関係のない条文もあり、中には、社会生活維持の必要から、一見道徳に反するような条文もある。例えば、民法八五条には、「本法ニ於テ物トハ有体物ヲ謂フ」とあるが、この規定の如きは道徳と関係がない。

有体物とは理性なき自然界の一部であって、一定の空間を占め且つ人の支配し得るものをいう。従って、空間を占めない光、電気は有体物ではない。但し、刑法上の物は、有体物とは異り、支配可能性があれば、それを以て足りると解する管理可能性説が支配的見解で、この点注意を要する。なお、刑法二四五条は、「この章の罪については、電気は、財物とみなす。」と規定する。

このように、法には一般の使用例とは異なる法的用語の定義を定めているものや、又は立法並びにその適用執行の組織を定めているもの（組織規範）があるが、これらは、ほとんど道徳とは関係ないといえる。また、行政規範と称せられる行政の必要より生じた規範、例えば「左側通行」の如きものは道徳と関係がない（ただし、行政規範も長期間継続することによって、新たなる性格へと脱却する場合もあるから注意すべきである。このことを法定犯の自然犯化と称している。車内の禁煙の如きものは、これに属する）。

しかも法には、道徳と一致しない規定が存する場合すらある。民法七五四条に「夫婦間で契約をしたときは、その契約は、婚姻中、何時でも、夫婦の一方からこれを取り消すことができる。但し、第三者の権利を害することができない」とあるが、この規定は、道徳的に考えれば、余り立派なこととはいえない。但し、この規定は多くの注釈書解説書にみえるように夫婦間のことは、国家が干渉しないのだと解することもできるが、民法の時効制度（善意無過失の場合、不動産は一〇年、動産は即時取得、悪意有過失の場合、不動産動産いずれも二〇年）の如きものは、その多くが道徳に合致せず、特に悪意の占有者（例えば、売買が無効なことを知っている者）が時効制度の恩典を受けることのごときは、明かに道徳に反するとさえいえる。

古代中国の法律家達が、時効制度を原則として認めなかったのは、このためであって、違法な状態が長期間続くと、悪性が倍加するにもかかわらず、適法となるということがどうしても理解不能であったからである。

鎌倉、室町期の武家法、公家法にみえる不動産の時効を認める「年序」の制、債権の消滅時効の制は、現実を重んずる日本独特の法と考えられている（従来、公家法では、債権の時効は存在しないことになっていたが、近時「東寺百合文書」より、これを発見することが出来た。その期間は幕府法十年に対して二十年である）。

従って、法と道徳との差異を一般的にその内容に求めることは、ほとんど不可能の如く考えられる。要するに法は政治的に組織化された社会力によって外部的に強制されるものであり、道徳は各人の良心と社会的不評により、その効力が保障されるものであると記憶していただければ結構であると思う。

なお、法と道徳との差異が数百年に亘って議論されているにもかかわらず解決できない一因は、両者の概念が時によって流動的であるからである。一例をあげれば、江戸期の忠義孝行の如きは、外的強制によって保たれる処が多く、道徳的色彩はきわめて薄い。孝行の如きは、奈良時代の法典「律」にその違反に対する刑罰が定められており、この頃においては、明かに法規範に属していた。また、不孝の効果の一つである相続権の剝奪の如きは、検非違使の庁例によれば、義絶という要式行為のみにかけられており、道徳的色彩を殆ど見出すことができない。

三．法と宗教

次は、法と宗教との関係である。宗教は神または仏への信仰心に基づき、個人的なもので、本来は社会的規範とはいいえないものである。しかし、歴史的にみると、その教義が強力に社会規範として規制を行っている場合が多い。従って、これを社会規範の一つと認めることは、現実論としては成立しうる見解である。しからば、この両者の差異は如何というと、やはり、強行の方式にあって、その内容にはないように考えられる。即ち、法は権力によって一定の手続の下に強行されうるものであるのに対し、宗教はその教義を信ずる各個人の心を基礎として成立し存続するという点に両者の差異があるとみてよい。

即ち宗教と法との関係は、道徳と法との関係とほぼ同じであると考えてよいと思う次第である。

なお、日本中世の寺院においては、その統制のための規範を定立し、その強制をはかっているが、これは、宗教規範ではなく、法の一種と考えるべきである。法制史家は、これを寺院法とよんでいるが、その内容は、多く宗教的なものでなく、行政規範的なものであって「多分ニ付ク」と称して、わが国において、最初に多数決制をとり入れた規定もその中に見出される。

なお、現代社会においては、法は、上述の如く他の社会規範と一応は分別できる存在となっている。しかし、学者は、かように法とそれ以外の社会規範とが区別されるようになったのは、文明が、ある程度発達した段階に達した以後のことであって、それ以前は、これらの規範は混然として区分できぬ状態であったと考え、しかも、国家がいまだ強力な政治力を有しなかった以前においては、むしろ、習俗などの規範が支配的であって、法規範は、わずかにその萌芽的なものがみられたに過ぎないと考えている。

未開社会の状態や、古代社会の歴史を観察すると、社会生活の規範は、原始的な宗教、即ち、いまだ一定の教義をもたない宗教に裏付けられた習俗によってほぼその全面が支配されている。

古代人は神に対する恐怖心が強いから、それらの規範は、いわゆる「命ぜずして守られる」という状態にあったようであって、民族学者はかかる規範をタブー（taboo）と呼んでいる。しかし、社会の規模が拡大し、個人意識が高揚されると、個人間において欲望の食い違いが起り、もはや一元的なタブーに属する信仰のみでは、とうてい社会生活を維持出来なくなる。従って、ここに先ず道徳、並びに教義を有する宗教がタブーから分離したようである。

しかし、それでもなお慣習を無視し、さらに道徳や宗教の教えをも無視して、他人に損害を与える者が生ずる。ここにおいて、更に社会の秩序を万全にするために強力な機関である権力機構が生じ、規範を直接的、外的に強制しうる法が成立すると考えられるのである。

わが国においても、大化以前の上代社会においては、原始神道といわれる宗教の力が絶大であって、いまだタブーが社会を規律していたものと考えられる。このことはツミという言葉の語源が神に対して、「ツツミかくす」ことから生じたといわれることからも知られる。

而して、このタブーより、これを規律する宗教規範が先ず分離した如くであって、わが国の古典には、天津罪国津罪というような罪が示されている。これらの中には、畔放《アハナチ》溝埋（あぜ、みぞを破壊する一種の農耕妨害行為と考えられている）というようなほとんど法に近いものも含まれているが白人（色素欠乏症）、胡久美（こぶのある状態）、高津神の災（雷にうたれて死亡した状態）というような神の怒りをひきおこす状態を示すものも含まれ、その分化が完全でなかったことをしめしている。そして、これらの状態をひき起したもの、又はこれらの状態におち入ったもの、さらには、かような状態にふれた者は、神の怒りをひき起したものとして、宗教的な制裁、即ち祓が定められており、それが習俗を越えていることを指示している。祓には、その者を当該氏族外に追放することから、その者の財物（祓物）を神に提供せしめて、神の歓心をかうことまでの数等が存在している。

法が更に、これらの神道的宗教規範から分離して、国家によって強制されるようになるのは、大体我々は推古朝頃からであると考えている。

書紀推古天皇二〇年の条には、百済から帰化した民の中に「其面身皆斑白」である者があった。人々は、その者が「白人」であると考え、祓として、それを海中の島に遺棄しようとした。ところが、百済人は「白人が悪ければ白い斑のある牛は飼えまい。それに自分は山岳の形を作る技術、即ち庭作りの芸をもっている」といったので天皇はその言うところ理ありとして、これを宮廷に召かかえたという話がのこっている。これなどは、俗的権力が高まり、神をその強制の基礎とする宗教規範が次第に克服されつつあったさまを物語っていると思う。

因みにいう。法は、有効な社会統制の手段ではあるが、法のみによって、それが達成されるわけではない。それを忘れ、法の過大評価を行うのは、法書生の抱く病理的現象である。

中国人は、かかる法万能を夢みる徒を「法術之徒」、「刑名之徒」と呼んで軽蔑している。法律学が古代中国において、学問と考えられず、方技（技術の一種）と考えられ、著名な律令家が「無学」と評せられた理由はここにある。

中国の南部に位置する紹興は、清朝末多くの法律家を輩出した場所であるが、次の詩は、彼等の不徳を実によくあらわし、しかも、全文を以て「紹興」の文字を浮き出させている。

半幅経綸（経綸は政治的手腕）
以刀筆餬口（刀筆は訴状、餬は他人に寄食すること）
半月在東辺（半月は興の一方のE）
半月在西辺（いずれも出張の多きことをいう）
処々稱同郷（紹興出身者以外は排斥することをいう）
一線光棍（棍は興の横線をあらわし、わるだくみの意味ももつ）
不成人（興の横線以下を人とし、横線即ちわるだくみの故に人間味を失っているとしている）

法と他の社会規範との関係について、両者を峻別し過ぎることは、法の運用等の点でその法のよってたつ存在基盤を失うこととなり適切でない。法の背後にそれぞれの社会規範による裏付けなくして実効性のある法運用は期待しえない。紹興の法律家たちの欠点はここにあり、また江戸時代の公事宿の公事師たちの欠点もここにあったものと思う。

江戸時代に訴訟のために地方より出府する人々を宿泊させる宿屋を公事宿といい、馬喰町辺に集中していた。この種の宿の主人または番頭には、公事師といわれる人々が多く、訴訟行為の補佐をなすことを公認されていたが、内実は、訴訟の延期をはかったり、古証文を安く買いとり、訴えをおこしたりして、人々からきらわれた。「馬喰町、人のけんかでめしを食い」といわれた理由はここにある。公事宿は大阪にもあり、また京都にも、これに類するものがあったことが知られている。

第三章　法の種類

法はさまざまな基準によって区分される。

その一般的区分方式は、①法の存在形式に基づく分類、即ち、成分法と不文法の問題、②法の効力範囲に基づく分類、即ち、強行法と任意法、一般法と特別法、原則法と例外法の問題、③法の成立資料に基づく分類、即ち、固有法と継受法の問題、④法の内容に基づく分類、即ち、実体法と手続法、公法と私法、国内法と国際法の問題等である。

一・法の存在形式に基づく分類

成文法、不文法

第一の成文法（ius scriptum, written law, geschriebenes Recht, droit écrit）と不文法（ius non scriptum, unwritten law, ungeschriebenes Recht, droit non écrit）の区分は、法の存在形式、即ち法が如何なる手続の下に成立し、如何なる外的形式をとっているかによる分類である。

法の存在形式について、法律家はこれを別に法源（fons iuris, source of law, Rechtsquelle, source du droit）と称することがある。従って、成文法、不文法は法源の種別ということもできる。

なお法源なる語は、外に(a)、法についての知識をうるための資料、即ち法令集、判例集、慣習の存在を知らしめる文書の意味に用いられる場合もあり、(b)、法を制定する主体、即ち古代においては、神、現実には司祭者、中世近世においては君主、近代においては人民またはそれを代表する国家の意味に用いられることもあり、(c)、法が規範として価値を認められる基礎、即ち、正義とか人道の意味に用いられる場合もある。

同じ言葉が学者によって全く違う意味に用いられることは、初学者をまよわせ、よくないことである。このような用語の多様性は国語の多様性に基づくものであって、やもうえないことであるが、避けられれば避けられるべきである。

しかし、法源を法の存在形式の意味に用いることは、最も一般的なことであるから、法源とあれば、この意味であると解して大過はないように思う。

(1) 成文法

しからば、次に成文法、不文法の区別を論じておこう。

第一に成文法とは、君主、国会等の国家組織法上立法権をもつ者によって、その内容が制定され、ついで公布施行された法であって、形式として文書をもって表わされたものをいう。字句より推定されるように、文書の形式をとるもののすべてではないことに注意を要する。

成文法は、立法機関によって制定されるものであるからこれを制定法（lex positiva, statute, Gesetzesrecht, loi écrite）と称する場合もある。

現行法における成文法は、憲法、法律、政令などの命令、地方自治法規等「六法全書」に掲載されているすべての条規である。

この点で、国際間の条約はもともと国家に権利義務を生ぜしめるものであって、それが、国内法として直ちに効力を有するかどうかについては争いがあるが、わが国においては憲法九八条二項の「日本国が締結した条約及び確立された国際法規は、これを誠実に遵守することを必要とする」との規定により、国家の成文法の一つと認められるものと解すべきであり、多くの解説書もこの説をとっている。但し、条約は事前又は事後に国会の承認を経て天皇によって公布されることによって、はじめて成文法と認められることとなる。

なお、条約に類似するものとして行政協定なるものがあるが、これは条約或いは国内法によって委任せられた範囲において外国と締結する合意であって、国会の承認を要せず、条約と同じ効力をもつ成文法となるものと考えられている。

日米安全保障条約（正式名称は「日本国とアメリカ合衆国との間の相互協力及び安全保障条約」という）第六条（「日本国の安全に寄与し、並びに極東における国際の平和及び安全の維持に寄与するため、アメリカ合衆国は、その陸軍、空軍及び海軍が日本国において施設及び区域を使用することを許される。前記の施設及び区域の使用並びに日本国における合衆国軍隊の地位は、千九百五十二年二月二十八日に東京で署名された日本国とアメリカ合衆国との間の安全保障条約第三条に基く行政協定（改正を含む。）に代わる別個の協定及び合意される他の取極により規律される。」）に基づく行政協定（正式名称は「日本国とアメリカ合衆国との間の相互協力及び安全保障条約第六条に基づく施設及び区域並びに日本国における合衆国軍隊の地位に関する協定」という）は特に有名なものである。

なお、成文法のうち、編、章、節、款、項と目次を立てて組成され、条文の分量の多いものを法典と称し、分量の少いものを単行法と称する。これは、成文法の種類といえないことはないが、両者の間には、実質的な差異は見出されず、従って余り重要な区分とはいえない。

(2) 不文法

成文法に対する不文法の意義については、多くの説がある。しかし成文法以外の法、即ち、立法機関によって法として作成され、公布された法以外のものすべてを不文法と称するとするのが支配的見解である。

不文法を以て、文書に作成されていない法律と定義づけるものがあり、この説は相当に有力であるが、これはあまり正確な定義とはいえない。何故ならば、たとえ、慣習法、判例法の内容を記載したもの（例えば、明治初年に司法省によって編纂された「民事慣例類集」の如きもの）があったとしても、立法機関によって、それが法として作成されていない限り、これを成文法と称することが出来ないからである。不文法が非制定法と別称される理由はここにある。

不文法には慣習法と判例法との種別があり、その外に条理法というものを認める説がある。以下、これを分説してみよう。

(i) 慣習法

慣習法とは、不文の慣習、習俗が社会一般から法と認識され、更に国家によって承認をえたものをいう。

即ち、それを成立の方面から観察すれば、慣習法が成立するためには、第一に一定の慣習があり、第二に国民が或る事項につき、その規範に従うことを権利なり義務なりと確信する。即ち法的確信（Rechtsüberzeugung）が存在することを要し、第三にそれを国家が承認することを要するということができる。

第一の慣習であるが、どの程度反復されれば慣習と称しうるかということは余り明かでない。ヴィノグラドフ（Vinogradoff）は、慣習が法的効力を有するためには、超記憶的な時代から存在することを要するとしているが、これも余り正確な標準とはいい難い。日本においては、中世法において或る人物の治世を限り、それ以前の慣習、判例を「不易之法」と称したことがあったが、今日それを定めることは不可能であろう。この問題については常識でこれを判断する以外に方法はないと思う。

第二の法的確信であるが、これは慣習法の重要な要素である。何故ならば、慣習の中には、例えばわが国では五月に多くの家で鯉のぼりをあげるというようなものもあるが、こうしたものは、法的な内容を有しないから、慣習法とはなり難いからである。またボーイにチップを与えるというのも、チップが権利義務の対象となるものと考える人はないようである（しかし、ホテルその他では、一定のサービス料を請求書に加算しているが、この種のものについては多分に疑義がある。何故ならば、これを支払わないことは、債務の不完全履行になると考えられるからである）。

第三に、国家による承認であるが、これは必ずしも国会のごとき立法機関によって承認されることを必要とせず、また明示的に承認されることをも必要としないというのが多数説である。裁判所によって承認され、その承認が黙示的であっても、また慣習は法となるものと解してよいと思う。

なお、慣習法をいかなる範囲に認め、どの程度の効力をこれにもたせるかということは、現在のわが国のような大陸法系、即ちフランス、ドイツ等の法系に属し成文法優越主義をとる国においてはこれに関して成文法規がおかれることになっている。

明治三一年に施行された法例第二条に「公ノ秩序又ハ善良ノ風俗ニ反セサル慣習ハ法令ノ規定ニ依リテ認メタルモノ及ビ法令ニ規定ナキ事項ニ関スルモノニ限リ法律ト同一ノ効力ヲ有ス」とあるのがこれである。慣習法はこれによって、法令によって明示的に認められた場合、又はそれに関する法文が欠けている場合に法律と同様な効力が認められることになっている。

商法第一条に、「商事ニ関シ本法ニ規定ナキモノニ付テハ商慣習法ヲ適用シ商慣習法ナキトキハ民法ヲ適用ス」とあるものなどは前者のよい例ということができる。

なお、先の法例の「公ノ秩序、善良ノ風俗」について、「公の秩序」とは国家的秩序であり、「善良の風俗」とは社会の一般道徳観念のことと解せられている。わが国においては、この公序良俗に反する慣習は、慣習法となりえないことに注意すべきである。

公序良俗の具体的内容は、時代によって流動的であって、その内容のすべてを述べることは困難であり、かかる用語は、「社会通念」「信義誠実」等の語とともに一般条項とよばれ、それを固定的具体的に論ずることは、不可能とされている。

その一例をあげておこう。一定の条件の下に妾になる慣習のごときは、江戸時代及び明治の初期においては良俗に反しないかも知れないが、現在では良俗に反するものと考えるべきである。但し、妾たる女性に手切金を与えるという慣習は、良俗を再現するものであって、良俗に反しないから注意を要する（これを推定せしめるものとしては、手切金契約を有効とした大審院連合部大正四年一月二六日判決（民録二一輯四九頁）がある）。

最後に、慣習法と似て非なるものとして事実たる慣習とよばれているものにつき一言しておこう。事実たる慣習は、当事者がこれに従う意思のある場合に、裁判上効力が認められるものであって、民法九二条はこのことを定めている。更に具体的にその差を述べれば、慣習法の発見は、裁判官の義務であるが、事実たる慣習の存否は、これを援用する者にそれを立証する義務がある。また、慣習法は、任意法規以下の効力しか認められないが、事実たる慣習は、これを越える効力を認められている。

民法九二条　法令中ノ公ノ秩序ニ関セサル規定ニ異リタル慣習アル場合ニ於テ法律行為ノ当事者カ之ニ依ル意思ヲ有セルモノト認ムヘキトキハ其慣習ニ従フ

(ii)　**判例法**

次に判例法であるが、これを一言にして述べれば、判例法とは裁判所において同一趣旨の判決が反復された結果、判決内容についていわゆる規範予測可能性が生じ、一般人より法的確信を与えられるようになったものとこれを定義することが出来ると思う。

法学者の一派には判例法は慣習法の一種であるとするものがあるが、この説には賛成しえない。何故なれば判例法の確立には、慣習法の程度の反復持続性を要しないとする説が正当と思えるからである。

判例法にどの程度の効力を与えるかについては、現行法には条文がないので、法学者の間に説が分かれている。一説によれば、判例法を認めれば、司法権が立法機関の権限をおかして、法を定立しうるようになり、三権分立が空洞化されるとして、これを否定しようとする説もあるが、近時の学説には三権分立は必ずしも絶対的なものではないとするものが多いからこれに従うことは出来ない。現在においては、判例の事実上の拘束力を重視して、判例法に、条文に規定がない場合に法を補充することを認め、ある場合には法を変更することすら認めようというのが通説である。いかに成文法優越主義をとるといえども、成文法を完全なものにすることが不可能な限り、判例法を認めることは当然な態度ということが出来よう。

このことは、実定法の変更が非常に困難な法領域にあっては、判例による補充機能、或る場合には判例による変更を考えざるを得ないからである。例えば、現行刑法は、明治四〇年（一九〇七年）に制定されたものであり、今日八十有余年が経過している。勿論、時々の条文の追加・変更等はあるが、制定時に現在の社会的実情を予測することは何人にも不可能であったであろう。なお、刑法典は平成七年（一九九五年）表記の平易化と尊属加重規定及び瘖啞者の行為に関する規定の削除を含め改正がなされた。

判例は、この様な法と社会の実態との間隙を補充し、或る場合には成文法がより十全な機能を果たすため重要な役割を演じているのである。判例研究の重要性は、この意味からも理解できるであろう。なお、その具体的事例研究については、外篇三を参照せよ。

次に、判例法が成文法を変更した実例としてきわめて有名なものとして婚姻予約、根抵当、売渡担保の三つを挙げておこう。

第一の実例は、民法親族編の婚姻に関する規定を変更した重要な判例である。わが民法においては婚姻については、届出主義がとられ一定の官庁に届出がなければ婚姻が成立しないという法律婚主義がとられている。

民法七三九条 ①婚姻は、戸籍法の定めるところによりこれを届け出ることによって、その効力を生ずる。
②前項の届出は、当事者双方及び成年の証人二人以上から、口頭又は署名した書面で、これをしなければならない。

しかるにわが国においては中世以降、職業によって婚姻の成立要件が異っており、士族においては届出主義がとられ、町人、農民等においては、儀式婚主義、または夫婦たる事実があれば婚姻が成立するとみるいわゆる事実婚主義がとられている。

士族が、届出を必要としたのは、封建契約の継続に障害がないことを主君に告知する必要があったからであって、明治十年、司法省編「民事慣例類集」には、「士族ハ其頭或ハ身分ニ応ジ若年寄ヘ双方ヨリ出願許可ヲ請ケ取結ヒ」、町人、農民の多くは町村役人に届出でる例もあるが、その多くは、「別段ニ届ヲ爲」さないとみえている。そのために、法律婚主義は現在に至るも徹底せず、各種の悲喜劇をよぶ原因となっている。

従って、裁判所はこれを考慮して儀式婚は勿論、事実婚にも保護を与える判決を大正より昭和に亘ってしばしば下し、現在においては、それが法として認められている。

判例は、かかる事態に対して当初「婚姻予約」理論を採用し、後に、「準婚」理論へと変じているが、いずれも、事実上民法の法律婚主義を、一部について否定していることには、かわりがない。次に、かかる判例を列挙してみよう。

先づ、大正四年の大審院判決は、挙式後数日間の同居の後、離別された女性からの訴に対して、両者の間に「婚姻予約」の関係があったものとし、「婚姻ノ予約ハ将来ニ於テ適法ナル婚姻ヲ為スヘキコトヲ目的トスル契約ニシテ其契約ハ亦適法ニシテ有効ナリトス」。従って、この契約は、婚姻を強制することはできないが、「正当ノ理由ナクシテ其約ニ違反シ婚姻ヲ為スコトヲ拒絶シタル場合ニ於テハ其一方ハ相手方」に対して損害賠償の責任があると判示したものである（大審院連合部大正四年一月二六日判決、民録二一輯四九頁）。この場合、婚姻予約という如き契約が存在したという前提は、きわめてあやふやである。内縁関係の保護という意向が先行し、法理論は、その理屈づけに用いられているとしかみえない。

次に、昭和七年の大審院判決は、内縁の夫が殺害された事件において、妻子に対する扶養料の喪失による賠償請求を不法行為に基づき認めたものである。ここにおいては、内縁の妻子も、「妻子或ハ之ト同視スヘキ関係ニ在ル者」として、その法的地位が認められている。内縁保護のために、準婚説が用いられた初期のものといってよい（大審院昭和七年一〇月六日判決、民集一一巻二〇二三頁）。

準婚理論を正面より認容したものとしては、昭和三三年の最高裁判決がある。これは、内縁関係にあった妻の別居後に要した医療費を、民法七六〇条の「婚姻から生ずる費用」に準ずるものとした原審の判断を維持し、上告を棄却したものであって、その理由として、「内縁関係は、婚姻の届出を欠くがゆえに、法律上の婚姻ということはできないが、男女が相努力して夫婦としての生活を営む結合であるという点においては、婚姻関係と異なるものではなく、これを婚姻に準ずる関係というを妨げない」と判示している（最高裁昭和三三年四月一一日判決、民集一二巻五号七八九頁）。ここにおいて、事実婚という慣行に基づいた判例は、民法の法律婚主義に重要な修正を加えたものと考えてよいと思う。

次に、根抵当と売渡担保はいずれも、民法の物権編の抵当権、質権の規定をある範囲で変更するものである。

根抵当とは、将来成立する可能性が高い債権の担保として、質権或いは抵当権を現在成立せしめることである（この場合、その物の占有を相手側に引渡した場合には根質となり、債務者又は第三者即ち、物上保証人が依然として物を占有する場合には根抵当となる。なお、将来債務が発生した時に、その債務を将来担保させるために質権、抵当権の目的を特定することは単なる条件付担保物権であり、勿論有効である。しかし、かかる担保物権の効力は設定当初にまで遡及しえない）。

狭義の根抵当は、継続的な取引関係から生ずる数多くの債務を将来の決算期に於て一定の限度額まで担保しようとする抵当権を意味する。根抵当については、昭和四六年法律九九号により民法第二編物権第一〇章抵当権の第四節に根抵当が追加され、第三九八条の二から二二までの規定が設けられた。

民法物権編の文理解釈からいえば、質権や抵当権は、既存の債権について設定せられるべきであって、将来の債権に現在これを設定することは困難といわざるをえない。しかるに大審院は明治三四年一〇月二五日判決（民録七輯九巻一三七頁）において原審の根抵当権設定有効論を支持し上告を棄却し、更に、明治三五年の判決において、原審の無効論に対して根抵当権を「将来ニ於テ発生ス可キ債務ヲ償還スルコトノ担保トシ前以テ設定シ置ク抵当権」と解し、このような根抵当権は極度額を登記することにより第三者に損害を与えるおそれのないこと、従来から広く行われ裁判上保護されてきた慣行であること等の点を根拠にこれを認め、根抵当は、その有効なることは疑いがないと信ぜられるとして破毀差戻の判決を言い渡した（大審院明治三五年一月二七日判決、民録八輯一巻七二頁）。

大審院の見解によれば、第三者を害するおそれがない根抵当は、従来より広く行われた慣行であり且つ極度額を登記することにより、これを認めうるとするのであるが、これは無理な説といわざるをえない。何故ならば、わが民法一七五条は、「物権ハ本法其他ノ法律ニ定ムルモノノ外之ヲ創設スルコトヲ得ス」と規定し、慣習法を以って物権を創設することを禁止しているから、かかる説は殆ど法理論的には成立しえない。更に本判決は有効論の論拠として身元保証の担保或いは後見人の担保などの類推適用をあげるが、これにも大きな無理があろう。

それ以後、根抵当を有効ならしめるために、これを民法等の成文法と合致せしめるための各種学説が発表されているが、どう考えても昭和四六年法律九九号により民法にその規定が追加されるまでは、これは民法違反の制度であったとしか考えられない。従って、根抵当を認めた判例は成文法たる民法一七五条を変更する慣行を認めたものとしか考えられないのである。

根抵当をめぐる問題の多くは、民法に明文の規定がなくその法律的解決が専ら学説・判例に委ねられてきたことに起因する。銀行の取引対象の拡大に伴う信用取引の増大に対応するための立法的解決が、右昭和四六年法律九九号の追加規定となったわけである。

次に、売渡担保とは債権の担保として質権或いは抵当権を設定することを避け、売買の形式をとり当事者間で所有権を移転せしめ、後日債権が消滅した時に債権者より債務者へその物を返還することを約することである。

何故かようなことをするかというと、競売法の規定によれば、質物乃至抵当物を処分するためには原則として、裁判所に申立これを競売することが必要である。債務者が弁済しえない場合に、質物を債権者に帰属させる流質契約は後述の強行法である民法三四九条によって禁止されている。故に債権者は質権、抵当権を実行する場合の手続の面倒をきらい、担保価値を低く定めるのが常であり、これは債務者にとっても甚しく不利益である。売渡担保は、かかる成文法上の制限を脱れるために考え出された制度である。

民法三四九条　質権設定者ハ設定行為又ハ債務ノ弁済期前ノ契約ヲ以テ質権者ニ弁済トシテ質物ノ所有権ヲ取得セシメ其他法律ニ定メタル方法ニ依ラスシテ質物ヲ処分セシムルコトヲ約スルコトヲ得ス

この売渡担保については、日本においては、鎌倉時代以来の伝統があり、「民事慣例類集」にもそのことがみえている。しかし現行法下においては、学者間において議論もあり、むしろ無効説が強かった。しかるに大審院は、第三者の保護を条件としてこれを認めたのであって、これもまた、慣習に基づいた判例が成文法を変更した実例と考えられるわけである。

これまで述べた例からも理解されるように、今日においては、判例法は、法令の規定のない事項についてこれを補充する、すなわち補充的効力と共に、強い必要性に応じて成文法そのものを改変する変更的効力をも認められ、現行法の大原則の一つである成文法優越主義に一定の制限をなしているといってよい。

(iii)　**条理法**

不文法の最後に揚げる条理については、「当該法律関係の事物自然の性格に適合する原理」という定義が最もすぐれたものと思う。

更に理解しやすきようこれをいえば、一九〇七年制定のスイス民法第一条第二項には、条理を裁判官が「自分が立法者ならば、法規として設定したであろうところに従い裁判しなければならない」としているが、このような当然に導き出される原理が条理であるということができよう。

スイス民法一条　①文字上または解釈上この法律に規定を存する法律問題に関してはすべてこの法律を適用する。
②この法律に規定がないときは、裁判官は慣習法にしたがい、慣習法もまた存在しないばあいには、自分が立法者ならば法規として設定したであろうところにしたがって裁判しなければならない。
③前二項のばあいにおいて、裁判官は確定している学説および先例に準拠しなければならない。

わが国においては、裁判事務心得（明治八年太政官布告）に「民事ノ裁判ニ成文ノ法律ナキモノハ習慣ニ依リ習慣ナキモノハ条理ヲ推考シテ裁判スヘシ」と定められて以来、条理は成文法、慣習法ともに無き時に法たることが認められてきた。従って、不文法の一種として条理法を認める説は、少くともわが国においては正当な説と考えてよいと思う。

なおわが国には、中世法が認めている「道理」のごとき、条理類似のものもあるが、これを条理と同一視することは困難である。何故ならば中世裁判の実例よりすると、道理とは、非論理的とも言える「とんち」の類を駆使して当事者に主観的な公平感を与え、訴訟を解決しようとするものと考えられるからである。大岡裁きにおける「三方一両損」の如きは、それであって、三両の落し主、拾い主に二両ずつを与えるのは、ともかくとして、何故に奉行が一両損をしなければならないかを説明することができない（この点については、外篇二を参照されたい）。要するに、当事者が公平であると錯覚すれば、それを以って足りるわけであり、客観的な公平を目的とするものではない。古代の裁判でみられる「折衷の理」も大体これと同じものである。

条理の効力は、法文の規定に欠けている部分を補充するのみで、法文変更の効力をもたないとするのが多数説である。条理には法意識に支えられた慣習法等よりも、その内容認定について、裁判官個人の主観が入りやすいから、この見解は正当であると思われる。

但し、自然法学者の中には条理を絶対的な正義と解し、これに法変更の効力を認めようとする者もあるが、この見解には賛成しえない。何故ならば、絶対的な正義なるものが存在するかどうかには大いに疑問があり、従って時、処を問わず存在する不変の自然法なるものがあるかどうかには大いに疑問があるからである。

例えば、人の生命を尊重すべしということは、自然法と考えられているが、古代社会では、その社会を経済的に維持するために、老人、障害者を社会外に追放することが正義と考えられていた。「姨捨山」の伝承がこれであり、正義が相対的であることを示している。

二．法の効力範囲に基づく分類

(1) 強行法、任意法

次に法の効力による分類として、先ず強行法 (mandatory statutory provision, zwingendes Recht, droit impératif) と任意法 (directory statutory provision, nachgiebiges Recht, droit facultatif) との別について論じよう。

法の中にはその内容について、是非実現を要求するものと、また当事者の個別的な必要に応じて異る内容を認めてよいものとがある。前者が強行法であり、後者が任意法である。

換言すれば、強行法とは当事者の意思の如何にかかわらず、これを排して適用される法をいい、これに反して任意法とはその適用の有無が当事者の意思に委ねられている法律をいう。即ち、民法九一条に「法律行為ノ当事者カ法令中ノ公ノ秩序ニ関セサル規定ニ異ナリタル意思ヲ表示シタルトキハ其意思ニ従フ」とあるのは、任意法について定めたものであり、これと反対の「公ノ秩序ニ関スル規定」が強行法となるわけである。

「公ノ秩序」という語は、先に述べた一般条項に属しその内容を網羅的に明かにすることは困難である。しかし、大体国家国民の全体的利益、第三者の利益、当事者間の衡平の保持、これらに関する条文は公の秩序に関する法令であり、当事者の私益保護のみをはかる規定は任意法である。

任意法と強行法の区別は、条文に「別段ノ意思表示ナキトキハ」とか、「別段ノ定ナキトキハ」とか定められている場合にはそれは任意法であって、まことに明瞭であるが、これ以外の場合にはその条文の目途とするところが、「公ノ秩序」の維持にあるか否かによって判断する外はない。

憲法、行政法等には強行法が多く、民法、商法等には任意法が多いというが、民法、商法にも多く強行法が含まれていて、法典別に一概にこれを判断することは危険である。

例えば、民法七三一条の「男は、満一八歳に、女は、満一六歳にならなければ、婚姻をすることができない」との規定の如きは強行法である。何となればかかる年齢は其国の風俗、経済事情等を参酌して定められたものであって、合意によってこれ以下の年齢の者に婚姻を許すことは適当でないからである。

なお、奈良時代の律令にも、婚姻年齢の規定があり、男一五、女一三としている。しかし、この条文は、早婚を奨励し、人口増大を目途とするものであるから、その年令は、国家的必要性より生じた指導のためのものであり、一応の基準を示したものに過ぎないから任意法の如きものと考えられる。同一形式の法令でもその目的により種類を別にする好例といえると思う。

次に現行法は契約自由を原則としているところから、契約に関する法規には任意法が多いというが、最近では、当事者間の実質的衡平をはかるためにかかる法域にも多くの強行法が設けられるようになっている。

例えば土地建物の貸借などは、今日では多く強行法である借地借家法によって規律されるようになっており、落語の大家のように、やたらに店あけを請求することは出来ず、当事者特に地主家主の意思はほとんど無視されるようになっている。それが余りにも過ぎるというので、現今改正法が国会を通過した程である。

強行法については、二種類がある。その一は、これに反する行為の効力を不完全にさせるものであり（効力的規定）、その二は、これに反する行為は有効ではあるが、違反をなした者に対してのみ、一定の不利益を与えるものである（命令的規定）。

前者にみえる「不完全」とは絶対的無効だけではなく、無効の訴、取消の訴によって無効となる相対的無効をも含むという意味である。後者の「不利益」とは、損害賠償の負担等をいう。例えば、後述利息制限法は、強行法であるが、超過利息を定めた契約といえども有効であって、ただ超過分の利息を自然債務（これについては後に説明する）とするだけである。

(2)　一般法、特別法

次に、一般法（general law, gemeines Recht, droit général）と特別法（special law, Spezialrecht, droit spécial）の区別を論じよう。

この区分はやはり法律の効力を基準とした区別であって、法の効力が及ぶ範囲を以て区別の基準としたものである。一般法は人、地域、事物の関係において、法律の効力の及ぶ範囲が一般的な法をいい、特別法は、その関係において、法律の効力が部分的にしか及ばない法とこれを定義づけることができる。

(i)人を標準とするときは、一般法は身分、職業、地位などにかかわりなく、比較的多くの国民に適用される法であって、憲法、民法、刑法はその代表的な例である。これに対し特別法は特定の身分、職業、地位などにより限定される特殊な人のみに適用される法であって、国家公務員法、警察官職務執行法等がその代表的なものである。

(ii)地域を標準とするときには、比較的広い地域に適用される法が一般法であり、民法、商法がこれに属する。特別法は、領土内の一部の地域内例えば、特定の都市などにおいてのみ適用される法であって、都道府県の条例、借地法、借家法、航空機の強取等の処罰に関する法律の如きはこれに属する。

(iii)事物を標準とするものは、一般法は比較的広い範囲の事物について適用されるもので、特別法は比較的狭い範囲の事物について適用される法である（民法に対し、商事に関する商法は特別法たる地位にたつ）。

一般法、特別法の区別において、比較的という語をくり返したが、それには意味がある。何故ならば、以上の人、地域、事物に関する基準はすべて相対的であって絶対的ではないからである。従って、国家公務員法は、防衛庁の官吏に関する法との関係において一般法と特別法の関係にたち、商法は銀行法、保険業法との関係においては一般法と特別法との関係にたつ。より広い効力範囲をもつ法は、狭い効力範囲を有する法に対して一般法たる地位にたつわけである。

なお、かかる一般法と特別法との区分は、同一法令中の条文相互間にも見出される。例えば、債権の消滅時効に関する民法一六七条と一七〇条とは一般法と特別法の関係にある。

民法一六七条　①債権ハ十年間之ヲ行ハサルニ因リテ消滅ス②債権又ハ所有権ニ非サル財産権ハ二十年間之ヲ行ハサルニ因リテ消滅ス

同法一七〇条　左ニ掲ケタル債権ハ三年間之ヲ行ハサルニ因リテ消滅ス　一医師、産婆及ヒ薬剤師ノ治術、勤労及ヒ調剤ニ関スル債権　二　技師、棟梁及ヒ請負人ノ工事ニ関スル債権但此時効ハ其負担シタル工事終了ノ時ヨリ之ヲ起算ス

一般法と特別法の区別は、裁判においてしばしば大きな意味を有している。何故なれば、一定の事案について適用されるべき一般法と特別法とが異なった内容をもつ場合には、特別法が優先するからである。「特別法は一般法に優先する」というのは有名な原則である。後法として一般法が制定されても特別法は依然として効力を有する。

かつて、後法が前法を改廃しないとして不思議がられた中古の律令と格式との関係も、一般法と特別法との関係と考えれば容易に理解が可能となる。なお、一般法、特別法の区別は、すでに古代の律に定められており、中国法を継受した日本律には、「本条別ニ制有リ、例ト同ジカラザル者ハ、本条ニ依レ」とある。ここにみえる「例」は、名例すなわち、刑法総則の意味であって、まさに特別法優先の原則をのべた条文である。

一般法、特別法の別に似て非なるものとして、原則法と例外法の別がある。原則法とは、一般原理として、多数の者に妥当する法をいい、例外法は、これを排斥して特殊な場合に適用される除外法であって、法律の条文

中、「但書」にみえるものは、その大半が例外法である。

その両者を分ける実益は、専ら例外法は、拡張解釈をなすことができないという点にある。けだし、例外法が拡張されれば、結局は、例外が、例外ではなくなってしまうからである。

なお、かような原則法と例外法の別は、古代の中国刑法では特殊な機能を負って存在している。すなわち、中国律条文の多くは、儒教（家中心、その重んずる最高道徳は孝）の教義に基づいて原則法を定めているが、一方、例外法の多くは、法家（国家中心、その最高道徳は忠）を以て定められているからである。

例えば、闘訟律は、一定範囲の尊属の犯罪を告訴することを禁止しているが、例外法として謀反等の国家に対する重大なる犯罪については、「若シ謀反逆叛ヲ告スル者ハ、各坐セズ」としている。

律令が、たてまえとしては、儒教を採用しているが、「陰ニ法家ヲ行フ」といわれるのは、この種の条文が多いからである。なお、原則法、例外法の例とはややはなれるが、有名な十七条憲法なども同じであって、その表面は仏教、儒教などで飾られているが、結局のところ法家的国家秩序をめざすものであるといわれている。

三．法の成立資料に基づく分類

固有法、継受法

次に、固有法（native law, heimisches Recht）と継受法（adopted law, Rezeption des Rechts）の区別を論じよう。これは、自国の固有の規範に基づいて成立したものが固有法であり、他国の法を模範として成立したものが継受法であるということができる。

継受法には直接継受法と間接継受法の別がある。前者は外国の法をそのまま継受したものであり、その例は比較的少ない。一例をあげれば、民法について、トルコにその例がみられ、また、フランスとある処は日本と、パりとある処は東京と改めればそれでよしとした明治初年の江藤新平司法卿による民法編纂事業のごときも、直接継受法をめざしたものといえよう。

後者は、自国の規範をある程度考慮しつつ外国法をとり入れたものであって、発展途上国の法は多くはこの間接継受法に属し、北周時代蘇綽の六条詔書を模したといわれる十七条の憲法、奈良時代の律令、明治時代の新律綱領、さらには、現行の憲法その他の諸法はみなその例としてあげうるものである。

なお、継受法を慣習法的継受法と立法的継受法とに分ける場合もある。

慣習法的継受法は他国の法が、特定の国に移され不文法、多くの場合判例法として行われる場合の法をいう。中世ローマ法がドイツに入って慣習法として行われ、田舎ローマ法といわれたのはその例であり、また江戸時代に明清律が継受され、幕府、諸藩の判例にとり入れられたのもこれに属する。立法的継受法とは、他国の法を模範として、一定の国の立法者がその国の法として制定した法をいい継受法の多くはこれに属している。

なお、継受の模範になった法を母法といい、それによって形成された法を子法という。

継受法と固有法とを区別する最大の意義は、その実効性に相違があるということである。

固有法はその国の慣習に基いたものであるから、時代の流れによる以外には、それが国民によって遵守されることは、ほとんど問題がない。しかるに、継受法は、固有の慣習としばしば衝突して、一向に実行されないことがありうる。故に、継受法国の法学においては、常に法の実施ということを研究し、法社会学者エールリッヒ(Eugen Ehrlich, 1862 – 1922) のいう「生ける法」(das lebendes Recht) をさぐらなければ法の機能を正確に把握することが出来ないのである。

四・法の内容に基づく分類

⑴　実体法、手続法

次に法の内容による分類に移り、実体法と手続法の区分より論ずる。

実体法（substantive law, materielles Recht）とは主として権利及び義務の実体に関する法をいい、手続法（adjective law, Verfahrensrecht）とは、主として権利義務の実現の手段手続に関する法をいうと定義できる。権利義務の実体というのは、きわめて多様な広い概念であって、第一に、権利義務の性質、すなわち、如何なる内容の権利義務なのか、例えば、その権利が物権、即ち、一定の物を直接支配する排他的な権利か、或いは債権、即ち、一定の人に対して一定の作為、不作為を請求しうる権利なのか。第二にその所在、即ち、或る関係において、権利義務の主体は何人か（犯罪被害者等給付金支給法は、人の生命又は身体を害する犯罪行為により不慮の死を遂げた者の遺族又は重度の障害を受けた者に対して、国が給付金を支給する法律であり、四条一項で遺族給付金と障害給付金の二種類を規定し、二項及び三項でその対象者について規定する）。さらには、第三にその範囲、即ち権利義務が及ぶ領域、権利義務の発生・変更・消滅の要件がいかなる範囲、内容であるかをいう。

これに対して権利義務の実現の手続というのは、主として、権利侵害に対して、その救済を請求する手段をいう。

日本の法制においては、ドイツ法に倣い実体法と手続法とは大体法典別に区別されることになっている。従って、日本においてはこの両者を区別することは比較的容易である。例えば、刑法、民法、商法などは原則として実体法であり、行政事件訴訟法、破産法、刑事訴訟法、民事訴訟法などは原則として手続法である。

しかし、法典による実体法と手続法の区別は立法技術上の便宜のためであるから、しばしば他の便宜のためにこの原則が破られる場合もある。例えば、民法四一四条には債務不履行の場合における債権者が債権を実現する手続、すなわち、直接強制、代替執行、間接強制等があげられているがこれは明かに手続法に属するものであり、訴訟法にみえる訴訟費用の規定などは、実体法である。

民法四一四条　①債務者カ任意ニ債務ノ履行ヲ為ササルトキハ債権者ハ其強制履行ヲ裁判所ニ請求スルコトヲ得但債務ノ性質カ之ヲ許ササルトキハ此限ニ在ラス
②債務ノ性質カ強制履行ヲ許ササル場合ニ於テ其債務カ作為ヲ目的トスルトキハ債権者ハ債務者ノ費用ヲ以テ第三者ニ之ヲ為サシムルコトヲ裁判所ニ請求スルコトヲ得但法律行為ヲ目的トスル債務ニ付テハ裁判ヲ以テ債務者ノ意思表示ニ代フルコトヲ得
③不作為ヲ目的トスル債務ニ付テハ債務者ノ費用ヲ以テ其為シタルモノヲ除却シ且将来ノ為メ適当ノ処分ヲ為スコトヲ請求スルコトヲ得
④前三項ノ規定ハ損害賠償ノ請求ヲ妨ケス

実体法と手続法とを区別する実益は、両者の内容に食い違いがあり、その効力が衝突する場合には実体法が優先して適用されるという点にある。ベンタム（Jeremy Bentham, 1748 – 1832）は実体法を主法（principal code）、手続法を助法（accessary code）と称するがその理由はここにある。

しかし、実体法を主たる法とし、手続法を従たる法とみなすことは、両者にくい違いがあった場合だけのことであって、社会的価値として両者の重要度を示すものではない。むしろ、現実には、実体法によって、いかに権利を有し、義務が発生しても、手続法がともなわなければその権利義務は多くの場合絵にかいた餅の如きものであって、手続法の方がより重要であるとさえいいうるのである。

その最もよい例は、自然債務（obligatio naturalis, Naturalobligation, obligation naturelle）といわれるものである。

自然債務の起源をいずれに求めるかには問題があるが、古代ゲルマニアにみえる「名誉債」（debt of honour）の如きは、まさに、これに近いものといえる。なお、ギボンによればこの語は、一七〇〇年代の半ばまで賭遊びの債務について残されていたという（中野好夫訳ギボン『ローマ帝国衰亡史Ｉ』二五四頁以下参照）。

日本においても、江戸期のある期間、金公事（消費貸借）に関する訴えが、停止されたことがあったが、この期間中の債権も自然債務に近いものといえる。

わが民法においては、学説上自然債務なるものが認められている。自然債務とは、実体法上は有効に成立しうる債権であるが、手続法上訴求が出来ないものであって、要するに任意の弁済は有効であるが訴求できない債権である。

学説判例によれば自然債務に属するものとしては、賭博の債権、制限超過の利息債権（a）参照）、書面によらざる贈与による債権又はきわめて軽率になされた贈与によって生じた債権（b）参照）等があるが、これらは、すべて、訴求することができないものである。

(a)　制限超過の利息債権　民法四〇四条は法定利率につき「利息ヲ生スヘキ債権ニ付キ別段ノ意思表示ナキトキハ其利率ハ年五分トス」と規定し、利息制限法一条は利息の最高限度につき、「①金銭を目的とする消費貸借上の利息の契約は、その利息が左の利率により計算した金額をこえるときは、その超過部分につき無効とする。元本が十万円未満の場合　年二割　元本が十万円以上百万円未満の場合　年一割八分　元本が百万円以上の場合　年一割五分　②債務者は、前項の超過部分を任意に支払ったときは、同項の規定にかかわらず、その返還を請求することができない」と規定する。

しかし、経済的弱者保護の視点から最高裁は、利息制限法所定の制限を超えた利息、損害金を元本と共に任意に支払った場合において、その支払に当たり充当に関して特段の意思表示がない限り、右制限に従った元利合計を超える支払額は債務者において不当利得としてその返還を請求できると判示した（最高裁昭和四四年十一月二五日判決、民集二三巻一一号二一三七頁）。本判決は、本法一条二項の自然債務の規定を事実上空文化するものである。その後、サラ金問題が社会問題化した時、昭和五八年「出資の受入れ、預り金及び金利等の取締に関する法律」が制定され、貸金業者の貸付規制が強化されるのと引替えに利息制限超過の任意支払は、すべて有効な弁済とみなされることになった。

(b)　書面によらざる贈与による債権又はきわめて軽率になされた贈与によって生じた債権　カフェーで知りあった女性に「一時ノ興ニ乗シ女ノ歓心ヲ買ハンカタメ相当多額ナル金員ノ供与ヲ諾約」した贈与につき「諾約者カ自ラ進テ之ヲ履行スルトキハ債務ノ弁済タルコトヲ失ハサルモ要約者ニ於テ之カ履行ヲ強要スルコトヲ得サル特殊ノ債務関係ヲ生スルモノト解スル」と判示した上で、「贈与意思ノ基本事情ニ付更ニ首肯スルニ足ルヘキ格段ノ事情ヲ審査判示スル」必要ありとし、「首肯スルニ足ルヘキ」事情なきときは、その贈与を自然債務とする（大審院昭和一〇年四月二五日判決、法律新聞三八三五号五頁）。

仍って、かかる債権は、責任なき義務と称せられ、その社会的価値がきわめて低いものであって、手続法が重要であることはこれからも知ることが出来ると思う。

手続法の重要性は、現実に犯罪が発生した場合を考えれば明かである。当該犯罪行為の確定と行為者の確定が、実体法たる刑法の当該条文、構成要件に該当した時、その具体的犯罪行為が刑事裁判で問われ、被告人の刑事責任が審理されるのである。この手続を定めるのが刑事訴訟法であり、この法律によって初めて当該犯罪行為の実態が法廷で解明されるのである。適正な手続で審理が展開されるうえで手続法たる刑事訴訟法が重要な意味をもつのである。

「実体法は手続法に優先する」という原則は、両者の内容が矛盾した場合というごく例外的な場合にのみ適用せられるものなのである。

(2) 公法、私法

次は、公法（pubulic law, öffentliches Recht, droit public）と私法（private law, Privatrecht, droit privé）について論じよう。

一般に、公法と私法という区別は常識として認められていると思う。例えば犯罪者処罰の刑事法、税金に関する租税法と個人間取引の民事法とは質的に異なるということは誰にでも納得しうるところである。

しかし、これら両概念を区別する学説はきわめて多義多様であって、学者間において、論争がくり返されいまだ結論をみない。何故両者の区別についてかくも論争があるかというと、公法とは具体的にいかなる法をいい、私法とはいかなる法をいうかということについては、各国の法制度において、大体沿革的に定まっており、理論は、かかる歴史的事実に妥当する結論を生み出すものでなければならないからである。

法律家は多くの場合、規範、即ち「かくあるべし」ということを論ずることは得意であるが、既成の事実を説明することは得手ではない。従って、強行法と任意法の区別のごときは法律家にとってはきわめて容易であるが、公法と私法との別をたてることは、困難な問題となるわけである。

公法に属する法制度は何か、私法に属する法制度は何かということは、現在のわが国においては、沿革的に次のように理解されている。即ち、憲法、行政法、刑法、訴訟法、租税法等はだいたい公法に属し、民法、商法は私法に属するということである。

しからば学者は、かかる公法私法の区別は、いかなることを基準としているとみているのであろうか。

公法私法の区別の基準として最も古い説は利益説とよばれるものであって、公益保護を目的とする法は公法であり、私益保護を目的とする法は私法であるとするものである。

この区別は、ローマ帝国時代の法律家の間の多数説であって、「ローマ自体ノ事ニ関スル法ハ公法ニシテ各個人ノ利益ニ関スル法ハ私法デアル」、又は、「公法トハローマノ立国制度ニ関連スル法ヲイイ私法トハ個人ノ利益ニ関連スル法ヲイウ」という言葉は、この時代の注釈書にしばしばみえている。しかし、この説は、現在のわが国の公法私法に関する歴史的概念と大きく矛盾する故に、今日においては、これを支持する人はほとんどいない。

例えば、人の財産を盗む者を処罰する法は、一般的な治安秩序の維持と、私人の財産保護とを目的としているが、いずれがこの法の主たる目的かというと、それは一般には、私益保護のためと考えられている。故に、利益説をとれば強盗罪についての刑法の条文は、私法であるということになって、この説は、歴史的概念と全く対立するものとなってしまうわけである。

そこで次に考え出されたのは、主体説とよばれる法律関係の主体を基準として、これを区分する学説である。

即ち、それは、公法とは国家とそれ以外の公法人相互間の関係、又は公法人と私人との間の関係を定めるものであり、私法とは私人間の関係を定める法であるとするものである。強盗罪等の条文は近代法においては、被害者と被疑者の関係を定めるものではなく、国家と被疑者との関係を定めるものであるから、この説によればかかる刑事法は公法であって、利益説の欠陥はこの説によって一応克服しうる。しかし、この説もまた重要な欠陥を有し、今日においては殆んどその支持者をみなくなっている。何故なれば、国家その他の公法人、例えば、地方公共団体と私人との間の法律関係であっても、私的取引として対等の立場にたって売買契約や賃貸契約等が結ばれる場合があって、かかる場合には、私法に属すべき民法その他が適用せられるからである。即ち、この説に従えば民法の同じ規定も、当事者のいかんによって公法とも私法ともなるわけであって、この説もまた歴史的概念と対立するものとなってしまうわけである。

そこで考え出されたのは、第三の法律関係説である。即ち、それは、法の規定する関係の性格によって公法私法の別を分けようとするものである。この説において、最初有力であった見解は、公法とは不平等者間の関係を規律するもの、すなわち権力服従の関係を定める法であり、私法は平等者間の関係、すなわち平等関係を定める法であるとするものである。しかし、この見解は、その成立の当初から多くの非難をあびた。即ち、この説に従えば民法親族編にみえる未成年者と親との関係の如きは、権力服従の関係であるから、公法に属すべきものとなってしまう。かかる非難の前には、この論者は沈黙せざるをえなかったのである。

そこで考え出されたのが法律関係説を修正した統治権説（生活関係説）である。即ち、この見解は、その法律の規定する関係が国家自体の生活関係に属するか、または、私生活関係に属するか、さらにそれが国家統治権の発動に直接に関係するか否かによって公法私法を区別するものであって、前者を公法、後者を私法とするとしている。この見解によれば、法律関係説についての非難、即ち民法親族編に関する疑問はこれを解決することができる。更に、この見解をとれば、日本における公法私法の歴史的概念は大体矛盾なくこれを説明できる。従って、統治権説は、現在最も多くの支持者をもつ説であり、この説以上のものを考えることは困難であると思う。

以上の如く、公法と私法との別は沿革的に定まっており、その標準は国家統治権説によって説明しうるのであるが、近時、伝統的に私法に属すべしとされてきた法制度に対して国家統治権が関与し、私法とも公法とも明瞭に区分しえない法が立法されることが多くなり、ここに第三の法域ともいうべきものが形成されつつある。社会法（Sozialrecht, droit social）と称されるものがそれであって生活関係説の論者が区分する如く、公法が国家生活を規律する法、私法が市民生活を規律する法であるとすれば、社会法は、その中間的領域の法とでもいえるものである。

なお、かかる社会法は、公法と類似するが、公法は、本来統治権の制限を目的とすべきであり、政治学的にいえば、夜警国家的思想から生み出されたものであるのに対して、社会法は、統治権の伸長即ち、福祉国家的思想に基づいており、この点において違いがみられるわけである。

例えば、雇傭者と使用人との関係は、伝統的には私法上の契約によって律せられるものであったが、近時において、労働法の如き公法的色彩の強い法律が立法されることとなり、かかる法においては、私法の条規と公法の条規とが不可分に結びつき、公法私法の法理論では説明することができない法域が出来上がったのである。

労働法関連の法規について、社会法としての性格をみてみよう。

労働組合法一条一項　この法律は、労働者が使用者との交渉において対等の立場に立つことを促進することにより労働者の地位を向上させること、労働者がその労働条件について交渉するために自ら代表者を選出することその他の団体行動を行うために自主的に労働組合を組織し、団結することを擁護すること並びに使用者と労働者との関係を規制する労働協約を締結するための団体交渉をすること及びその手続を助成することを目的とする。

労働基準法一条　①労働条件は、労働者が人たるに値する生活を営むための必要を充たすべきものでなければならない。

②この法律で定める労働条件の基準は最低のものであるから、労働関係の当事者は、この基準を理由として労働条件を低下させてはならないことはもとより、その向上を図るように努めなければならない。

雇用の分野における男女の均等な機会及び待遇の確保等女子労働者の福祉の増進に関する法律一条　この法律は、法の下の平等を保障する日本国憲法の理念にのっとり雇用の分野における男女の均等な機会及び待遇が確保されることを促進するとともに、女子労働者について、職業能力の開発及び向上、再就職の援助並びに職業生活と家庭生活との調和を図る等の措置を推進し、もって女子労働者の福祉の増進と地位の向上を図ることを目的とする。

なおかかる傾向は経済取引の面にもみられ、戦後その立法例が多くなった経済法の分野において例えば「私的独占の禁止及び公正取引の確保に関する法律」などで、とくにかかる特徴が顕著にうかがわれる。

私的独占の禁止及び公正取引の確保に関する法律一条　この法律は、私的独占、不当な取引制限及び不公正な取引方法を禁止し、事業支配力の過度の集中を防止して、結合、協定等の方法による生産、販売、価格、技術等の不当な制限その他一切の事業活動の不当な拘束を排除することにより、公正且つ自由な競争を促進し、事業者の創意を発揮させ、事業活動を盛んにし、雇傭及び国民実所得の水準を高め、以て、一般消費者の利益を確保するとともに国民経済の民主的で健全な発達を促進することを目的とする。

従って、現行の法制度においては、公法私法の中間領域として社会法を認めることは正しい見解であると思う。而して、かかる社会法は、国家がいわゆる福祉国家をめざす傾向が高まると共に、今後も次第にその領域を拡げてゆくものと考えられる。

なお、次項にのべる国際法は、公法、私法いずれにも属しないとするのが多数説である。しかし、これと用語の似ている国際私法は、沿革上は、私法に属するものとされているが、理論的にいえば、公法に属せられるべきものである。

国際私法（private international law, internationales Privatrecht, droit international privé）とは、私的生活関係についての国内法と、外国の国内法とに食い違いがみられる場合にいずれの国の法を適用するかを定めるための法、即ち準拠法であって、国内法に属するものである。例えば、国籍を異にする男女（例えば、ドイツ国籍の男性と日本国籍の女性）が婚姻する場合に、婚姻成立の要件について、いずれの法が適用されるか等のことを定めているのが国際私法であり、わが国では明治三一年施行の「法例」にその規定がある。法例一三条一項は「婚姻成立ノ要件ハ各当事者ニ付キ其本国法ニ依リテ之ヲ定ム」と規定し同条二項は「婚姻ノ方式ハ婚姻挙行地ノ法律ニ依ル」と規定する。なお、本条は平成元年に三項として「当事者ノ一方ノ本国法ニ依リタル方式ハ前項ノ規定ニ拘ハラズ之ヲ有効トス但日本ニ於テ婚姻ヲ挙行シタル場合ニ於テ当事者ノ一方ガ日本人ナルトキハ此限ニ在ラズ」との追加規定が置かれ、わが国内において、多様化国際化する婚姻の実態に対応する法制度の整備が行なわれている。例えば先にあげた例では、年齢その他の婚姻成立の要件について女性は日本法、男性はドイツ法の適用を受けることになっている。なお、先の例では挙行地が日本の場合には日本民法に従い届出が必要である。

(3)　国際法、国内法

法の種別の最後のものは、国際法（international law, Völkerrecht, droit international）（国際公法或いは万国公法とも称する）と国内法（municipal law, staatliches Rect, droit interne）との別である。

この両者の区別はきわめて明瞭であって、国内法は特定の国家によって認められた国家内部の規範、すなわち国家と人民、人民相互を規律する法であり、国際法は複数の国家によって構成される国際団体によって認められた国際社会の規範であるとこれを定義することが出来る。国際法には条約と国際慣習法とがあるが、条約は複数国家が積極的明示的に肯定することによって成立し、国際慣習法は消極的黙示的に肯定する（積極的に否定しない）ことによって成立する。

この国内法国際法の間には著しい相異があり、例えば、国内法は国家の単独意思に基いて成立し争いがある場合には手続法の規定に従い国内裁判所がこれを解決するが、国際法は国家間の合意に基いて成立しもし争いがあれば原則として国際司法裁判所（International Court of Justice, Internationaler Gerichtshof, Court internationale de justice）がこれを解決することになっている（国際司法裁判所規程。オランダのハーグにある国際連合の六主要機関の一つで国際連合憲章七条一項に基づいて設置された国際司法裁判所で、解決の対象は条約と国際慣習法に関する争いである）。

この区別において、特に問題となることは、国際法は、それを適用すべき司法機構の力がきわめて弱体であって両国の合意がない限り、裁判を開始することすらできず、かつその違反に対する制裁もきわめて弱体であるから「法」というに値しえないという見解があることである。

即ち、国際法では最終的には戦争という強力な自力救済手段すら認められており、その法としての効力が、極めて低度であることを示している。しかし、国際法は国内法と同じく社会生活の規範の一種であり、また、それは政治的に組織化された社会力によって、少くとも強制されるべきであるという観念は国際連盟、国際連合等の成立によって、近時の国際社会において次第に認められつつある。従って、現実には国際法はしばしば遵守されないことがあり、その国が強国である時には、違反に対する何等の制裁さえ行われないことが多いが、やはり法の一種と考えてよいと思う。

「一銭盗めば盗賊といわれ、一国を侵略すれば英雄」といわれるという言葉、「法とは、金庫の鍵の如きものであり、大盗は、金庫ぐるみ持ち去り、鍵はそのままに使用する」という例えの如きは、国際法の不備無力を笑ったものであるが、やはり一国を侵略することは違法行為であると認められつつある。国際法を特殊な法であると認める説は肯定し得るとしても、それを国際儀礼と同じであるとする論は言い過ぎであるように思う。

第四章　法の効力

一・法の効力の意味

法の効力として問題となるのは、その基礎（実質的効力）とその範囲（形式的効力）の問題である。以下この順にこれを述べておこう。

法の基礎の問題を論ずる場合に法が効力を有しているということには、二つの意義がある。

その第一の意義は、法が規範であるところから、その内容が実現されねばならない、守られねばならないという要求をもつことであり、現実はさておき、ともかく自己を実現しなければならないというこの当為の要請を「法の妥当性」（validity of law, Gültigkeit des Rechts）あるいは「法の規範論理的妥当性」と称する。

これに対して、第二の意義は、法が現実に行われている程度に関すること、即ち法が事実として守られている様子であって、この事実上の状態を「法の実効性」（efficacy of law, Wirksamkeit des Rechts）あるいは「法の社会事実的実効性」と称する。

故に、以上の二つは、一方は当為の要請であり、他方は事実上の状態であって全くの別物と言わざるを得ない。かように全く異なったことを「法の効力」という同じ言葉で称することは、技術的によい方法とは思えないが、法学者は外に言葉が考えられないので、やむなくこの用語を用いているわけである。

しからば、何故にこの両者を別けて考える必要があるかというと、それは、何故法が行われるのかという基礎を論ずる場合に、妥当性の原因と実効性の原因との両者を考えねばならないからである。

裁判官が法の効力の基礎を論ずる場合には主として、法の妥当性の原因をきわめればそれを以って足りる。しかし、政治家が法の効力の基礎を論ずる場合には、法の実効性の原因をきわめなければならない。何故ならば、政治家は、法が法であるから守られねばならないというような形式的なことを考えているばかりでは、国内において生ずる流動的な政治事件に対応することは不可能であるからである。故に、法の効力の根拠の問題は古くより、妥当性の面から論ぜられ、また実効性の面からも論ぜられているのであって、この場合、前述の両概念を正しく理解しておかなければ、学者が何を述べているのかさっぱり分からなくなってしまうのである。

以上のように、法が行われる可能性を論ずる場合には、二通りの説明方法が必要である。この両者を綜合して考えることは不可能であるといわざるをえない。教科書によっては、「両者を調和して考える」等と論述しているものもあるが、かようなことが出来るのかどうか懐疑的にならざるをえない。

なお、法の効力について二つの意義を考えることは、法の効力の基礎を説明する場合には必要であるが、法の効力の範囲を論ずる場合には必要がない。この場合における法の効力という意味は、法の及ぶ範囲という意味であって、実効性、妥当性の問題は考慮に入れる必要がないからである。

二．法の効力の根拠

法の妥当性の根拠を説明したものとしては、法段階説或いは法階層説という見解が最も適当なものであるように思う。

アドルフ・メルケル（Adolf Merkel, 1890 – 1970）によって唱えられ、ハンス・ケルゼン（Hans Kelsen, 1881 – 1973）によって完成された法段階説（Stufentheorie des Rechts）は、法の効力の根拠を法の段階構造に求めるものである。即ち、法秩序は、憲法、法律、上級命令（例えば政令）、下級命令（例えば市町村条例）というような段階を作っている。従って、下級の規範は上級の規範より委任を受けることによって、妥当するとするものであって、この上級規範の委任ということが、法の効力の根拠であるとする説である。

この見解に対しては、一つの法秩序内部における法の効力の説明としては優れているとの評価があるが、法秩序それ自体を支えているものは何かについての説明が全くないとの批判がある。たしかに、本説は素人考えとしては、真にあっけない説である。しかしこの説は法の妥当性を殆ど完全に論じ尽くしているように思われる。法の効力の根拠という場合に、そんなことを聞いているのではないとする人は、法の実効性の根拠だけを考えているからであって、法の妥当性の問題はこの説で解決し得ると思う。

そんなことはつまらないと思う人があろうが、かような人々は、「法の問題についての興味のあることは、すべて法律学者が専門外とすることを考察しなければ解決しえない問題である」という先人の言葉を想い起すべきであると思う。

しからば次に法の実効性の根拠を検討しよう。

法の効力の根拠を説明する説としては、一般に神意説、社会契約説、自然法説、歴史法説、命令説、実力説、承認説、与論説等が紹介されている。

どの見解が一番適当であろうか。

この問題を論ずる場合には法の実効性の根拠ということを更に二つに分け、法が作られる場合の事実上の根拠と法が守られてゆく場合の事実上の根拠とに分けて考えるのが適当であると思う。

法が作られる場合の事実上の根拠を説明したものとして最も適当なものは、前にあげた各説の中の実力説(Machttheorie)、特にその一説たる支配者説であると思われる。支配者説とは、法の効力の根拠を支配者の実力に求める説、即ち、法の効力の根拠を支配の実効性に求める説であり、法は最強者の実力に基づいてその効力を有するという見解であって、それは法実証主義の基本思想である。

事実を直視する限り、法を作り、それに効力を賦与するものが結局は支配者の実力であることを認めざるを得ない。その実力は、勿論むき出しの経済力や軍事力ばかりではない。それらを綜合した支配力を実力として認識する限りにおいて、この説は法の効力を説明した優れた見解と言わざるを得ないのである。

しかし、かくいっても支配者の実力が法に効力を与えるのは、法が作られる時であって、法が維持されるには別の要因が必要であると思われる。何故ならば、歴史的にみる限り支配者の力は、たとえ、強大な専制君主といえども、被支配者の個々の力よりも優越しているが、被支配者全体が有している力の総和より強力であることは有り得ないからである。

従って、支配者の意思である法が維持されるためには、下から盛り上る被支配者の精神力による支持がなければならないのであって、ヒューム（David Hume, 1711 – 1776）が論じている如く、まさしく力の所在は被支配者の側にあり、支配者の地位の保持は、被支配者の意思にかけられているのである。

中国の古代皇帝が、その支配の基礎を天帝の命におき、天命は、民の声によって知りうる、民が皇帝をみはなせば、即ち天命も失われるとしたのはこのことであり、実力説の一説たる支配者説は、ここにおいて、正当性を認めうるのである。

支配者説の論者のいう支配力の承認、政治学者はこれを支配の正統性とよんでいるが、これはその時代時代その個々の社会において異なる様々な手段で達成される。ある場合は神の意志というようなことが有力な手段となり、ある場合には与論というようなことが有力な手段となる。神意説、社会契約説、与論説などはいずれも、被支配者に支配力を承認させるための手段を論じているものであると考えてよいのではないかと思う。

現在においては、与論説が通説であるが、それは現在の日本においては自由なる与論が、有力な力を持つようになったからであって、与論説がいかなる時代においても法の実効性の根拠として正しいと考えることはできない。

古代社会においては、明かに神意が、支配の根拠とされているのであって、「魏志倭人伝」においては、古代日本の女王、卑彌呼の支配の根拠を「鬼道」という語を以ってあらわしている（鬼道とは、日本的な「おに」ではなく、神霊の意味である。漢字には、本来の意味と、日本的用法との間に差があるから注意すべきである）。

三．法の効力の範囲

次に、法の効力の範囲について論を進めてゆこう。

法の効力の範囲ということは、一般に四つの概念に分けうるものといわれている。

その第一は事に関する法の効力であり、第二は時に関する法の効力であり、その第三は人に関する法の効力であり、第四は場所に関する法の効力である。

このうち、第一に挙げた事に関する法の効力というのは、法が一般事項に適用されるか、または特殊事項に適用されるかということであって、先に法の種類の項において説明した一般法、特別法の問題にほかならない。従って、この説明を省き、残りの三つの問題について説明することとしたい。

第二の時に関する法の効力範囲については、成文法は施行の時、不文法はその要件を備えた時が、（慣習法は国家によって認められた時、判例法は、人々に法としての認識をえた時）効力発生の時であり、廃止の時に効力を失うというのがその原則である。

従って、法は反対規定（新法が適用される当事者に利益をもたらす場合には、一般に不遡及の原則は否認される。かかる原則は、すでに中国古代の法にみえ、獄令には、律を改正する新格が軽い場合には、「軽法」に従うことが認められている）がない限り、成文法は施行、不文法は法たる要件をそなえた時以前の事柄には適法されないのである。これを法律不遡及の原則（Prinzip der Nichtrückwirkung, principe de non – rétroactivité）と称する。

不遡及の原則は、刑事法の場合に特に重要であるから、憲法は三九条前段に「何人も、実行の時に適法であった行為又は既に無罪とされた行為については、刑事上の責任を問はれない」との条文を特に規定している。

なお、「市民的及び政治的権利に関する国際規約」（International Covenant on Civil and Political Rights）（所謂「人権B規

約」又は「自由権規約」）は第一五条にて「①何人も、実行の時に国内法又は国際法により犯罪を構成しなかった作為又は不作為を理由として有罪とされることはない。何人も、犯罪が行われた時に適用されていた刑罰よりも重い刑罰を科されない。犯罪が行われた後により軽い刑罰を科する規定が法律に設けられる場合には、罪を犯した者は、その利益を受ける。②この条のいかなる規定も、国際社会の認める法の一般原則により実行の時に犯罪とされていた作為又は不作為を理由として裁判しかつ処罰することを妨げるものではない」と規定し、刑罰不遡及の原則を明示する。

本規約は、世界人権宣言を、「経済的・社会的・文化的権利」（A規約）と、「市民的・政治的権利」（B規約）とに分けて条文化した後者にあたるもので、一九六六年十二月一六日に国際連合第二一回総会で採択され、A規約は一九七六年一月三日、B規約及び選択議定書は同年三月二三日に発効した。

わが国は一九七九年にA・B両規約を批准した（昭和五四条六・条七）が、選択議定書には加わっていない。本規約からも明かなように、刑罰不遡及の原則は、人権のなかでも基本的なものの一つであって、世界に共通のものである。

なお、この不遡及の原則は刑事法のみに適用されるものではなく、民法商法等においてもやはり重要視されなければならない。何故ならば、旧法時代にすでにえていた権利、即ち既得権（iura quaesita, vested rights, wohlerworbene Rechte, droits acquis）をみだりにふみにじることは、社会生活の安全、すなわち法的安定性を維持するためにこのましいことではないからである。

法律不遡及の原則、即ち既得権不可侵の原則は右に述べたように社会生活の安定度を高めるためのものである。従って、国民の法的生活全体の利益というより優越した理由があれば、その例外が認められても差支えないとする考えもありうる。その例として、ナチス・ドイツが国民の利益という立場から、その刑法に遡及効を認めたこと、また極東裁判が人類の平和という立場から戦争犯罪法（平和に関する罪）に遡及効を認めたことなどが挙げられる。

しかし、国民の利益、世界の平和というような言葉は抽象的であって、一部の人々の利益に過ぎないということが多い。従って、法律に遡及効をもたす場合には、慎重な上に更に慎重な配慮を払う必要があるのであって、特に刑法の場合には、これを認める場合は、国家存亡の大事の場合に限られるべきである。従って、日本国憲法がこれを明文をもって禁止していることは正しい態度であると考えてよいと思う。

次に、成文法の施行、廃止、並びにこれに関連する経過規定を論じ、更に不文法の発生、消滅の時期についてのべて行こう。

現行法においては、法律は、原則として、衆参両院の多数決によって成立し（憲法五九条）、政令は内閣の制定によって成立するが（憲法七三条六号）、さらに、主任の国務大臣の署名、内閣総理大臣の連署を必要とし（憲法七四条）、天皇が内閣の助言と承認により、これを公布し（憲法七条一号）、ついで施行されることとなる。

憲法五九条　①法律案は、この憲法に特別の定のある場合を除いては、両議院で可決したとき法律となる。
②衆議院で可決し、参議院でこれと異なった議決をした法律案は、衆議院で出席議員の三分の二以上の多数で再び可決したときは、法律となる。
③前項の規定は、法律の定めるところにより、衆議院が、両議院の協議会を開くことを求めることを妨げない。
④参議院が、衆議院の可決した法律案を受け取った後、国会休会中の期間を除いて六十日以内に、議決しないときは、衆議院は、参議院がその法律案を否決したものとみなすことができる。

憲法七三条六号　この憲法及び法律の規定を実施するために、政令を制定すること。但し、政令には、特にその法律の委任がある場合を除いては、罰則を設けることができない。

憲法七四条　法律及び政令には、すべて主任の国務大臣が署名し、内閣総理大臣が連署することを必要とする。

憲法七条一号　天皇は、内閣の助言と承認により、国民のために、左の国事に関する行為を行ふ。一、憲法改正、法律、政令及び条約を公布すること。

公布手続きは、国民一般に法が成立したことを周知させるためのものであり、ついで施行により効力が発生するわけである。従って、法の内容を広く知らしめるために、公布と施行との間には、一定期間がおかれるのが原則であってこれを周知期間と称する（なお、刑法においては、法の不知を以て、罪を免れることをえないが、法が広く知られることは、法治国家の理想として当然なことである）。周知期間は、別段の定めなき場合には、法律については法例一条によって、公布の日から起算して、満二十日間となっているが、政治的理由等により、それが、きわめて長年月に及ぶ場合もある。例えば、昭和四年に制定された救護法は、昭和七年に施行された（周知期間については、なお巻頭掲載写真の四谷市が発行した小冊子を参照せよ）。

法例一条は、平成元年法二七で改正されているが、旧法では二項として、「台湾、北海道、沖縄県其他島地ニ付テハ勅命ヲ以テ特別ノ施行時期ヲ定ムルコトヲ得」との規定があった。明治三一年施行の本法の時代背景とあわせ、今日の通信手段等の進歩により二項の規定はその存在意義を失ったのであろう。

なお、法令の公布施行時期についての最高裁大法廷判決がある。事案は、覚せい剤取締法の不法所持罪（一四条一項）に関するもので、同法の不法所持罪の罰則規定が、「三年以下の懲役又は五万円以下の罰金」から「五年以下の懲役又は十万円以下の罰金」に引きあげられ、改正法律が附則において「公布の日から施行する」とし、その公布の日が、犯行日、即ち昭和二九年六月一二日発行の官報と重ったものである。犯行時は午前九時頃、当時一般の希望者がその官報を閲覧または購入しようとすればなしえた最初の場所は印刷局官報課または東京官報販売所で、その最初の時点は午前八時三〇分であり、法令は、「一般国民の知り得べき状態に置かれ」た時、公布されたものと解すべきであると判示した（最高裁昭和三三年一〇月一五日大法廷判決、刑集一二巻一四号三三一三頁）のである。やや無理な判示と思うが、覚せい剤の反社会性が特に考慮された判例であろう。

成文法の廃止には、明示的乃至黙示的の二つがある。明示的廃止の第一は、あらかじめ、条文中に施行期間を限ることを明示した場合であって、これを期限付立法或いは限時法（Zeitgesetz）というが、この場合には、その期間が終了することによって、法令はその効力を失う。例えば、臨時脳死及び臓器移植調査会設置法（平元・一二・八法律七〇号）は附則三項で、「この法律は、附則第一項の政令で定める日から起算して二年を経過した日にその効力を失う」と規定されている。本法は、「脳死及び臓器移植に係る社会情勢の変化にかんがみ、臓器移植の分野における生命倫理に配慮した適正な医療の確立に資する」との目的の下に調査会を設置し、調査審議をふまえ内閣総理大臣に答申等を一定期間内に行うため、期限付立法となっている。

明示的廃止の第二は、特に前法を廃止する旨が新法に定められた場合である。例えば、現行利息制限法は、昭和二九年六月に施行されたが、その付則二条において明治十年に施行された利息制限法を廃止している。

黙示的廃止の第一は、成文法が目的とする事項が消滅し去った場合である。例えば植民地に関する法が、植民地を失った後に廃止せられるのも、その一例とすることができる。例えば旧法令第一条にみえる台湾に関する条項などは、昭和二十年の敗戦によって廃止されたものと考えられる。

黙示的廃止の第二は、その法令と異なった内容をもつ新法令が施行された場合である（その新法令は成文法であることが原則であるが、判例において慣習法、判例法が成文法をある程度変更することを認めているから、不文法のこともありうる）。この場合には、前法は廃止されたものと認められる（但し、不文法による変更の場合には、効力が停止されるのみとも考えられる）。これを「新法は旧法を改廃する」或いは「後法は前法を廃止する」（Lex posterior derogat priori.）と称し、この原則は法学上の一大原則である。

しかし、この原則は新法と旧法とが同一順位に立つ法の種類である場合にだけ適用されるものであって、新旧両法が、前述の一般法と特別法の関係にある場合には適用されない。これを「一般新法は特別旧法を改廃しない」と称し、これまた、法学上の一大原則とされているものである。

次に、経過規定について一言しておこう。これは旧法より新法に移行するために、必要な経過措置を定めるものであり、この中、最も重要なものは新法の施行後、特定事項が旧法施行時より、新法施行時へと継続して生じた時に、両法のいずれを適用するかを定める法、即ち時際法である。現行法の末尾に多く付せられている付則や、民法施行法等はこの経過規定の代表的なものであり、原則として、旧法時代に発生したことには、新法は遡及しないとされている。

不文法においては、効力の発生と廃止の時期は明瞭ではない。しかし、慣習法については、国家がそれを認めた時、判例法については、何回かの反履により、それが法であると一般に信じられた時と考えられ、条理については、裁判所がこれを援用したとき効力が発生するものと考えられる。

不文法の廃止の時期は、成文法によりそれが否定されたとき、または内容の異なった成文法が成立した時には、当然に、その施行期日である。

しかし、それ以外の場合は、慣習法を否認する判例が確立した場合、例えば、慣習法を公序良俗に違反するとして否認した場合には従前の慣習法は廃止されたものと解すべきである。また、判例法、条理の場合には、それぞれの成立要件が存在しなくなった場合と考えられる。この場合には、不文法の廃止は、不文法の消滅と称した方がより適当であるかも知れない。

第三に人に関する法の効力を論じてみよう。

法の人に関する効力については、属人主義（system of personal law, Personalitätsprinzip, personnalisme）と属地主義（system of territorial law, Territorialitätsprinzip, territorialisme）の対立があり、多くの国の歴史において、法の効力は属人主義から属地主義へと推移したことが知られている。

属人主義とは人の所在如何をとわず、その人の属する種族、国籍等の法を適用しようとする主義である。フランク王朝（五〜九世紀）においては、国内において各種族の法が属人的に適用された。また、東洋においては、唐名例律により、化外人には化外人の法が原則として適用されることになっており、この法は、日本律にも継受されている。江戸末の外国との交渉において、幕府が相手国使節がおどろく程簡単に領事裁判権を認めたのは、この故えであるといわれている。

しかし、かかる属人主義は、人の移住が盛んに行われるようになると次第にその維持が困難となった。何故ならば、この主義を維持するためには裁判官はすべての種族、すべての国の法を知らなければならない。その困難を免れるためには、結局のところ、所属国の官吏に裁判権を移譲せねばならず、国家の裁判権はこの範囲で失われ、その体面がきずつけられるにいたるからである。また、近代国家は領土内における不可侵の主権（領土主権）を主張し、属人主義はこの面からもその力が弱められることになった。

ここに法は自国人、外国人を問わず領土内に居住する全ての人に適用されるという属地主義が力を得ることになったわけである。

わが国の法も、この傾向に従い、属地主義を原則、属人主義を例外としている。

次に、現行法における属地主義の例外を列挙すると次の如くである。

例外の一は、外国人に対する権利の一部制限であり、かかる制限は、政治経済的な必要から設けられたものが多い。現行法においては、公法上の権利の中には、外国人に対して認められないものがあり、憲法にみえる参政権、請願権、生存権（特に、これに基づく生活保護法上の権利）等がそれに属する。かかる権利は、天賦人権に属するものと考えられ、かかる点よりすれば多分に疑義があるが、外国人には認められないことになっている。また、民法第二条には、「外国人ハ法令又ハ条約ニ禁止アル場合ヲ除ク外私権ヲ享有ス」とあるから、外国人は法令又は条約に基づいて私権を制限されることがありうる。法令による禁止として、商法七〇二条一項は共有船舶の国籍喪失と持分の買取又は競売請求について、「船舶共有者ノ持分ノ移転又ハ其国籍喪失ニ因リテ船舶カ日本ノ国籍ヲ喪失スヘキトキハ他ノ共有者ハ相当代価ヲ以テ其持分ヲ買取リ又ハ其競売ヲ裁判所ニ請求スルコトヲ得②社員ノ持分ノ移転ニ因リ会社ノ所有ニ属スル船舶カ日本ノ国籍ヲ喪失スヘキトキハ合名会社ニ在テハ他ノ社員、合資会社ニ在テハ他ノ無限責任社員ハ相当代価ヲ以テ其持分ヲ買取ルコトヲ得」と規定し、また、明治初期に外国人が土地所有権を獲得することが全く禁ぜられていたことは、有名な条約改正問題にからんで広く知られていたことである。

例外の二は、条約その他によって、裁判権が及ばない結果生じた例外であって、国際法上治外法権を認められた外国人には日本の法律は適用されない。外国君主、大統領等の元首、外交使節等は治外法権を有する。アメリカの日本在留軍人等は公務中の犯罪については治外法権を有する。また、明治初期には、一般外国人は広くわが国の法律に従わず、自国の法律によって裁かれる領事裁判権を有していた。

例外の三は、刑法中の一部の条文には、外国に所在する内外人に之を適用することがある。刑法二条には、わが国に対する内乱の罪、外患の罪、通貨偽造の罪等は、外国において、日本人は勿論外国人が犯した場合にも、わが国の法律が適用されることが定められている。この場合には、過日発生した十万円金貨偽造事件の如く、捜査員が派遣され、犯人が特定されれば逃亡犯罪人引渡法に基づいて犯人の引渡を外国に求めることとなるわけである。

例外の四は、属人主義に基づいて、憲法の規定、刑法の規定の一部が外国にある日本人に適用されることがある。憲法の納税義務の規定（憲法三〇条「国民は、法律の定めるところにより、納税の義務を負ふ」）等は外国にある日本人にも適用されるが、この場合には、その国の税法との関係で二重課税の問題が発生する。また、刑法三条、四条には、日本国外に於て日本人が犯した犯罪について、刑法が適用されるものが列挙されている。

以上の如き例外を除いて、日本法は原則としてわが国に居住する者すべてに効力を有し、一方外国に居住する者にはその効力が及ばない。

第四に場所に関する法の効力の範囲は、属地主義の結果その国の領土、領海及び領空についてそのすべてに効力を及ぼすべしとするのが原則である。但し、国家の領土外においても、租借地、或いは占領地等をもっている国は、その領域外の地域に対しても自国の法律を適用する。過去の日本はかような地を多く有していたが、今日においては、大使館、公使館所在地域以外にはかような土地を有しない。

また、公海における私船、他国の領海にある自国の公船、軍艦、航空機についても自国法が及ぶのが原則である（有名な大津事件において、明治天皇が領海内に碇泊するロシア軍艦に行幸されたのが、大いに問題とされたのはこのためである。何故ならば、天皇が外国の法権の及ぶ処におもむかれたのは、これが最初であったからである）。一方相互主義に基づき、国内に外国の管理地その他がある場合には自国の法はそれに及ばない。

刑法一条は、「①この法律は、日本国内において罪を犯したすべての者に適用する。②日本国外にある日本船舶又は日本航空機内において罪を犯した者についても、前項と同様とする。」と規定する。本条二項にいう処の「日本船舶」について、最高裁昭和五八年一〇月二六日決定（刑集三七巻八号一二二八頁）があるが、具体的な判例研究の一つの実例として詳細にこれについて検討を加えてみよう。

〔事実の概要〕 第一審及び原審の認定した事実によれば、鮮魚・冷凍食品の輸出入および販売、船舶の売買等を事業目的とする乙物産株式会社（本社大阪市大淀区）の代表取締役F、Y両名は、同社の多額の負債解消のため、同社が購入することになった汽船第三伸栄丸（総トン数二五八、八三）に船舶回航保険をかけ、海難事故を装って故意に沈没させ保険金を騙取しようとした。

両名は、その実行方を、同船の機関長として雇いいれたSに依頼し、同人も承諾し、艦船覆没、保険金詐欺の各共謀を遂げた。

乙物産は、静岡県焼津市の船舶ブローカーより第三伸栄丸を代金一、七〇〇万円で買い受け、アラスカ州所在のM・P社に代金五七万米ドルで売却する売買契約を同社との間に締結した。F、Y両名は、乙物産が第三伸栄丸を輸出するためアメリカ合衆国アラスカ州スワード港へ回航するとして所定の手続きや諸準備をした。

昭和五四年八月二二日、同船は、機関長S及び、情を知らぬ船長ほか四名を乗せ静岡県焼津港を出港し、本州沿いを航行中、同月二五日午前一時四〇分頃、北緯四〇度四〇分、東経一四四度二五分の公海上において、当直勤務中のSは、同船機関室において主機冷却水ポンプ用船底弁（キングストン・コック）のコック押えを所携のモンキースパナで取り外し、同コックを引き抜いて海水を船内に浸入させ、同日午後七時四七分頃、北緯四〇度二五分、東経一四四度一九分付近の公海（青森県八戸東方）において同船を沈没させた。

Ｆ、Ｙ両名は、第三伸栄丸の出港前に乙物産の名義で英国の保険会社との間で、同船に保険金額六二万七、〇〇〇米ドルの静岡県焼津港からアラスカ州スワード港までの回航保険を締結した。同月二六日、Ｓは、事故調査に際し、保険会社代理店の係員に対し、自己の過失によりキングストン・コックのコック押えが外れたと説明した。同船の沈没原因に不審を抱いて保険金の支払に難色を示した保険代理店に対し、Ｆ、Ｙの両名は、保険金支払までの代替措置として所定の方式により保険金相当額を無利息・無担保で貸し付けるべき旨の請求をし（ローンホーム方式と称し、貸付後、保険事故発生原因が保険契約者の故意に基づかないことが判明した時点、あるいは六ヶ月が経過した時点で、自動的に保険金支払に移行する）乙物産名義の当座預金口座に金一億五七三万七千四百円の払込入金を受けた。

第一審（昭和五七年三月二九日神戸地裁）は、本件当該船舶が、本件覆没後当時、乙物産とアラスカ州所在のＭ・Ｐ社との間の売買契約の成立により所有権がＭ・Ｐ社に移転しているから（法例第一〇条、民法第一七六条）、日本船舶ではないとの主張に対し、右売買契約自体有効に成立したものと認定の上、所有権移転時期につき、「売主の所有である特定物の売買においては、その所有権が将来になさるべき特約がないかぎり、買主への所有権移転の効力は、直ちに生ずると解すべきが原則であるが、民法第一七六条を更に検討するならば、同条は当事者の意思表示、すなわち売買契約の内容次第で所有権移転の効力発生時期も決まることを意味するから、本件においても当該法律行為全体を解釈する」としつつ、詳細な検討を加えている。即ち、一審は、乙物産とＭ・Ｐ社間の当該船舶の売買契約であるメモランダム・オブ・アグリーメント（船舶売買契約覚書）の各条項中、特に、同五条の売主は、本船引渡時に、債券・抵当権及び海上先取特権の一切ないことを明記した公証人により適正に証明された売買証書等の証書類を買主に提供するとの規定、及び同二条のシー・アイ・エフ・アラスカとの規定を検討した上で、更に、引渡し、代金の支払をもって所有権移転の時期とする実務家の意識・慣行等を総合して、当該船舶の所有権は、本来同船がアラスカに到着して引渡がなされた時点で買主Ｍ・Ｐ社に移転すると解し、同船が覆没当時乙物産所有の日本船舶であったと認定の上、公海上を航行中の同船内で行われた犯罪については当然刑法が適用されると判示して、艦船覆没行為につき、Ｆ、Ｙ及びＳの共謀を認め、刑法六〇条、同一二六条二項に該当するとし、保険金詐欺については、被告人三名を共謀共同正犯とし、刑法六〇条、同二四六条一項に該当するとし、両者を併合罪とした。

原審（昭和五八年三月八日大阪高裁）は、若干補説のうえ第一審判決の認定事実、法令の解釈適用を支持し、被告人側の控訴を棄却した。これに対し、Ｆ、Ｙの弁護人は、㈠原判決には、船舶の所有権移転に関する事実誤認ならびに所有権移転について法令の解釈を誤り、ひいては刑法一条二項の解釈、適用を誤り判決に影響を及ぼすべき違反がある。㈡船舶覆没行為は、Sの独断によるもので、F、Y両名とSとの間に共謀はなく、更に、船舶覆没行為と併合罪の関係にあるとされた保険金詐欺については、犯意もなくSとの共謀もないとして事実誤認であると上告した。

〔判旨〕 最高裁判所は、上告趣意は事実誤認、単なる法令違反の主張で刑訴法四〇五条の上告理由にあたらないとして上告を棄却し、「本件船舶につき、本件覆没行為の当時船舶法一条三号の要件を備えていたものと認め、これを刑法一条二項にいう「日本船舶」にあたるとした原判断は相当である。また、本件のように、公海上で、日本船舶の乗組員が同船舶の船底弁を引き抜き海水を船内に浸入させて人の現在する船舶を覆没させた行為については、刑法一条二項により同法一二六条二項の適用があると解すべきであるから、これと同旨の原判断は相当である」と判示した。

以上が「日本船舶」の概念を定めた一判例である。

第五章　法の適用

本章は、法学上極めて重要な部分であって、いわゆる解釈法学者は、この法の適用の問題をその主たる研究対象としているわけである。

日々生ずる具体的事件は無数ともいえる類型をもっている。例えば、人に損害をかける行為には、人を鉄砲刀剣類で殺害する行為、人の財物を盗む行為、人の家屋をこわす行為等無数の形式があり枚挙にいとまがない。従って、法を全ての事件に対して、これに直ちに適用しうるように具体的に定めておくことはいかに法の数を多くしても不可能なことである。

中国古代法、例えば、唐明律の如きは、「人の歯を折った場合、耳目を傷つけた場合」等々きわめて具体的に条文を定めるべくつとめているが、それでも結局のところ、全ての事項について法を定めることは不可能であることを認めており、法の抽象化並びに比附、即ち類推をみとめる規定をおいている。

仍って、近代法は、類推はともかくとして、多様な行為態様を含みうるように抽象化をはかることを原則として、殺人についてもわが刑法は一九九条で「人を殺した者は」というように抽象的に規定しているわけである。

以上のように法は抽象的に定められ、これに一定の効果が附与されているものであるから、具体的事件を裁く場合には、法の内容ないし効力について具体的実現が行われなければならない。

法律家は、この法の実現の作用を「法の適用」(Anwendung des Rechts) と称するわけである。

法の適用は二つの段階から構成されている。その一は事実の認定であり、その二は法律の解釈適用である。法が適用されるには先づ、適用されるべき事実が確定されねばならないことは何人にも容易に知りうる処である。

刑事事件を裁くためには、先づ、被告の行為がいかなる行為であったかが明瞭にされねばならない。例えば、殺人罪については、毒を用いて殺害を実行したのが被告人であるのか否か、その毒はどの位の殺傷力があるのか等のことが確定されなければならない。これを法的事実と称する。なお、毒の殺傷力が問題となるのは、殺傷力なき時は、たとえ殺害の故意ありといえども不能犯となって犯罪を構成しないからである。

ついで、具体的裁判では、当該行為にどの条文が適用されるかが定められ、ついで法文そのものの意味が明かにされねばならない。例えば、「人を殺し」という条文の「人」がいかなる概念に属するものをいうかということが明かにならなければ、法律の条文と被告人の行為との一致を確実に定めることができない。

「人」の概念などは分りきっていると考えるかも知れないが、胎児は何時から人といえるものになるのかということを考えるとそれは甚だ難しい問題である。人と胎児との区別については、一部露出説、全部露出説、独立呼吸説というような学説が対立し、刑法については一部露出説、民法については全部露出説を採っているが、これに異説を唱えている学者がないではない。

刑事判例として、大審院は殺人罪の客体について、「胎児カ未タ母体ヨリ全然分離シテ呼吸作用ヲ始ムルニ至ラサルモ既ニ母体ヨリ一部ヲ露出シタル以上母体ニ関係ナク外部ヨリ之ニ死亡ヲ来スヘキ侵害ヲ加フルヲ得ヘキカ故ニ殺人罪ノ客体トナリ得ヘキ人ナリト云フヲ妨ケス左レハ原判決ニ於テ被告カ殺意ヲ以テ産門ヨリ其一部ヲ露出シタル胎児ノ面部ヲ強圧シタル所為ハ殺人行為ノ一部ト認メタルハ相当ニシテ所論ノ如キ違法ノ裁判ニアラス」と判示した（大審院大正八年十二月十三日判決、刑録二五輯一三六七頁）。

右の如き場合に、殺したものが胎児と認められる場合には、殺人罪を適用することが出来ず、それよりもはるかに軽い堕胎罪がこれまで適用されてきた。「人」という文言の解釈如何で結果において重要な相違が生ずるわけである。

なお、人の概念について、近時最高裁は、胎児性水俣病判決で新たな判断を下しているので、注記しておこう。

胎児性水俣病事件では、出生に先立つ胎児段階において母親がメチル水銀によって汚染された魚介類を摂取した為、体内で右メチル水銀の影響を受けて脳の形成に異常を来し、その後、出生はしたものの、健全な成育を妨げられた上、一二歳九ヶ月でいわゆる水俣病に起因する栄養失調・脱水症により死亡したことが刑法二一一条前段の業務上過失致死傷罪に該当するか否かが争点となった。即ち、「人」という概念に「胎児」が包含されるかが争点となったが、最高裁は、「現行刑法上、胎児は、堕胎の罪において独立の行為客体として特別に規定されている場合を除き、母体の一部を構成するものと取り扱われていると解されるから、業務上過失致死罪の成否を論ずるに当たっては、胎児に病変を発生させることは、人である母体の一部に対するものとして、人に病変を発生させることにほかならない。そして、胎児が出生し人となった後、右病変に起因して死亡するに至った場合は、結局、人に病変をさせて人に死の結果をもたらしたことに帰するから、病変の発生時において客体が人であることを要するとの立場を採ると否とにかかわらず、同罪が成立するものと解するのが相当である」と判示した（最高裁昭和六三年二月二九日決定、刑集四二巻二号三一四頁）。

本決定は、「胎児の傷害と傷害罪」の問題については正面からの明示的判断は避けているが、業務上過失致死罪の成立は認めている。この問題については、西ドイツにおけるサリドマイド事件についての一九七〇年一二月一八日のアーヘン地方裁判所刑事部決定での「胎児」に傷害を与えその結果が「人」に及んだ場合には「人」に対する傷害といえるとの判断が参考となる

(LG, Aachen JZ 1971, S. 507ff.)。即ち、「人」なる概念は、ある場合には「胎児」にまで拡張されているのである。

さて、更に事実の確定について論ずるに、再言するが、これは前述の法律的事実であることが必要であり、法を構成する要件以外の事実は、当然に除外される。

而して、現行法においては、法適用の基礎となる事実は証拠に依拠して、推理、確定されることになっている。しかし、この証拠主義は民事訴訟の場合と刑事訴訟の場合とでは、その厳格さにおいて相当な経庭がみられる。

民事訴訟の場合には、当事者間において争いのある事実即ち争点について、原告、被告ともに原則として、証人、証書その他の証拠資料を自由に提出しうる。相手方が自白した場合には、勿論証拠となしうるし、一方の主張した事実を明示的に他方が争わない場合には認容したものとみなされる。これを黙示的承認と称する。

民事訴訟においては、裁判所に証拠として提出しうるための資格、即ち証拠能力は、証人適格のない場合の証言等を除いては、きわめて寛大に定められているといえる（因みに、日本の慣行においては、多くの史料によって知られる如く、相手方の主張に対して沈黙を守った場合には、これは相手方の主張を否認することであり、この点、欧米、或いは中国の慣行と逆である。従って、ここに継受法である民訴と、慣行との差異が見出されるが、一応の注意を要することといわねばならない）。

また、民事訴訟においては、決定的な証拠を有していても、出すか、出さぬかは当事者の自由である。これは、民事訴訟が専ら私益の保護を目的としているからであって、裁判所は、当事者が提供する証拠のみを調べれば足り、提出された証拠から事実を認定すれば、その事実が真実と異なっていても、やむをえないと考えられるからである。所謂「証文の出しおくれ」とはこのことを言ったものであり、学者は、これを形式的真実主義と称し、さらに当事者がかような自由をもつことは、当事者処分主義の一機能であるとされている。

しかし、刑事訴訟は、被告の人権にかかわることであるからこれと異なる。

刑訴法三一七条は、「事実の認定は、証拠による」として証拠裁判主義を明言しているが、刑訴法三一九条は、自白の証拠能力・証明力について規定する。更に、刑訴法三二〇条は、伝聞証拠禁止の原則を規定している。

刑訴法三一九条　①強制、拷問又は脅迫による自白、不当に長く抑留又は拘禁された後の自白その他任意にされたものでない疑いのある自白は、これを証拠とすることができない。

②被告人は、公判廷における自白であると否とを問わず、その自白が自己に不利益な唯一の証拠である場合には、有罪とされない。

③前二項の自白には、起訴された犯罪について有罪であることを自認する場合を含む。

同三二〇条　①第三百二十一条乃至第三百二十八条に規定する場合を除いては、公判期日における供述に代えて書面を証拠とし、又は公判期日外における他の者の供述を内容とする供述を証拠とすることはできない。

②第二百九十一条の二の決定があった事件の証拠については、前項の規定は、これを適用しない。但し、検察官、被告人または弁護人が証拠とすることに異議を述べたものについては、この限りでない。

刑事訴訟の場合には、実体的真実主義の立場よりして、犯罪事実を認定するための証拠の採用には右のような厳重な制限がある。

即ち、任意性のない自白、伝聞証拠（hearsay evidence ある事実について記憶を獲得し知覚し、さらに獲得した記憶を保存・貯留し記憶し、ついで保存した記憶を再現し表現し、再現した記憶を言語か言語に代わる伝達形式——例えば身振り等——で叙述するという過程を通じて、ある者の体験は供述の形で他人に伝達される。記憶を獲得して供述している者に対して、憲法三七条二項に基づく証人審問権の保障が欠けている供述証拠を伝聞証拠という）、意見証拠（鑑定以外の純粋な意見、例えば、骨とうの偽物事件において、日本の骨とう屋は偽物を売ることが多いというような第三者の意見）、さらに極端に違法な手続の下に収集された証拠等は、原則として証拠能力を欠いているし、任意性のある自白といえども補強証拠がなければ犯罪事実を認定する資料とはなりえない。

ここで違法収集証拠の排除及び自白の任意性についての最高裁判決を検討する。

最高裁において、捜査段階で違法に収集された証拠の証拠能力が問題となった。事実は、覚せい剤や売春事犯の多発地帯で自動車を停止し遊び人風の男達と話をしていた被告人に警察官が近付いたところ被告人が車を発進させたため、警察官は売春の客引の疑いもあり職務質問のため被告人の車を停止させた。その際、賭博用具等を発見したのみならず被告人の態度や青白い顔色などから覚せ剤中毒の疑いがあり、被告人を降車させ所持品の提示を要求したが拒否された。警察官は、被告人の上着とズボンのポケットを外側から触ったところ上着左側内ポケットに「刃物ではないが何か堅い物」が入っている感じで、警察官がポケットに手を入れ「ちり紙の包」と「プラスチックケース入りの注射針一本」を発見した。前者から「ビニール袋入りの覚せい剤ようの粉末」が発見され被告人の面前でマルキース試薬で検査した結果、覚せい剤であることが判明し、覚せい剤不法所持の現行犯として被告人を逮捕した。

最高裁は、「違法に収集された証拠物の証拠能力については、憲法及び刑訴法になんらの規定もおかれていないので、この問題は、刑訴法の解釈に委ねられているものと解するのが相当であるところ、刑訴法は、『刑事事件につき、公共の福祉の維持と個人の基本的人権の保障とを全うしつつ、事案の真相を明らかにして、刑罰法令を適正且つ迅速に適用実現することを目的とする。』

（同法一条）ものであるから、違法に収集された証拠物の証拠能力に関しても、かかる見地からの検討を要するものと考えられる。ところで、刑罰法令を適正に適用実現し、公の秩序を維持することは、刑事訴訟の重要な任務であり、そのためには事案の真相をできる限り明らかにすることが必要であることはいうまでもないところ、証拠物は押収手続が違法であっても、物それ自体の性質、形状に変異をきたすことはなく、その存在・形状等に関する価値に変りのないことなど証拠物の証拠としての性格に鑑みると、その押収手続に違法があるとして直ちにその証拠能力を否定することは、事案の真相の究明に資するゆえんではなく、相当でないというべきである。しかし、他面において、事実の真相究明も、個人の基本的人権の保障を全うしつつ適正な手続のもとでなされなければならないものであり、ことに憲法三五条の場合及び令状による場合を除き、住居の不可侵、捜査及び押収を受けることのない権利を保障し、これを受けて刑訴法が捜査及び押収等につき厳格な規定を設けていること、また、憲法三一条が法の適正な手続きを保障していること等に鑑みると、証拠物の押収等の手続に、憲法三五条がこれを受けた刑訴法二一八条一項等所期する令状主義の精神を没却するような重大な違法があり、これを証拠として許容することが、将来における違法な捜査の抑制の見地からして相当でないと認められる場合においては、その証拠能力は否定されるものと解すべきである」と判示し、一般論として「違法収集証拠の排除法則」を初めて採用したうえで、具体的事案については、「これを本件についてみると、……（警察官）の行為は、職務質問の要件が存在し、かつ、所持品検査の必要性と緊急性が認められる状況のもとで、必ずしも諾否の態度が明白ではなかった被告人に対し、所持品検査として許容される限度をわずかに超えて行われたに過ぎないものであって、もとより同巡査において令状主義に関する諸規定を潜脱しようとの意図があったものではなく、また、他に右所持品検査に際し強制等のされた事跡も認められないので、本件証拠物の押収手続の違法は必ずしも重大であるとはいえないのであり、これを被告人の罪証に供することが、違法な捜査の抑制の見地に立ってみても相当でないとは認めがたいから、本件証拠物の証拠能力はこれを肯定すべきである」と判示した（最高裁昭和五三年九月七日判決、刑集三二巻六号一六七二頁）。

次に、刑訴法三一九条の自白の任意性についての最高裁大法廷判決を検討する。

事案は、銃砲刀剣類所持等取締法及び火薬類取締法違反に関するものである。当初、警察署での取調では、被告人の妻は、自分の一存で本件拳銃等を買い受けかつ自宅に隠匿所持していたものである旨を供述し、被告人も、本件拳銃は妻が勝手に買ったもので自分はそんなものは返せといっておいた旨を述べ、両名とも被告人の犯行を否認している。その後、検察庁における取調で、検事は被告人に対し、実際には妻がそのような自供をしていないにも拘らず、同人が本件犯行につき被告人と共謀したと自供した旨を認めるに至ったので、所謂「切り違え」尋問という一種の偽計を用いて供述調書を作製した。

最高裁は、「思うに、捜査手続きといえども、憲法の保障下にある刑事手続の一環である以上、刑訴法一条所定の精神に則り、公共の福祉の維持と個人の基本的人権の保障とを全うしつつ適正に行われるべきものであることにかんがみれば、捜査官が被疑者を取り調べるにあたり偽計を用いて被疑者を錯誤に陥れ自白を獲得するような尋問方法を厳に避けるべきであることはいうまでもないところであるが、もしも偽計によって被疑者が心理的強制を受け、その結果虚偽の自白が誘発されるおそれのある場合には、右の自白はその任意性に疑いがあるものとして証拠能力を否定すべきであり、このような自白を証拠に採用することは、刑訴法三一九条一項の規定に違反し、ひいては憲法三八条二項にも違反するものといわなければならない」との一般論を展開し、当該具体的事案に対しては、「これを本件についてみると、……前示のような偽計を用いたうえ、もし被告人が共謀の点を認めれば被告人のみが処罰され妻は処罰を免れることがあるかも知れない旨を暗示した疑いがある。要するに、本件においては前記のような偽計によって被疑者が心理的強制を受け、虚偽の自白が誘発されるおそれのある疑いが濃厚であり、もしそうであるとするならば、前記尋問によって得られた被告人の検察官にたいする自白およびその影響下に作製された司法警察員に対する自白調書は、いずれも任意性に疑いがあるものといわなければならない」と判示した（最高裁大法廷昭和四五年十一月二五日判決、刑集二四巻一二号一六七〇頁）。

さて、上述の如く、民事訴訟の場合には、形式的真実主義が採られているから、ある場合には、立証の困難さを避けるため、ある場合には、公益上の必要のために、ある場合には、周辺の事情から考えて、たやすく事実を推理しうるため、事実の認定には、証拠が必要であるという原則には、二つの例外が認められている。

その例外の一は、法律が一定の事実を推定するという場合であって、これについては、法文に「推定ス」という用語が使用されている。

推定は、一応、一定の事実の存在、或いは不存在を仮定するものであるから、それによって不利益をこうむるものは、その推定をうち破るに足りる反証を挙げて、それをくつがえすことが可能である。例えば、民法七七二条には、「①妻が婚姻中に懐胎した子は、夫の子と推定する。②婚姻成立の日から二百日後又は婚姻の解消若しくは取消の日から三百日以内に生まれた子は、婚姻中に懐胎したものと推定する」との規定がある。この規定は親子関係が存在することを立証することは、甚だしく困難であるところから定められたものである。しかし、この場合においても夫は、これを否定するに足りる証拠を提出できる場合には嫡出否認、即ち、親子関係不存在確認の訴を子が生まれたことを知ってから一年以内に主張することが出来るわけである。

民法七七四条　第七百七十二条の場合において、夫は、子が嫡出であることを否認することができる。
同七七五条　前条の否認権は、子又は親権を行う母に対する訴によってこれを行なう。親権を行う母がないときは、家庭裁判所は、特別代理人を選任しなければならない。
同七七七条　否認の訴は、夫が子の出生を知った時から一年以内にこれを提起しなければならない。

なお、民法七七二条の推定の及ばない子として、判例は、婚姻解消後三百日以内に出生した子であっても、母とその夫とが届出より約二年半以前から事実上の離婚をしていた場合には、嫡出の推定を受けないとする（最高裁昭和四四年五月二九日判決、民集二三巻六号一〇六四頁）。しかし、この場合子供は、真の父に対して認知請求ができることは勿論である。

裁判の場合に、一定の事実の存否を立証する責任を挙証責任といい、何人がその責任を負うかということを挙証責任の分配というが、推定の規定がある場合には、挙証責任は、推定によって不利益を受ける方が負うわけである。

例外の二は、法律が事実を擬制する場合であって、この場合には法文には「看做ス」又は「みなす」という用語が使用される。

擬制とは、本来異質なる事実を、法が公益その他の法政策的見地より、あえて同一のものとみなし、同じ効果を与えることであるから、反証を挙げてこれをくつがえすことは出来ない。例えば、民法七二一条には、「胎児ハ損害賠償ノ請求権ニ付テハ既ニ生マレタモノト看做ス」と規定され、また相続についても、既に生まれたものとみなされるが、この条文を反証によってくつがえすことは出来ない。

以上のように法文による推定や擬制は民事法上にのみ見出されるものであるが、現行法においては、多少の例外があるようにみえる。それは刑法二四五条に、窃盗については、「電気は、財物とみなす。」とあることである。この条文は、電気が財物に含まれないとすれば擬制の条文であって、しかりとすれば、推定や擬制は民事法に限られないこととなる。しかし、この規定は、支配的見解によれば注意規定とみなされ、電気は本来刑法上は財物であるが注意をうながすためにこの規定がおかれたものと解されている（前述の如く通説判例は、刑法上財物とは管理又は所持可能な物で足り、一定の空間を占める有体物か無体物かを問わないと解し、電気は本来財物であると解している）。仍って、これに従えば、この条文は、擬制の条文ではないことになるのであって、これを例外とすることは出来ない。しかりとすれば、わざわざ「看做す」という語を用いたことは、立法技術上問題ありといわざるをえない。この点について昭和一〇年改正案第三百三十七條は、「本章ノ罪ニ付テハ電氣ハ之ヲ財物トス」と明確に規定している。

なお、ここにおいて注意したいことがある。それは、事実の認定は以上のように証拠に基づいて行われるが、いかなる証拠から事実の存否を定めるかは、原則として裁判官の自由な判断によってなされる。これを自由心証主義（Prinzip der freien Beweiswürdigung）と称し刑訴法三一八条は、「証拠の証明力は、裁判官の自由な判断に委ねる」と規定している。刑事訴訟の場合には、前述の如く、自白その他の証拠能力が制限されるから、裁判官の自由心証には多少の制限があることになるが、とにかく、現行法においては、この自由心証主義が原則とされ、しかもそれは、単に法的判断のみならず医学的判断にさえ及ぶとされている。

精神鑑定の採否について、最高裁は、「被告人の精神状態が刑法三九条にいう心神喪失又は心神耗弱に該当するかどうかは法律判断であって専ら裁判所に委ねられるべき問題であることはもとより、その前提となる生物学的、心理学的要素についても、右法律判断との関係で究極的には裁判所の評価に委ねられるべき問題であるところ、記録によれば、本件犯行当時被告人がその述べているような幻聴に襲われたということは甚だ疑わしいとしてその刑事責任能力を肯定した原審の判断は、正当として是認することができる」として、生物学的、心理学的要素の判断権が裁判所にあるとして鑑定の拘束性を否定した（最高裁昭和五八年九月一三日決定、判例時報一一〇〇号一五六頁）。

自由なる判断とは、論理則、経験則に則った拘束されない判断をいうと説かれているが、何が論理則であり、何が経験則であるかは確定しえないことであるから、それが裁判官の主観的判断となることはやむをえない。従って、同種の証言であっても、ある場合には事実の存在が確定され、ある場合には確定されないことがあるわけである。例えば、逃亡しようとする強盗を恐怖のあまりこれを殺したという申立てであっても、その人が普通のサラリーマンの場合には認められるが、剣道の先生の場合には認められるかどうかわからない。正当防衛には現実の侵害があることを要するが、「盗犯等ノ防止及処分ニ関スル法律」（昭和五年）には、強盗等に対して、恐怖、驚愕、興奮又は狼狽の余り、現場においてこれを殺傷したものは罰せられないこととなっている。従って、この場合には恐怖という内面心理に属する事実が認められるかどうかによって無罪か否かが定まるわけであるから、裁判官の主観は、被告人の運命にも関することとなるわけである。

窃盗等ノ防止及処分ニ関スル法律一条二項　前項各号ノ場合ニ於テ自己又ハ他人ノ生命、身体又ハ貞操ニ対スル現在ノ危険アルニ非ズト雖モ行為者恐怖、驚愕、興奮又ハ狼狽ニ因リ現場ニ於テ犯人ヲ殺傷スルニ至リタルトキハ之ヲ罰セズ

裁判、ひいては、その基礎をなす法律学が、真に頼りないと感ぜられる所以はここにあるわけである。しかも、裁判官といえども人間であることには違いがないから、その一部には、自分の正義感に基づいて、一方に有利に法を適用しうるように事実を評価する者がいる可能性もないではない。

例えば、現行法においては、貸家人は正当な理由がない限り借家人を追い出しえないが、貸家人に同情する裁判官は、故意に正当な理由を基礎づける事実を認定するかもしれないし、一方借家人に同情する裁判官は、これを否定してかかるかもしれない。また、刑法上の強姦の認定の如きは、裁判官の個性が強く表われる好例といわれている。こうなれば裁判はもう当事者にとっては運次第ということになってしまうわけである。世人が裁判をなるべく避けようとする理由は、単に法律知識が普及していないというような事実にばかりあるわけではない。

江戸時代の町人が、その家憲において絶対に公事をするなといっている理由の一つもここにあり、自由心証主義を中心とする事実の確定方法が短所を持っていることは明かといわざるをえない。

しかし、自由心証主義をやめて、一定の事実の認定には、一定の証拠を必要とするという法定証拠主義を中心とすれば、短所が全くなくなるかというと必ずしもそうではない。かくすれば、事実の確定が形式化し、固定化して、一層の不当な結果が露呈される可能性がある。

自由心証主義にも大きな長所があることは事実であって、前にも述べた裁判官の正義感の如きも、それが社会一般の正義感と一致する場合には、外篇にあげた「大岡裁き」の如き名裁判としてもてはやされる可能性があるわけである。

これは私見であるが、私は、現行法の短所を補うためには、制度の改正も必要であるが、それよりも裁判官そのものの質を、さらに向上するような努力が恒常的に図られるべきではないかと考える。

この意味で、裁判官が裁判所以外で研修をすることや、弁護士からの裁判官任命等もその方策として評価することができる。

あえて隴を得て蜀を望むならば、裁判官はすべて、常識ある一流の社会人たるべく努力すべきであって、一流の法学的知見を持つというだけではいまだ足りずというべきであろう。

第六章　法の解釈

次に、法の解釈について話を移そう。

法の解釈（interpretation of law, Auslegung des Rechts, interprétation du droit）とは、法が規定する処の意味内容を明白にすることである。しかし、解釈の必要が存在するのは法規範についてだけではない。例えば、歴史史料としての漢文や国文で書かれた文書についても、その資料価値を定めるために解釈が必要とされる。法の解釈がこれと異なるのは、これら史料の解釈が歴史的な事実を究明するために行われるのに対して、現実に生じた事実に対して、法を適用する、すなわち塡補する際に解釈の必要が生ずることである。

法の解釈とは、要するに、法が命令、許容、禁止している内容がいかなるものであるかを知るための作業であるといってよい。

法の解釈を大別すると、有権解釈と学理解釈とに別けうる。

一・有権解釈

有権解釈（authentic interpretation）（公定解釈、公権的解釈とも呼ばれる）とは、法の意味が国家機関によって与えられる場合であって、立法解釈、司法解釈、行政解釈の三つに分ちうる。

立法解釈とは、法令を以って法文の語句の意義を明かにし、解釈するものであって、民法八五条の「物トハ有体物ヲイフ」という規定の如きは、立法解釈の好例とされている。

司法解釈とは、裁判所が判決の中において法の解釈を定めるものであって、判例による法の解釈である。

行政解釈とは、上級官庁が法を執行するに際して、下級官庁に発する訓令、または伺に対する指令の形式で行う解釈であって、例えば、改正前身体障害者福祉法は、この法の目的を身体障害者の更生即ち経済的自立を計るためと定めているが、この更生の文字を厚生省が徳島県の伺に対して、「経済的社会的に独立する能力」だけでなく、「生活上の便宜を回復する程度の能力」をも含むと解釈し、重度障害者にも、障害者手帳を交付しうるとした如きものである。

有権解釈は、普通、裁判官が他の解釈をとることを許さない効力を有すると解せられている。しかりとすれば、現行法においては、行政解釈はそれ自体裁判官を拘束することがないから、それは単なる一官庁の意見であって、有権解釈から除かれるべきものと考えるべきであろう。また、司法解釈についても、事実上はともかくとして、裁判官を法的に拘束するものではないから、やはり除外されるべしとする学説がある。しかりとすれば、有権解釈は、立法解釈のみということになる。

二．学理解釈

学理解釈とは学説に基づく法の解釈であって、学説的解釈、或いは上記の有権解釈に対して無権解釈ともいい、法の適用について問題となるのは主としてこの解釈である。

それは、文理解釈（gramatical interpretation）と論理解釈（logical interpretation）との二つに大別しうる。

文理解釈とは、法令の語句の意味を国語学上文法上から決定することである。法律の解釈において、この文理解釈はきわめて重要なものである。何故ならば、裁判官が文理解釈を採用する限り、一般人は法の内容を容易に知り、多くの場合、裁判の結果を予測することが出来るからである。これを規範予測可能性と称する。但し、法の解釈は、文理解釈だけでは、流動的な社会の多くの事案に対応することが出来ない。更に紋切型になるということも、文理解釈の欠点である。また、法令の用語が、国語学上の知見では理解できない、民法四百条等にみえる「善良ナル管理者」の「善良」の意義等があり、さらに、法令自体が文法的に明瞭性を欠く場合さえある。その上、わが国の法には、刑法の事実の錯誤の条文の如く、千数百年前の法令の文を書下しにしたのみという条文さえあり、文理解釈を困難なものとしている。従って、かかる場合には、論理学の法則に従って、推理するという論理解釈がきわめて重要とされているわけである。

刑法三八条二項　重い罪に当たるべき行為をしたのに、行為の時にその重い罪に当たることとなる事実を知らなかった者は、その重い罪によって処断することはできない。

法令の用語には、同語にして、その意義を異にするものがある。「善良ノ風俗」の善良は、一般的道徳観念に合致することであるが、「善良ナル管理者ノ注意」の善良は、個々の人の職業、地位よりみて普通に要求される注意の意味に用いられている。

論理解釈には拡張解釈、縮小解釈、反対解釈、勿論解釈、補正解釈のような種別がある。

その一は、拡張解釈（extensive interpretation）である。拡張解釈とは法文の字句を拡大して解釈することであり、たとえば「車馬通行止」という規則がある場合に、馬という語を拡げてロバも含まれるとするのが拡張解釈である。

この拡張解釈は、後述する類推が刑法において禁止されるのに対して、刑法の解釈にも適用することが出来るというところから、重要な解釈方法の一つとされている。たとえば、判例は刑法一七五条の「わいせつな文書、図画その他の物を頒布し、販売し、又は公然と陳列した者は」の「公然」を単なる公然多数ではなく、「観覧料を徴収し、外部との交通を遮断した自宅二階三畳間で観客五名位に対し猥褻映画を上映して観覧せしめた場合、その五名が予ねて力車屋等において上映者の依頼に応じ勧誘案内して来た者である」以上、公然の語に含まれるものとし（最高裁昭和三三年九月五日決定、刑集一二巻一三号二八四四頁）、「陳列」を「認識しうべき状態に」置かれる限り、陳列なる語に含まれるとし、映画もこれに相当するものとしている。

次にその二は、縮小解釈（restrictive interpretation）である。縮小解釈とは、法文の語句を厳格に制約して、縮小して解釈することであって、「車馬通行止」の車に障害者用の車いすはふくまれないとするようなものである。法の形式的適用により刑罰権の肥大化現象が生じ、市民生活に無用な刑罰による干渉をもたらすのを抑制するため、また、憲法で保障される基本的人権の尊重のため縮小解釈がなされることがある。

刑法のドグマティシュな領域では、可罰的違法性の欠如を理由に構成要件該当性の阻却を認める理論、刑法三八条三項の解釈に故意説・責任説の立場から「違法性の意識の可能性」を必要とする理論などがある。更に解釈論の一例として、刑法九五条の公務執行妨害罪において職務の執行に「適法性」を要件とする見解などがある。

可罰的違法性の判例として「一厘事件」（大審院明治四三年一〇月一一日判決、刑録一六輯一六二〇頁。外篇二「大岡裁きと日本法」参照）、「長沼温泉事件」（最高裁昭和三二年三月二八日判決、刑集一一巻三号一二七五頁）等がある。

その三は、反対解釈（argumentum e contrario）である。反対解釈とは、法文の規定する要件と反対の要件が存する場合には、当該条文の効果と反対の効果が生ずるとする解釈であって、「車馬通行止」とあれば、それと反対命題に属する人間はよろしいと解するが如きものである。例えば、民法八五条には、「物トハ有体物ヲイフ」とあるから、管理可能でない、月や火星の土地は物ではないし、また一定の空間を占めない無体物、即ち、蒲焼の臭い、或いは、電気の如きものは、物とはいえないと解する如きはこの解釈である。

その四は、勿論解釈（argumentum a forteriori）である。勿論解釈とは、立法趣旨から考えて、より強度な立法上の必要があるにも拘らず規定が欠けている場合に法規の字句中に、そのことが当然に包含せられると考え、その法の規定する処と同様の効果があることを認めるものであって、「車馬通行止」という場合には、象は勿論通行止と解する如きものである。

江戸期の説話に大久保彦左衛門が下馬札を無視するために、たらいに乗って登城した話しがあるが、これなども勿論解釈によって禁止さるべきことである。なお、唐律には、法解釈について、刑を軽減する場合には「重キヲ挙ゲテ、軽キヲ明ラカニス」、刑を加重する場合には「軽キヲ挙ゲテ重キヲ明ニスル」という規定があるが、これなどは、今日の勿論解釈の思考に近いものと思われる。

その五は、補正解釈である。補正解釈とは、法の錯誤又は明瞭ならざる点を補い、又或る場合には、変更して解釈する方法である。変更解釈とも称せられる。民法の例では、隣地の竹木の根が境界線を越えてきた場合、民法二三三条二項は「截《セツ》取」としているが、これは、「裁断」に変更して解釈しなければならないとすること等である。

なお、補正解釈については、立法者が字句の表現を誤ったかどうかを推定することは困難であり、推定外の意味があるのかもしれない。従って、これを認めると、法は解釈者の主観によって、どのようにも変更できることになり、法的安定性が害されるといってこれを否認しようとする学説もある。しかし、多数説は、立法者の法文の表現の誤りが明白であり、その立法趣旨に明かに食い違うとき、明白に今日認められている学説、理論に反するとき、明白に常識に反するときなどは、この解釈が認められるべきであるとしている。なお、明白に社会的需要に反するときなることを入れる学説もあるが、これを認めればいわゆる「法に反する解釈」も認めうることとなる。何故なれば、何時の時代においても、社会的需要なるものを完全に客観的にとらえることは困難であるからである。

以上が一般に認められている学理解釈の方法である。なおこの他に学者によってはこれに沿革解釈（歴史的解釈（historical interpretation）ともいう）を加えるものもある。沿革解釈とは、法律立案者の立法理由書その他を参考にして法を解釈するものであるが、この沿革解釈は、学理解釈の中でどの方法がとられるべきかという場合の一規準を定めるものであって、学理解釈そのものではないと考えられる。

或る法の解釈において、どの学理解釈が採られるべきかということについては、次に更に詳しく述べることとしたい。

なお、この学理解釈にきわめて似たものとして類推（analogy）なるものがあるから最後につけ加えておこう。

類推とは、当該事項について明文の定めのない場合に、類似のことを規定する他の条文をこの事項に或る場合には、修正を加えつつ、あてはめることをいう。かかる場合、法文に特に「準用」という規定をもうける場合があるが、類推は、かかる明文がないにもかかわらず、同様のことを認めるものである。

類推と拡張解釈とは、きわめて似ているが、その差異は拡張解釈は法規の字句をその目的に適合させるように、法規の範囲内において拡張させることであるのに対して、類推は法規が存在しないことを前提として、ある法規をその法規外の事項にあてはめることである。例えば、民法四一六条は、「①損害賠償ノ請求ハ債務ノ不履行ニ因リテ通常生スヘキ損害ノ賠償ヲ為サシムルヲ以テ其目的トス②特別ノ事情ニ因リテ生シタル損害ト雖モ当事者カ其事情ヲ予見シ又ハ予見スルコトヲ得ヘカリシトキハ債権者ハ其賠償ヲ請求スルコトヲ得」と規定しているが、本規定を不法行為の場合にも準用するというが如きである。

大審院は、船長双方の過失で衝突し一方が沈没した事案の損害賠償につき連合部判決で「民法第四一六条ノ規定ハ共同生活ノ関係ニ於テ人ノ行為ト其ノ結果トノ間ニ存スル相当因果関係ノ範囲ヲ明ニシタルモノニ過ギズシテ、独リ債務不履行ノ場合ニノミ限定セラルベキモノニ非ザルヲ以テ、不法行為ニ基ク損害賠償ノ範囲ヲ定ムルニ付テモ同条ノ規定ヲ類推シテ其ノ因果律ヲ定ムベキモノトス」と判示した（大審院連合部大正一五年五月二二日判決、民集第五巻三八六頁）。

最高裁も「不法行為による損害賠償についても本条の規定が類推適用され、特別の事情によって生じた損害については、加害者において右事情を予見し又は予見することを得べかりしときに限り、これを賠償する責任を負う」と判示した（最高裁昭和四八年六月七日判決、民集二七巻六号六八一頁）。

更に、民法一七七条の解釈に民法七〇八条の不法原因給付を類推適用した判例として、「妾関係を維持する目的で未登記不動産を妾に贈与し、それを妾に引き渡す行為は不法原因給付に当たり建物の引渡しが「給付」となる場合、給付者は不当利得に基づく返還請求が許されないばかりでなく、所有権が自己にあることを理由として、給付した物の返還を請求することは許されない。また、贈与者が不当利得に基づく返還請求も所有権に基づく返還請求も本条によって許されない場合、その反射的効果として目的物の所有権は受贈者に帰属する」と判示し、物権的返還請求権に民法七〇八条を類推適用した（最高裁大法廷昭和四五年一〇月二一日判決、民集二四巻一一号一五六〇頁）。

類推を類推解釈と称して法解釈の一種とみなすかどうかについて、学説は一致していない。類推は法規が存在しない場合を前提として、それを補充する方法として行われるものであるから、法規の存在を前提とし、意味内容を確定する作業である解釈とは異るとみなすべしとする説が正当であるように思われる。

この類推は古代、中世の法においては広く認められ、特に明清律では、「若シ断罪正条無キ者ハ他律ヲ援引シテ比附セヨ」と定められ、広く一般則として定められていた。日本では明治初年の「新律綱領」まで、それを許す条文があったが、近世の刑法においては、原則としてこれを用いることが禁ぜられている。何故かというと、近世の刑法は罪刑法定主義を原則としており、いかなる行為を犯罪とするか、犯罪に対していかなる刑罰が科せられるかということは成文法に定められねばならないとしているからである。

なお日本において、近代的罪刑法定主義の条文が定められたのは、フランス法系に属する明治一五年刑法からである。罪刑法定主義は、罪と罰とが成文法により定められることを要求するから当然に法を遡及すること、不定期刑を定めることと共に、成文法を補充する類推もまた禁止せられるわけである。

しかし、この類推は現実の裁判においては、これに制限を加えていない民事事件は勿論、刑事事件においても拡張解釈の名の下にしばしば行われている。その中で最も著名なものとしては、ガソリン・カーの事例等がある。因みに、昭和一〇年改正案第二百二条は、例示として現行一二九条一項に「索道車、自動車」を加えて規定している。

大審院は刑法一二九条一項の「過失ニ因リ汽車、電車又ハ艦船ノ往来ノ危険ヲ生セシメ又ハ汽車、電車ノ顚覆若クハ破壊又ハ艦船ノ覆没若クハ破壊ヲ致シタル者ハ五百円以下ノ罰金ニ処ス」との規定にいう「汽車」について、「刑法百二十九条ニハ其ノ犯罪ノ客体ヲ汽車、電車又ハ艦船ト明記シアリ而モ汽車ナル用語ハ蒸気機関車ヲ以テ列車ヲ牽引シタル者ヲ指称スルヲ通常トスルモ同条ニ定ムル汽車トハ汽車ハ勿論本件ノ如キ汽車代用ノ「ガソリンカー」ヲモ包含スル趣旨ナリト解スルヲ相当トス」と判示した（大審院昭和一五年八月二二日判決、刑集一九巻五四〇頁）。

また、ストリップショーは公然猥褻罪ではなく猥褻物陳列罪の適用を受けるとの学説があるが、この見解は、人体を物とみなしえない点で類推が行われているものといえる。なお、判例は、この点でストリップショーを公然猥褻罪に該当すると解している（最高裁昭和二五年一一月二一日判決、刑集四巻一一号二三五五頁）。

更に、売春防止法一二条の「人を自己の占有し、若しくは管理する場所又は自己の指定する場所に居住させ」という規定中の「居住させ」という文言の解釈が最高裁で争われた。最高裁は「居住場所で旅館を経営する者が、売春婦らとの契約に基づいて同女らを毎夕ほぼ定刻にその旅館に出勤集合させ、いつでも客の求めに応じうるような態勢で、翌朝三時ごろまで同旅館一階のたまり場において待機させ、その間無断で外出することを許さず、客があれば、みずからこれを売春婦にあてがい、対価の半額を取得して、同旅館二階の客室か又は同所が満員の場合自己の指示する旅館において客に売春をさせていたときは、売春婦らを自己の占有する場所に居住させて売春をさせることを業としたものとして、売春防止法第一二条のいわゆる管理売春の罪が成立する」と判示した（最高裁昭和四二年九月一九日決定、刑集二一巻七号九八五頁）。

以上のように法の解釈には、いろいろな方法があるが、どの方法がとられるかによってその結論が大いに異ってくる。従って、その方法が恣意的に採用せられるとすれば、法律の条文は将に飴の如く伸縮自在となって、裁判の結果は将に「投機」とかかわりがないものとならざるを得ない。

従って、いかなる場合にAという解釈をとり、いかなる場合にBという解釈をとるのか、即ち、解釈の客観性を保証すべき規準は何にあるのかということが、次に重要な問題として生じてくるわけである。

近世の法律家の意見によれば、法の解釈の規準は、その法の目的を理解し、その目的に適合した方法によって、これを解釈することであり、これによって法の解釈は、その客観性が保証されるとしている。これを目的論的解釈（teleological interpretation）という。

法の解釈方法が、法の目的を規準とするとすれば、法の目的とは、その立法者が目的としたものをいうのか、または、法自体の客観的な目的をいうのか、ということが先ず問題となる。前者を立法者意思説（主観的・歴史的解釈 subjektive od. historische Auslegung）といい、後者を法律意思説（客観的・同時代的解釈 objektive od. zeitgemäße Auslegung）と称する。

立法者意思説は、法の制定にあたって立法者がもっていた意思を推理することを以って法の目的が確定するとするものであって、法典の理由書、起草委員の説明書などが法の目的を定める重要資料となる。先に述べた沿革解釈は、この説を採る人々の重要な方法である。しかし、事実上の問題としては、立法者の目的を明かにすることは困難な場合が多い。例えば法律が国会において、一〇〇対五〇で定まった場合に、その一〇〇人が同じ目的をもっていたかどうか知ることは出来ない。退任した某議員の話しによると、売春防止法の如きは、議員の中には選挙区における世評を考慮し、実行困難であろうと考え、これに賛成した者さえあったという。また、議会に提出された理由書、説明書等には、政治的必要から、真実を曲げたものが多く、明治二三年の窮民救助法案の如きは、本来一揆防止の目的を有したにもかかわらず、その部分は、趣旨説明書より、ことごとく削除されている。

以上の理由ばかりではなく、社会学的にみて法はその成立によって立法者の目的を離れた客観的なものとなるのであって、近代国家の法としては立法者意思説は成立し難いと考えざるをえない。

法律意思説は、法律自体の客観的目的を探究することを以って法解釈の基準とするものであるが、今日においてはこの説を採らない学者は稀な状態となっている。

しからば次に法の客観的な目的とは果して何かということが問題となる。この場合、個々の法制度の目的と、法一般の目的とがあるが、問題なのは後者である。

第七章　法の目的

法一般の目的とは何かということを問えば、その答えは大体次の二つに尽きる。その一つは、「正義」（justice, Gerechtigkeit）を実現することにあるという答えであり、その二は、安心して平和な生活が送りうるようにすることにあるという答え、換言すれば「法的安定性」（legal certainty, Rechtssicherheit）を求めるということであろう。

古来学者が考えてきた法の目的なるものも大体これと同じである。但し、正義なる語は抽象的であるから多少これについて考えてみることが必要である。

アリストテレス（Aristoteles, BC 384 – 322）によれば、正義には二つの概念があるという。その一は「平均的正義」（iustitia commutativa, rectificatory justice, ausgleichende Gerechtigkeit, justice commutative）であって、各個人を平等に取扱うことを意味する。その二は、「分配的（配分的）正義」（iustitia distributiva, distributive justice, verteilende Gerechtigkeit, justice distributive）であって、各個人をその功績、能力に応じて取扱うことである。各個人を区別して取扱うことは、それ自身各個人を平等に取扱うことと反している。従って、正義なる語は、それ自身すでに重要な矛盾を有していると言わざるを得ない。

故に、正義についての各個人の見解は、時・所によって異なるのが当然であり、或る事件に際して何が正義であるかという考えは、相対的となるのが当然である。

要するに正義の概念は本来相対的であって絶対的なものではない。

その上、正義なる概念は、いかなる場合にも一律の法の下に秩序正しく生活しようとする法的安定性とも矛盾するものであり、正義と法的安定性とは恋愛中の男女のようなものといわれ、しばしば激しく相反発する。

古来、自己の正義を貫こうとして、社会の秩序を踏みにじった人々の話しはきわめて多い。

なお、正義論の最近の展開は、ロールズ（J. Rawls, 1921 –）の『正義論』（A Theory of Justice, 1971）における「公正」（fairness）という基本概念を一つの契機とし、規範的正義論が再活性化し、新たな展開をみせている。

故に、法の解釈は、法の目的を考察して行わなければならないといっても個々の法の目的自体が幾つかに別れる場合が多く、その調整は法一般の目的よりそれが定められなければならない。しかもいかなる場合に法的安定性が重ぜられ、いかなる場合に正義が重ぜられるべきかという客観的基準がないのであるから、法の解釈は結局は解釈者の主観によるということになってしまうわけである。

あえて私見をのべれば、解釈をその目的によって行う場合には、その目的は法的安定性にあると考え、やむをえない場合以外には、正義の概念を導入すべきではないと考える。

具体的にいえば、法文は、原則として、国語学上の用法に従い厳格に解釈適用されるべきであって、論理解釈を行う場合には、余程慎重に行われるべきであると思う。かくいうと、それは日本の名裁判が法を曲げて解釈したことによって行われていたという、外篇にのべる話しと矛盾するようであるが、法を曲げて好結果をうる裁判官は、余程社会的経験に優れた法律家であって、現状においてそれがあまり多く望みえない以上、法的安定性を重んずる方が安全であるように思う。

法の解釈が社会の多数人の正義と合致した場合、これを中世的法律用語では「時宜に合す」といい、近世的用語では具体的妥当性を得た解釈という。

しかし、社会的経験の薄い者が具体的妥当性を追求するとしばしば思いもよらぬ結果を引き起こすことになるのである。

最後に、比較的社会経験に薄い裁判官が一時的な正義心で法に弾力性をもたした結果、思いもよらない弊害を生じた実例を、伝聞により挙げておこう。

第一次欧州大戦後ドイツではインフレが進み戦前の一金マルクが一兆紙幣マルク、一ドルが有名なヒットラーのミュンヘン一揆直後の一九二三年十一月には、四兆二〇〇〇億マルクに暴落した。日常の買い物をするのに、紙幣を運ぶための乳母車が必要になり、戦前の債権は無に帰した。そのため、ドイツの裁判所は、債権者の訴に応じて、金約款がないにもかかわらず、債権の割増しを「信義誠実の原則」に則って認めた。ところが、思いがけないことには、以後、債権者の同様の訴えが続出し、法務大臣は、ドイツは今後数百万の訴訟のために倒壊するであろうと悲鳴をあげるに至った。当事者間の正義は一応達成されたかにみえたが、法的安定性は破られ、遂には正義そのものも保ち難くなった訳である。

更に、これと同様なことはわが国でも戦前に生じたといわれる。即ち、裁判所は芸者にするために前借金で人を雇うのは善良な風俗に反するから無効であるとの判断を示した。そうすると芸奴屋はこれに対抗して、子供の親との契約によって子供を養子とした。これに対し裁判所は、養子縁組は真の親子の関係をつくる目的でなすべきものであるから単に芸奴にする目的で養子縁組をするのは制度本来の目的に反し無効であるとした（大審院大正一一年九月二日判決、民集一巻四四八頁）。ところが以後裁判所は芸奴の実父が養子縁組を無効とし、子供を引渡せという訴に悩むことになるわけである。何故ならば、かかる実父は子を引取り他の芸奴屋に更に売りとばすことを目的としているからである。これは、改正前の民法のことであるが、とにかく正義というものは、真にこれを把握実行することは困難なことであるといわざるを得ない。

なお、右のドイツの話等は、故瀧川政次郎博士が「伝聞」とことわられ、好んで援用、教示されたものであるが、博士が故人となられたために、その出典を知るすべがない。博識の士の御教示を仰ぎたい。

第八章　法律関係（権利と義務）

一・法律関係

本章においては、法律関係について話を移して行こう。

法律関係（juridical relation, Rechtsverhältnis, rapport juridique）とは、社会生活の中に生起する種々の人間関係の中で、法によって規律せられるべき関係を称する。法律関係に対比されるものは道徳関係、宗教関係等の事実関係であって、これは法律外的関係を称する。友人間において金銭の貸借を行えば、法律関係が生ずるが、友人同志互に友情をもって交流し合うべしというようなことは法律外の道徳関係である。また、現行民法は法律婚主義をとっているから、結婚式終了後の夫婦といえども、届出が完了するまでは、たとえ、神前にて式を挙げようとも原則として事実上の夫婦であるに過ぎない。

民法七三九条一項は、「婚姻は、戸籍法の定めるところによりこれを届け出ることによって、その効力を生ずる」と規定し、法律婚主義を明言する。

以上の法律関係においては、原則として一方の者は一定の利益を享受する力を認められ、他方の者は、その行為に一定の拘束を要求せられる。前者を権利（明治時代初期には権理の字をあてていた）と称し、後者を義務と称するわけである（ここに「原則」というのは、後述の如く、権利なき義務という例外があるからである）。

二・権　利

権利（right, Recht, droit）の概念については、学者の間において意思説、利益説、法力説等が論ぜられてきた。

意思説は、権利とは法に基づいて賦与された「意思の力」または「意思の支配」であると説くものであり、利益説は、権利とは法によって保護された財産的利益であると説くものであるが、今日ではこれらの説を採る学者はほとんど存在しない。何故かといえば、意思説では意思無能力者が権利をもつことや、無意識の間に権利者となること（相続人の死亡を知らざる被相続者の権利等）を説明できない。また利益説では、利益のない権利、例えば、負債ある相続権の存在を説明できないからである。

法力説は、「権利とは一定の生活利益を現実化する手段として法規範又は法秩序により、ある行為をなすことを正当づけられた人に与えられた力あるいは地位をいう」と解する説であって、今日ではこの説は多数説として認められている。

権利とは法力説の論者の説くように、法によって与えられた力をいう。従って、その力は事実上の力とは、直接の関係を有せず法律上主張しうる力ということになる。また、法力説のいう利益とは、人間の社会的生活の維持のために有する一切の利益をいい、必ずしも財産的なものに限られない。従って、権利者の主観的利益のみでは認められないが、社会生活上客観的な利益として認められる以上、生命、名誉というような財産と関係のないもの、その価値を金銭を以て測定し難いものもまた利益として権利の対象となりうるわけである。

(1) 権利の主体

権利は、以上のように特定の人に与えられた法律上の力である。従って、権利にはその保有者が存在するわけであって、その権利を有するものを権利の主体と称する。

権利の主体となりうるものは人であるが、その人は、生物学上の人、即ち、自然人 (natural person, natürliche Person, personne physique) と、法人 (corporation, juristische Person, personne morale) とに分たれうる。

自然人とはわれわれ人間のことをいい、法人とは会社、国家、地方公共団体というような人間以外のもので擬制により権利の主体となりうるものを称する。

自然人や法人は、権利の主体となりうる能力、即ち、権利能力 (Rechtsfähigkeit) を有した時にはじめて権利の保有者となることができる。自然人の権利能力は、原則として出生（この意味については、既に先に述べた）に始まるが年齢、国籍の点からそれには多少の制限が加えられる場合もある（民法一条ノ三は、「私権ノ享有ハ出生ニ始マル」と規定し、民法七二一条は、「胎児ハ損害賠償ノ請求ニ付テハ既ニ生マレタルモノト看做ス」と規定する。また外国人は一定の場合に私権の制限をうける）。法人の権利能力が、その成立に始まることは論ずるまでもない。

なお、現行法においては、法人には公法人と私法人の別がある。

私法人 (juristische Person des Privatrechts) とは会社、公益社団法人のようにその内部の法律関係に国家の強制権力作用が及ばない法人をいい、その内部組織によって社団法人、財団法人とに分けられ、またその目的によって営利法人、公益法人、中間法人とに分けられる。公法人（juristische Person des öffentlichen Rechts）とは法人の中で国家統治権の作用を担当するものをいい、国家、都府県等の地方公共団体等が公法人であることは論ずるまでもない。

私法人中の社団法人（rechtsfähiger Verein）は、一定の目的のために結合した自然人の団体に権利能力が賦与されたものをいう。学会、宗教団体等はこの社団法人に属する。なお、民法上の社団法人は公益を目的とするものだけであるが、商法上の社団法人（株式会社）は営利を目的とするものである。財団法人（rechtsfähige Stiftung）とは、一定の目的のために捧げられた財産を構成要素として、これに権利能力を認めたものをいう。例えば、一定の金を供出して、それを以て、一定の学問研究を継続して行いたいとする場合に、その財産の運用機構に権利能力を与えたものを財団法人と称するわけである。民法三四条によりわが国においては、財団法人もまた営利を目的にするものには、認められない。なお、営利の意味については、最終的に利益が構成員に分配されるか否かということにあると解されている。

私法人は、一定の要件を備えることがその成立の条件である。例えば、社団法人とは、民法三四条の規定によれば、「祭祀、宗教、慈善、学術、技芸等其他公益ニ関スル社団又ハ財団ニシテ営利ヲ目的トセサルモノハ主務官庁ノ許可ヲ得テ之ヲ法人ト為スコトヲ得」とされ、主務官庁への届出のみでは足りず、その認可を得て法人格を所持しうるものとされている。従って、この主務官庁の認可には、さまざまな条件が付されるのが普通であって、大学の設立の如きは、近時これを短縮しようとする案もあるが、二年を要し、条件を満すことがきわめて困難である。同条文に規定する要件を備えていない団体は、権利の主体とはなりえないものである。例えば、各地方に存在する障害者の団体の如きは、その多くは、いかに実質的な財産があっても、それは法律上は、事実上の代表者個人の財産とみなされることになる。

(2) 権利の分類

次に、権利の分類について話しを移して行こう。

権利の分類は、その標準によってまことに多様である。しかし、その中で最も基本的な分類は、公法、私法に対応する公権と私権の区別である。

公権（subjektive öffentliche Rechte）とは、公法上の権利をいい、国家、公共団体又は国家から授権された者が支配権者として国民に対してもつ国家的公権と、国民が国家その他に対してもつ個人的公権すなわち国民公権とがある（なお、公権には、独立権などの国際法上の権利をこれに加える論がある）。

前者はその目的により組織権、刑罰権、警察権、統治権、軍政権、財政権、公企業特権等に分類され、更にその内容より下命権、強制権、その他の公法上の支配権に分類される。後者は、参政権、受益権、自由権等に分類される。

私法上の権利である私権（subjektive private Rechte）は、更に様々な基準によって分類されるがその主要なものは次のとおりである。

① 権利の作用による分類　　支配権、請求権、形成権等がこれに属する。

支配権（Beherrschungsrecht, Herrschaftsrecht）とは、排他的に客体を直接に支配する権利であって、物権、無体財産権等がこれに属する。この権利は、広く第三者に対して、その行為を妨害しないことを請求する性格を有し、支配権に対する侵害に対しては、物権的請求権、即ち損害賠償請求権及び妨害排除請求権が生ずるのが通例である。

請求権（Anspruchsrecht）とは、一定の人に対して、行為（作為、不作為）を要求する権利であって債権がその代表的なものである。

形成権（Gestaltungsrecht）とは、権利者の一方的な意思表示によって権利変動を招来する、即ち一定の法律関係を発生させることのできる権利であって、取消権、相殺権、追認権、解除権、認知権がこれに属する。財産権的なものとして共有物に対する分割請求権もこれに属する。

② 権利の効力の及ぶ範囲を標準とする分類　　絶対権、相対権がこれに属する。

絶対権（absolutes Recht）とは、何人に対しても、対抗しうる権利であって、前述の如く、一般の人に対して不可侵の義務を請求しうるものであり、それ故に対世権とも称される。物権が、その代表的なものである。

相対権（relatives Recht）とは、特定の人だけに対抗しうる権利であって、特定人を義務者とすることによって成立しうる権利である。債権が、その代表的なものである。相対権は、第三者に対して主張しえない。民法上、土地家屋の賃借権は、賃借権の登記なき限り、第三者たる不動産買受人に対抗しえない。これが都市における一般賃借権者保護のために借地借家法を立法せねばならなくなった動機の主たるものである。

③ 権利の独立性を標準とする分類　　主たる権利、従たる権利がこれに属する。

主たる権利（principal right, Hauptrecht, droit principal）とは、権利が独立性をもち他の権利と従属関係を有せず、独立に発生、変更する権利をいう。

従たる権利（accessory right, Nebenrecht, droit accessoire）とは、主たる権利の存在を前提として、その効力を担保、増大するために附された権利をいう。例えば、担保物件中の質権等は、その前提として債権の存在が必要である。将来生ずるであろう債権を担保する根質が認められるか否かが問題とされたのは、このためである。

④　権利の帰属及び行使と、主体との結びつきに基づく分類　一身専属権、一身非専属権とがこれに属する。

一身専属権（höchtspersönliches Recht）には、二種がある。権利主体と緊密なる関係をもつために分離できない性格をもち、譲渡相続を許さない権利が帰属上の一身専属権であり、一例をあげれば、未成年の子に対してもつ父母の身分上及び財産上の監督保護を内容とする親権等（民法八一八条以下）がこれであり、権利主体のみが行使しうるのが行使上の一身専属権であり、一例をあげれば、精神的損害を賠償内容とする慰謝料請求権等がこれである（民法七一〇条）。

民法八一八条　①成人に達しない子は、父母の親権に服する。
②子が養子であるときは、養親の親権に服する。
③親権は、父母の婚姻中は、父母が共同してこれを行う。但し、父母の一方が親権を行うことができないときは、他の一方が、これを行う。

同七一〇条　他人ノ身体、自由又ハ名誉ヲ害シタル場合ト財産権ヲ害シタル場合トヲ問ハス前条ノ規定ニ依リテ損害賠償ノ責

ニ任スル者ハ財産以外ノ損害ニ対シテモ其賠償ヲ為スコトヲ要ス

一身非専属権とは、それ以外の権利をいい、権利主体と分離移転しうるものであって、財産権はその代表的なものである。

権利の分類は以上に止まらない。例えば、最初に挙げた権利の作用による分類には、抗弁権（exceptio, Einrede, exception）というものがある。

抗弁権とは、請求に対しそれを拒絶する権利をいう。催告の抗弁権（民法四五二条）、検索の抗弁権（同四五三条）、同時履行の抗弁権（同五三三条）などは、いずれも抗弁権についての例である。しかし、上述保証人の抗弁権は、連帯保証人には適用されないから注意を要する。連帯保証が、多くの不当な損害を保証人に与えている今日、常識として是非知っておくべきことである。

民法四五二条　債権者カ保証人ニ債務ノ履行ヲ請求シタルトキハ保証人ハ先ツ主タル債務者ニ催告ヲ為スヘキ旨ヲ請求スルコトヲ得但主タル債務者カ破産ノ宣告ヲ受ケ又ハ其行方カ知レサルトキハ此限ニアラス

同四五三条　債権者カ前条ノ規定ニ従ヒ主タル債務者ニ催告ヲ為シタル後ト雖モ保証人カ主タル債務者ニ弁済ノ資力アリテ且執行ノ容易ナルコトヲ証明シタルトキハ債権者ハ先ツ主タル債務者ノ財産ニ付キ執行ヲ為スコトヲ要ス

同五三三条　双務契約当事者ノ一方ハ相手方カ其債務ノ履行ヲ提供スルマテハ自己ノ債務ノ履行ヲ拒ムコトヲ得但相手方ノ債務カ弁済期ニ在ラサルトキハ此限ニ在ラス

(3)　権利の行使

最後に権利の行使について述べておこう。

権利の行使とは、権利内容実現をはかる行為である。権利の行使は、ナポレオン法典以降の近世法においては、財産権を中心として、権利者の自由に属するとするのが原則であって、例えば、債権者が、金をとりたてるか否かは債権者の自由とされている。また権利行使に当っては、方法、程度、範囲について制限を受けないのが原則であって、「自己の権利を行う者は、何人に対しても不法を行うものではない」という法諺は、そのことを最も端的に表明している（但し公の立場から、付与された権利、例えば親権等は、立法上、その行使に制限をうけることがある）。

しかし、近年においては、社会的経済的必要より、かかる権利の行使自由について一般的に制限を設けることが進められている。これは、現代法の特徴の一つとさえいわれている。

その一が、権利濫用の制限である。権利濫用とは、権利者がこの権利の与えられた本来の目的からはずれ、他人を害するだけの目的で権利を行使した場合である。例えば、所有権をもっている者は、所有物をいかようにも処分し得ることとなっているが、自己の土地に深い池を掘り、その目的が隣家の地盤を弱体化させるだけであると考えられる場合には、それは所有権の濫用ということになる。再言するが、権利者が他人を害する目的をもって権利本来の目的から外れて権利を行使した場合、これを「権利の濫用」(abuse of right, Rechtsmißbrauch, abus de droit) と称するわけである。

しかるに近年においては、かような権利濫用論を拡大して、これを客観的に判断するという立場が生じている。即ち、民法一条一項に「私権ハ公共ノ福祉ニ遵フ」といっているのは、このことをいったものである。従って、食糧難の場合に、一定の空地を利用せず放置しておくことなどは違法との判定を受ける可能性があるわけである。この場合には、権利の行使が社会的経済的目的に反しているだけで違法となり、権利者の主観、即ち、他人を害する意思などは問題とされていないことに注意を要する。

権利濫用についての訴訟においては、権利者の「他人ヲ害スル意思」を立証する第一次的責任者、すなわち挙証責任を負う者は、原告側である。しかし内面の意思などを立証することは困難であるから、この権利濫用論の拡大は事実上大なる意義をもっている。

権利濫用論については、著名な大審院判例がある。「信玄公旗掛松事件」（大審院大正八年三月三日判決、民録二五輯三五六頁）は、権利の行使が社会観念上被害者が認容すべきものと一般的に認められる程度を超えたとき不法行為となるとし、「宇奈月温泉事件」（大審院昭和一〇年一〇月五日判決、民集一四巻一九六五頁）は、社会観念との視点から所有権の目的をとらえ、許容範囲を超脱するものを権利の濫用に該当すると判示している。

また、最高裁は、個々の具体的事案で、①家督相続をした長男が家事調停において母に対し農地を贈与し、母親が二十数年にわたりこれを耕作して生計にあて、更に妹らの扶養、婚姻などの諸費用を負担した等の事実関係のもとに、母から農地法三条の許可申請に協力を求められた長男が母の許可申請協力の請求権につき消滅事項を援用するときは権利の濫用にあたる（最高裁昭和五一年五月二五日判決、民集三〇巻四号五五四頁）、②有限会社の経営の実権を握っていた者が相当の代償を受けて自らの社員持分を譲渡する旨の意思表示をしながら、相当長年月を経た後に社員総会の持分譲渡承認決議等の不存在確認を求める訴えを提起したことは、持分の譲受人に対し甚しく信義を欠くものであって訴権の濫用にあたる（最高裁昭和五三年七月一〇日判決、民集三二巻五号八八八頁）、③仮換地上に建物は一応移築されたが、まだ賃借権の目的となるべき土地の指定を受けていない賃借人が賃料の弁済供託を続け、また困窮しているなどの事情がある時は、これに対する賃借人の明渡請求は権利の濫用にあたる（最高裁昭和五六年一二月四日判決、民集三五巻九号一二八九頁）、④漫画の主人公（ポパイ）の文字及び漫画からなる登録商標の出願当時、既に同主人公の名称が漫画から想起される人物像と不可分一体のものとして世人に親しまれていた場合、右漫画の著作権者の許諾を得て、漫画の主人公の名称の文字のみなる標章を付した商品を販売する者に対し、商標登録権者が商標権の侵害を主張することは権利の濫用にあたる（最高裁平成二年七月二〇日判決、民集四四巻五号八七六頁）等と判断し、その具体的内容の一端を明かにしている。

なお、権利に似て非なるものに法の反射的利益なるものがあるから、これについて一言しておこう。法の反射的利益とは、法が存在し、その結果一定の利益が保護されるという点では、権利と同じであるが、その利益を法的手段によって主張しえざるもの、換言すれば、その実現が利益を得くる者の意思にかかっていないものをいう。

因みに、法の反射的利益は、権利ではないから、その主体は自然人或いは法人たることを必要としない。例えば、動物保護法の結果、犬の生命が保護されているとすれば、その犬は法によって反射的に保護されているということができる。

なお、法の反射的利益に関連しては、法制史上大きな問題がある。それは、明治以前の法は、個人に権利を与えたものではないと理解されているが、法制史家の間では、訴えに関して法の反射的利益は存在していたものと考えられているからである。

江戸時代の訴訟制度をみると、訴訟を受理するか否かは、幕府の自由であって、金銭の貸主といえども権利として訴訟を要求しえたわけではなく、訴訟を請願するという形式をとっている。訴状の最初に「おそれながら、訴えたてまつる」という一項があることは、このことをよく表わしている。しかし、幕府は治安維持上の必要その他から、もし願いがあれば訴訟を行うことを原則とし、それを奉行その他の裁判官の義務としていた。従って、江戸時代に於ては権利者は存在しなかったが、法の反射作用によって訴訟をなしうる利益を持つ者は、一般に存在していたと考えられる訳である。しかも、かかる幕府の政策は、当時一般の間に広く知られており、法の反射的利益を持つ者はあたかも権利者のごとき感覚を持っている。故に、江戸時代には権利は全く存在しないと考えることは、不精確な思考方法であり、実質的にほとんど権利に近いものが存在していたと考えられるのである。

権利というものは、わが国では法の反射的利益が長期間続き、保護を受けるのが当然となった結果生じたものではないかとの説さえ、実証史学の面よりみれば、主張可能なのである。

以下余談であり、法の反射効の例としてはやや疑義があるが、筆者の家はかつて杉並にあったが、この間、杉並の都電が撤廃になった時、そこの住民は、権利が失われたと称して行政庁に請願と称してその補償を要求している。一般人にとっては、権利と長期間継続した反射的利益とは同一のものの如く考えられているようである。

三・義　務

義務（duty, Pflicht, devoir）の概念についても、権利と同様に諸説対立している。

その一は、義務は法規範によって課される意思の拘束であるとするものであって、これは権利についての意思説に対応するものである。しかし、これについては、権利の場合と同様に義務を意思の拘束とすると、意思無能力者もまた義務を負うことを説明できなくなるという反論が可能である。第二に、義務は、法律上の責任とするものがあるが、責任とは義務違反の結果一定限度において公的強制力を受けることであって、両者は同じではない。例えば、先に述べた自然債務の如きは、義務あれども責任なき場合の好例である。第三は、義務は、それを負う者に対して一定の作為または不作為をなすことを求める法的拘束をいうとするものであって、即ち、前述の法力説に対応する説である。この見解は、現在通説となりつつあり、多くの教科書もこの説を採っている。

最後に義務と権利とがいかなる関係にたつかを述べる。

法力説の論者が説く如く権利は一定の利益を受けるために、法によって賦与された力であるから、権利が存在すれば、これに相応する法的拘束が相手方に加えられることとなる。消費貸借が行われれば、貸主は貸金回収の権利をえ、借主は支払いの義務を負う。従って、権利あれば、原則として、これに対応する義務ありということが出来、法的関係といえば、権利義務の関係に他ならない。しかし、これには例外がある。例えば、商法にみえる商業帳簿を作製する義務等は、特定の人に義務が科せらるが、それに対応する権利者を欠いている。

結局のところ権利と義務とは、表裏一体をなすようにみえるが、これはあくまでも原則であり別々の場合もあって、それぞれに独立の存在であるといわねばならないと思う。

なお、先に述べた形成権は、これに対応する義務者がいないといわれている。例えば、認知権の如きは、子供に認知せられる義務を発生させるものではない。しかしこれは、形成せられた法律関係に一般に不可侵の義務を負わせるものと考えるべしとする説をとれば、例外ではないことになる。

義務の分類は、大体権利の分類に対応して定められる。

即ち公権、私権の別に対して、公法上の義務と私法上の義務とが考えられる。前者は納税義務、初等教育を受けさせる義務等であり、後者は、金銭支払義務等々枚挙にいとまがない。

次に、義務の分類は別の見地からもなされるのである。義務の内容が作為（積極的に行動すること）か、不作為（積極的行動に出でざること）かよって、作為義務（積極的義務）と不作為義務（消極的義務）とに分けられる。金銭の支払いなどは、作為義務であり、他人の所有権の行使を妨害せざる義務などは、不作為義務である。

各　論

第一章　憲法の性格とその評価

一　大日本帝国憲法

一・大日本帝国憲法制定に際しての立法者の意図

大日本帝国憲法（以下明治憲法と称する）は、明治天皇の発議により、その側近をしてその条文を起草せしめ、君主みずから明治二十二年（一八八九年）に発布した欽定憲法であって、その条文の骨子をつくり上げた者は伊藤博文である。したがって、この法典がその立法者の意図において、薩長閥による政権の維持をはかろうとしたものであることは、当然これを推定することができる。伊藤は、明治一四年（一八八一年）の改変の直後、岩倉具視に書状を送って国会開設を勧めているが、渡辺幾治郎氏が『日本憲法制定史講』において掲げられている資料によれば、その理由の一つとして彼はもし国会開設が実行されず内乱が頻発すれば「薩長中興輔翼之功績も竟に水泡に帰」することを力説している。長州閥の代表者たる伊藤が、その政治活動において藩閥の利益を考慮に入れたことはいうまでもない。

しかし、単に自己の派閥の専制勢力を維持しようというだけのことであれば、憲法という当局者自体をも拘束する法典を発布することは、あまり得策とは考えられない。したがって、明治憲法を起草した立法者の意図として、その政権の維持の必要ということばかりではなく別の要因をも考えに入れなければならなくなる。

そこで、明治藩閥政府が憲法を制定した要因として、つぎの三つのことが考えられる。

すなわち、その第一は日本にヨーロッパ的な憲法を輸入することによって、日本の国際的地位を向上させ、さらに進んで日本を英・仏・独のような西欧の強大国に比肩し得る強大国にしようとすることであり、その第二はこの憲法を公布することによって、明治七年（一八七四年）以来ようやく盛んになりつつあった自由民権論になにほどかの満足をあたえて、その運動を鎮静せしめようとすることであり、その第三は、後年伊藤がみずから語っているように、「当時政府ノ内外ニ於テ」存在した「極端ナル保守主義」の暗流を、この憲法によって防止しようとしたことである。

明治憲法の立法者は、一方においては外国に対し、他方においては国内の被治者、例えば自由民権論者に対し、さらに一方において政府部内の反主流派で伊藤が「極端な保守主義者」と呼んでいる者に対し、この三方に顔を向けているのであって、その心中には相手方を防圧しようとする意思もあり、また相手方と妥協しようとする意思もあり、ただ単に、自己の専制体制を擁護するという一筋の主義を貫いて、この法典を作製することは困難であったと思われる。

まず、第一の意図から考察してみると、日本は古来から先進国の法を継受して、国家体制を改造することにきわめて熱心な国であった。中古における律令の編纂においても、近世における徳川幕府の中央集権的体制の整備においても、いずれも当時の先進国である中国の法制が大量に取り入れられている。したがって、維新直後の為政者が、その政体を新たに決定するに際して、先進国であるヨーロッパ諸国の法制継受を計画したことは、当然の成り行きであった。

維新草創のときに制定せられた政体書とか議事院とかの制度については、いまだ封建大名の権力が強大であったときのものであるから、一応論外におくとしても、官僚専制の色彩が濃厚となった明治四年（一八七一年）以後においても、ヨーロッパ的国家基本法を——この頃はまだ「憲法」という言葉は使っていないが——定める計画は依然として政府部内に存続している。

たとえば、尾佐竹猛氏の『日本憲政史大綱』によれば、明治五年（一八七二年）四月に左院に奉職していた宮島誠一郎は、左院の議長に対して建白書を呈し、「君主独裁ノ体ヘ」「君民定律ノ中ヲトリテ国権ヲ定メ万機憲法に徴シテ、コレヲ行フベシ」とのべている。

また、木戸孝允、大久保利通なども、明治六年（一八七三年）に岩倉大使とともに欧米に渡った後、あるいはヨーロッパ諸国の「廃興存亡スル所以ノ者」は、「政規典則ノ隆替得失如何」にありと考え、当時ポーランドはプロシア、ロシヤ、オーストリーに分割されて亡んでいるのであるが、そのポーランドの亡んだ理由を、「政規ヲ確立」し得なかったことに求め、ポーランドの亡国の轍を踏まないために、日本において憲法制定の必要があることを力説している。

また、あるいはイギリスがヨーロッパの非常に小さな島国であるにもかかわらず、「国威ノ海外ニ振ヒ、万邦ヲ膝下ニ制」する理由を、「君民共義」の「確乎不抜ノ国憲」を有することにあるとのべ、日本においても「憲法典章ヲ定立スヘ」きことを唱導しているのである。

明治八年（一八七五年）の詔勅に基づいて起草された元老院の国憲按、および明治十四年（一八八一年）の政変以後、急速に具体化した憲法制定の事業は、いずれも明治初年以来一貫して存続してきたこの外国法継受の運動が、結実したものである。

しかしながら、ここで注意を要することは当時ヨーロッパ諸国の憲法は、現在最も後進的であったといわれているドイツ諸国の憲法においてさえも、国民に対して各種の自由権を認め、かつ選挙によって選出せられる議員によって構成される下院が、立法に対して大きな権力を有するという近代的な立憲政治の形態を、一応完成していたということである。

したがって、明治の為政者が、たとえいかに反動的な思想をもっていたとしても、すくなくとも憲法という名に値するものを制定しようとするならば、それには一定のワクがあり、専制政治に徹することは、立法技術の上からいっても不可能であったといわなければならない。王朝時代における律令の継受に際して、立法者はしばしばその条文を日本的なものにすることにつとめている。しかし、当時の立法者は中国の律令の大原則である王土王民主義には手をつけようとはしていないのであって、ここにわれわれは継受法の限界をみることができる。子法国は通常母法国の法制の原則を大幅に変えることはできないということは、明治憲法の場合にもあてはまるのであって、明治憲法の立法者は、むしろ母法の原則を祖述しようとした形跡すらみられるのである。

たとえば、清水伸氏の『帝国憲法制定会議』によると、枢密院において行われた憲法制定会議において、森有礼、元田永孚たちの議会を立法府にしないで天皇の一諮詢機関に格下げしようではないかという議論に対して、伊藤は「法律制定ナリ予算ナリ議会ニオイテ承知スルタケノ一点ハ、到底此憲法ノ上ニ欠クコト能ハサラントス。議会ノ承認ヲ経スシテ国政ヲ施行スルハ、立憲政治ニアラサルナリ。（中略）欧州立憲国ノ景況ヲ見ルニ、独逸風ノ立憲政体アリ、英国風ノ立憲政体アリテ、其権限ノ解釈、或ハ其組織ノ構成ニ至リテハ多少差異アルモ、其大体ノ要領ニ至リテハ、毫モ異ルコトナシ」と答え、憲法において議会の立法権に関する規定を欠くことはできないと論じている。また、森有礼は「臣民には権利はなくて、あるものは分際だけだ」という自由権否定の議論を、枢密院の席上でするが、これに対して伊藤は「森氏ノ説ハ憲法学及ヒ国法学ニ退去ヲ命シタルノ説ト云フヘシ。抑憲法ヲ創設スルノ精神ハ、第一君権ヲ制限シ、第二臣民ノ権利ヲ保護スルニアリ。故ニ若シ憲法ニ於テ臣民ノ権利ヲ列記セス、只責任ノミヲ記載セハ、憲法ヲ設クルノ必要ナシ」といって、森の意見を一蹴している。

伊藤の言葉がやや激越にわたっているのは、彼が復古論者に対して、非常な反感をもっていたことの表われであるともみることができるが、とにかくこのような事実からみて近代憲法を輸入する場合のワクは、憲法立法者によって一応は明瞭に意識されていたとみてよいと思われる。

第二は、明治十四、五年ごろに頂点に達した自由民権思想が、憲法立法者に対していかなる影響をあたえたかということであるが、その影響力は決して軽視すべきものではないと考えられる。客観的にみれば、このような民権運動の実力は、強力な軍事力と警察力を握っている明治政府に対して、それほど大きな危険をあたえるものではないといえよう。しかし主観的には、この運動は明治の為政者に対して深刻な恐怖心をあたえたようである。

たとえば、岩倉具視は、この頃の建議において、「今日ノ形勢ヲ察スルニ、憂愁無聊ノ徒、始メハ其不平ノ気ヲ洩シテ快ヲ一時ニ取ラント欲シ、口弁紙筆ヲ利器トシテ、百万無智ノ人民ヲ煽動セリ」云々、「思フニ仏蘭西革命ノ前時ト雖モ、恐クハ此形勢ヲ距ル甚タ遠カラサルヘシ」、まさに革命が起きそうだというようなことをいっている。

また、井上毅も、十四年の政変直後に岩倉に建言して、「此ノ人心動揺ノ際、此（国会開設）ノ勅諭アルニ非ラサレハ、挽回無覚束、更ニ換言スレハ、人心ノ多数ヲ政府ニ牢絡スルヨリ無覚束」とのべている。このことは、あるいは「一刀両断君主頭」というような大言壮語をし、あるいは、名古屋の監獄をバスティーユの監獄にみたててこれを攻撃しようというようなことをいう民権論者の過激な言葉が、いかに当局者を強く脅かしたかを知らしめるものである。

十四年の政変直前までは、政府当局は、元老院が苦心制定した国権案をにぎりつぶすほど、極端な漸進主義に傾いていた。しかるに、当局は、この自由民権運動におそれをなし、国会開設、憲法制定の日時を早めたのであるから、憲法立法者にはある点までは民権論者の意向にそい、その運動を鎮静させようとする意図があったと思われる。

憲法制定の枢密院会議に議席を有した民権運動の指導者大隈重信は、結局一言も会議中発言をせず、また、会期中はほとんど出席すらしなかったと伝えられている。大隈はその理由を後年回顧して、要するに「憲法草案に議会の上奏権、法案の発議権、及び予算に付て衆議院の先議権さえあれば宜しい。その他は伊藤に任せて異存がないから出席しなかった」と語ったといわれている。

ところが、これは不思議なことであるが、この大隈の言葉の中にみえる議会の法案発議権は、最初の憲法草案にはその条文がない。そして、この規定をつけ加えようという議論は、枢密院の第一審議会において、鳥尾小弥太が出しているが、その時は、議案は多数決で否決されている。しかるに、この議会の法案発議権に関する規定は、第一審議会の後、政府の意向として草案中に一方的につけ加えられているのである。

したがって、この規定が加えられた理由として、大隈の言葉から考えて、当時院外において、大隈と立法者との間になんらかの取引があり、その結果法案発議権が議会にあたえられたと考えざるをえない。

民権論の指導者と伊藤とは口では非常に激しい言葉でいい争ってはいるが、内心はそれほど思想が極端にへだたっているわけではない。しかも、伊藤はきわめて実際的な政治家であって、理想に走って瑣末な相違を重視して相手を仇敵視するような人物ではなかった。このことは後年彼が超然主義をすてて、みずから政党を組織して政局にあたろうとしたことからも知ることができる。伊藤と大隈との間では、蔭では相当な妥協が行なわれていたものと考えてよいと思う。『大隈侯八十五年史』によれば、大隈は憲法発布直後、府県会議長等を招待して、その席上、「わが憲法の事に就き、世間にては種々の説を為す者もあって、演説に新聞に不服を訴ふるが如き有様なれど、一体憲法の妙は運用いかんに在ることなれば、法文の規定が不十分なりとて、さのみ不服を唱ふるに当たらず」とのべ、さらにこの憲法のもとにおいて、政党内閣の実をみることも困難ではないという演説をしている。このことは憲法起草者の意図が、民権運動家を激発しないことにあり、それが一応の成功をおさめたことを示すものである。明治十年代に頻発した加波山事件をはじめとする自由民権論者の暴力的抵抗が、憲法発布以降にはほとんどみられなくなるという歴史的事実は、以上の見解が正しいことを側面から示すものといえよう。

憲法起草者の意図の第三としては、当時政府部内に存した漢学者を中心とする反動的復古論者の勢力に対し、これになんらかの対策を講じようという意図があげられる。このような勢力の代表者は侍補元田永孚であって、元田は明治十二年（一八七九年）には天皇補佐の名の下に閣議に列し、政治に参与しようとして当時の参議と軋轢を起こしている。この元田の年来の主張は、薩長藩閥政府の要人達の政見とは、その内容の異なるものであり、彼は、宮中府中、すなわち、天皇の私の生活と公的な生活の別を廃して、天皇による完全な専制政治を理想とし、そのために、大臣の権力を縮小することを主張した。したがって、元田と、大臣になることによって政権を握っている藩閥の政治家たちとは、まったく意見が違っていた。

とくに元田は立憲政治には反対で、渡辺幾二郎氏『前掲書』の引く史料によると、彼は天皇に対する奏上において国家基本法においては、政治上の重大問題の決定を「天下ノ公議ヲ取リ、之ヲ天下ノ公法ニ正シ、而シテ其決ハ即チ陛下宸断」にまかせるような条文をもうけるべきであって、これによって大臣の専制、議会の専横を排し、天皇親裁の実をあげるべしと主張している。要するに、元田は西洋流の立憲政治をまったく理解しようとはしていないのであって、このことは、彼が基本法の制定は「推古帝ノ憲法ヲ拡充シ、大化大宝ノ制令法度ヲ潤色スル」ことをもって足りるといって、伊藤一派を攻撃していることからも明かに知ることができる。

藩閥の代表である伊藤と元田との対立は、さきにのべたような政治的な立場の相違に加うるに、後には感情問題にまで発展し、その軋轢は、憲法が編纂されつつあった明治二十年（一八八七年）前後において、はなはだ深刻であった。

したがって、明治憲法の立法者の心中に自由民権論者も自分たちの地位を脅かすかもしれないが、元田の一派は、それ以上に自分達の地盤を危うくするという、超保守主義に対する反感と警戒とがあったことは注目すべきことである。枢密院の会議において、伊藤が元田一派の発言に対して、しばしば口をきわめて君権を制限すべきこと、議会を重視すべきことを論じ、また国務を大臣の責任をもってとり行うことを強調していることや、『伊藤公全集』にみられることとして、後年、伊藤が「漢学者などが、とかく誤解してゐることがあって、何んでも専制的のことでなければ、日本の国体に適はぬが如く思ふてゐるが、これは大きな誤解である。」「また日本古来の学問的に云っても、国土と云ふものは王家のものである。所謂普天の下、率土の浜、王土王臣にあらざるはなしと云ふ大原則に憲法政治は適せぬやうに心得てゐるのであるが、これは誠に彼等の眼界が狭小で、また今日の政治とその実体とを解することが出来ないから斯様なことをいふのである。いくら率土の浜は王土にあらざるなし王臣にあらざるはなしと云ふことに異論はないとしても、これを自由勝手に与奪すると云ふことになったならば、人民は手足を措くに処なしと云ふことになるではないか」といい、漢学者の主張する政治は、「専制といはんよりは、むしろ暴政と云」うべきであったと強い調子でのべていることなどは、明治憲法の立法者に極端な保守主義に対する警戒の意図があったことを明瞭に示すものといえよう。

明治憲法は、藩閥の指導者たる伊藤博文が主となって、これを起草したものであるから、それが立法者の意図において、民主主義の発展を最大の目的としたものでないことは、当然であろう。そこには、藩閥政府の政権維持が第一に意図されていたはずであって、そのことは伊藤がこの憲法の母法を、民主主義の発達していた英米に求めないでいわゆる「君権赫々たる」プロシヤ憲法に求めたということによっても、また当時伊藤が編纂した『憲法説明』や『憲法義解』が、民主主義的な法理論に対して、しばしば反論を加えていることによっても明瞭であるといわねばならない。しかし、明治憲法の立法者の心中には、また先にのべたところの三つの意図も併存していたわけで、そのためこの法典によって、自分たちの政権を維持しようとする方法も直線的ではなく屈折的になっていたと思われる。したがって、この憲法の条文のうちには、君権の維持と並行して、民権の保護も加えられる可能性が生じ、専制主義を擁護しようとするところの立法者の意図は、相当に弱められる傾向にあったと考えるべきである。

二．大日本帝国憲法の内容

明治憲法がいかなる内容の憲法であったかについては、すでに多くの研究があるので詳しくのべる必要はないが、ここでは美濃部達吉氏がその著『日本国憲法原論』において巧みに要約、列挙している原則の要旨をあげるにとどめたいと思う。

美濃部説によると、明治憲法の主要原則は次の七つである。

第一は君主主権主義、万世一系の天皇が国家統治の全権を総攬すること、もちろん立法権には議会の協賛が必要であり、司法権は裁判所が独立にこれを行うという組織になっているが、その機能は最終的には天皇に帰属されるべきものとされていた。

第二は大権中心主義、議会の協賛を要せず、天皇が大権によって専行し得べき範囲が比較的広く定められていたこと。すなわち、法律に抵触しない範囲において発布し得るところの、広範な独立命令の大権（第九条）、緊急勅令（第八条）、及び緊急財政処分（第七十条）の大権、官制及び任官大権（第十条）、外交大権（第十三条）、それから財政上の責任支出の大権（第六十四条二項）、予算不成立の場合の前年度予算の施行（第七十一条）などがかかる条規の主なものであって、更に憲法の発案権が勅命にのみ保留せられていること（第七十三条）、これも同じ主義の表われであった。

第三が皇室自律主義、皇室典範をはじめ皇室に関するすべての法は、皇室においてみずからこれを定めるという主義、そして議会は、これに対しては干渉することができないとされていた。

第四が兵権独立主義、これは「統帥権の独立」と世にいわれたもので、美濃部博士の言葉をかりれば、憲法には「天皇ハ陸海軍ヲ統帥ス」（十一条）とあるのみで、統帥権につき内閣の関与を許さない旨を明示した規定はないが、憲法以前からの慣習法により、統帥権については専ら参謀本部、軍令部自身の機関が補弼の任に当たり、内閣の権限に属しないものとされた。

第五が貴族院制度、議会の一院に貴族を主要な要素とする貴族院があり、しかも、貴族院の構成を定める貴族院令には衆議院は全然議決権を有していなかったこと。

第六が内閣制度、内閣が議会の信任をその在職の要件とすることが、憲法の明文によって定められておらず、その結果いずれの解釈も可能とされていたこと。

第七が枢密院制度、内閣のほかに重要な国務について天皇の諮詢に応える枢密院が設けられていたこと。

美濃部博士は以上の七つが明治憲法の基本原則であるとのべているが、基本原則としてとくに重要なものは、一から四までの四つの主義であると思われる。そして、このような基本原則から考えるとこの憲法が、民権に対する君権の優位について、重大な配慮を払うものであったということは、明かである。

とくに、徹底的な皇室自律主義、第九条の独立命令、第七十条の緊急財政処分、第七十一条の前年度予算の施行等の規定は、この憲法の母法であるプロシヤ憲法にも存在しない。したがって、明治憲法は、ヨーロッパでもっとも君権を重んずる憲法といわれたプロシヤ憲法以上に、天皇に対して、大きな権能をあたえていた。

しかし建て前はそのとおりであっても、それがただちにこの憲法が「絶対主義的専制体制を導き出す」という認定には到達し得ない。なぜならば、この憲法に定められている大権による勅令には、いずれも条件が付されていて、これをよほど拡大解釈しない限り、天皇が万事を専行するということは困難であり、さらにこの憲法はわずかに七十数条という簡潔なものであって、条文の欠を補う解釈次第で、ある程度これを民主主義と併立させることも困難ではなかったからである。

大権による勅令を濫用してはいけないということは、伊藤博文が立法当初から盛んに主張しているところである。

清水伸氏『前掲書』によれば、伊藤は枢密院の憲法制定会議において、鳥尾小弥太が責任支出の大権に賛成して、「此ニ項ハ大ニ行政官ノ働キニ自由ヲ与エ、行政官ヲシテ場合ニ依リテハ、如何ナルコトヲモ為シ得ヘキ権力ヲ与フルモノ」と解したのに対して、伊藤は、この条文に賛成することはありがたいが、「鳥尾氏ノ如クニ本条ヲ解釈シテハ原案ノ趣意ニ悖ル。(中略) 本条第ニ項ハ所謂ル予算ニ超過シ、又ハ予算外ニ生シタル支出ト云フコトニシテ、若シ政略上ノ支出ヲ包含セハ、予算ハ無効ニ帰セサルヲ得ス」とのべ、この責任支出の規定は、政略上の目的で使用してはいけない、これはせいぜいインフレーションなどによる予算の自然増加というものにしか用いられない。しかざればこの条文の趣旨に反するということを、強く主張している。

鳥尾小弥太が行なった大権事項を拡大解釈しようとする解釈は、後に上杉慎吉博士によって受け継がれたが、このような学説はついに明治から昭和にいたる為政者によって利用されなかった。緊急勅令、独立命令などが、民権を制限する為政者の重要な武器でなかったこと、また、予算に関する大権が、議会の予算審議権を無視しえなかったことは、歴史的な事実からもこれを証明することができる。昭和三年（一九二八年）六月田中政友会内閣によって行なわれた治安維持法の改正は、人権の大きな制限に緊急勅令が用いられたわずかな例の一つであるが、この場合とてもこの法はその直後の議会において承認を得ている。また、議会の予算審議権は政党の超然内閣に対抗するための有力な武器であって、藩閥超然内閣はしばしばこれに悩まされ、岡義武、林茂両氏校訂の『大正デモクラシー期の政治』（松本剛吉政治日誌）によると、山県有朋は、議会の予算削減に対抗するために、「陛下が伊勢の大廟に行幸あらせられ一時憲法の中止を御奉告」あるべきであり、さもなければ「国が潰れる」とまで極言したという。しかし、超然内閣は結局憲法の定める財政に関する大権を濫用することはできなかった。

明治憲法における君権の優位を論ずることは、法解釈学として一応正当な議論であるとは思うが、これを主張するあまり、この憲法の保障する民権をあまりにも過小評価することは、また誤りであるといわなければならない。

つぎに、この憲法の簡潔性を利用し、弾力的な解釈と慣行とによって、これを民主的に運用することであるが、このことはなにも後の法学者が考え出したことではないのであって、立法の当初からすでに予定されていたことである。

憲法を起草するに際して、伊藤がその編纂官井上、伊東、金子に対しあたえた起草方針のうちには、「憲法は帝国の政治に関する大綱目のみに止め、その条文の如きも簡単明瞭にし、且つ将来国運の進展に順応する様伸縮自在たるべき事」という一項がある。変化する政体に対して、弾力ある憲法をつくってゆこうとすることは、明治憲法立法者の方針でもあったのである。この憲法は決して専制体制を固定化するためのものではなかった。

なお、明治憲法における君権の優位は、単に藩閥の政権維持のためばかりではなくて、当時の日本のやむを得ない自衛手段であって、これを一概に反動視することはできない。当時の侵略的なヨーロッパの政治勢力に対して、消極的にはその併合をまぬがれ、積極的には不平等条約を改正するためには、富国強兵を図らざるを得ず、それには能率的に政策を実行し得る政府が、ぜひ必要であった。憲法の制定された後に、伊藤は金子に憲法およびその義解の訳文を携えて、諸国の政治家、法律家、ドイツのイエーリング（Rudolf von Jhering）オーストリーのスタイン（Lorenz von Stein）英国のダイシー（A. V. Dicey）スペンサー（Herbert Spencer）などの人びとに対し、日本の憲法の批判を求めているが、金子堅太郎氏『憲法制定と欧米人の評論』によれば、外国諸学者の意見は――（これはある意味では比較的客観性の高い批評だと思われるが）――その多くが現状において、日本が強力な中央政府の設立を目標とする憲法を定めたことに賛意を表している。たとえば、ダイシーは「日本政府に於て独逸憲法に則て其の憲法を制定せられたるは実に賢明なる処置と言はざるを得ず。独逸は目下隆運に昇進しつつある邦国にして将来最も属望すべき国なり。又現今宇内の君主中独逸の皇帝ほど権力の強大なる帝王は他に比類稀なるものとす」といい、「君主政体を永く維持せんと欲せば帝王の大権をして強大ならしめざるを得ず」とし、英国の君主政体のごときは他国が模倣することができないものであると論じている。また彼は日本憲法が、財政の全権を下院にあたえていないことを称讃し、「若し予をして今日新たに憲法を起草せしむるも」恐らく日本憲法を祖述したものとなるであろうとさえのべている。

すくなくとも責任のある政治家であるかぎり、現状を無視して法をつくることはできないわけであるから、立法せられた年月日を無視して、明治憲法の内容を現行憲法に比較して反動的ときめつけることなどは、立法者に対して苛酷であるといえよう。

三．運用面からみた大日本帝国憲法

明治憲法がどのように運用されたかということであるが、明治憲法が現行法として効力を有した時代は、明治、大正、昭和の三代五十数年にわたっており、その間日本の政体は、藩閥超然内閣より政党内閣へ、そして、政党内閣よりさらに非常時、ないし戦時内閣へと移行している。この間において、明治憲法はいかなる勢力によってどのように利用されたかを回顧してみたいと思う。

結論より先に述べれば、明治憲法にはその運用について対立する二つの解釈があり、それが各時代において、対立せる二つの勢力とそれぞれ結びついて、それぞれの政治勢力に自己の合憲性を主張せしめることになり、二つの対立する政治勢力がいずれもこれを利用しようとしていた。

明治憲法の一派の解釈を代表する者は、美濃部達吉であって、それに対抗する一派の代表者は穂積八束と上杉慎吉とである。しかしながら、美濃部説の憲法論の先駆をなすものとしては、明治初年に発表された有賀長雄、末岡精一、一木喜徳郎などの人びとの諸研究があるから、明治憲法に対する二つの解釈は、明治の終わりではなくて、憲法の公布直後からすでにあったとみてよい。そして、この両派の解釈は、この憲法の前提となっている「国体論」の相違からはじまって、具体的には議会の権限、大権命令の限界等の諸問題について、きわ立った相違をみせ、結論において、同じ憲法の解釈とは思われないほどのへだたりを生じている。

美濃部説の「国体論」は、日本の国体を「わが国が万世一系の天皇によって統治せられているという事実に対する民族の確信」であるとして、それは倫理的な観念であって、法的な観念ではないとする考え方である。したがって、美濃部説によると、憲法上天皇が統治の権能を有することは、国体の要請するところであるが、それ以外に天皇が統治権の主体であること、また天皇が超法律的な権力をもつこと等は、「国体論」とはなんの関係もないこととなる。

穂積説と上杉説とは、これに反して、国体を天皇が無限の権力をもって国家を統治するという内容をもつところの法律的観念であると解し、したがって、天皇が統治権の主体であり、超法律的な権力の保持者でなければ、国体に合致しないこととなると主張している。すなわち、美濃部説は、憲法による君権の制限を国体上是認せられるべきものとするものであり、穂積説の一派はこれを否定するわけで、ここに両派の大きな違いがあるといえる。

以上のような「国体論」の上に立って、美濃部説は議会の立法権を君権と並ぶものと解し、大権事項に対する議会の協賛、干渉を是認し、また、内閣の大臣は直接には天皇にのみ責任を負うが、これは法理上の問題であって、政治的には議院における信任不信任がその基準になるとし、憲法の精神よりいって、議院内閣制が正当であると論断している。美濃部説の議院内閣制が正当であるという議論は、明治から大正にかけての議論であり、昭和になるとこの説は、やや後退するが、とにかくこの説は議院内閣制を非常に重視している。

これに対して穂積、上杉両説は、議会は天皇の一諮問機関にすぎずとして、その権限を極力小さく解釈しようとし、議院内閣制のごときものは、憲法の定める三権分立に対する違反であるとのべ、また大権事項は独立のもの、「議会ノ干渉ヲ容」れざるものであると主張した。

したがって、この両派の考える憲法の精神に合致した政体は、まったくその形式を異にして、このような見解の相違が、この憲法を、相反する政治勢力が、いずれもこれを利用することを可能ならしめたのである。

この二つの政治勢力とは、いうまでもなくその政権獲得後においては、超然内閣を組織した藩閥官僚勢力と、議院内閣制を樹立せんとした政党勢力とである。明治憲法が、ある場合には藩閥、官僚勢力のよりどころとなり、ある場合には民権運動の味方になったのは、憲法における二つの解釈のいずれが、時に当たっていたかということによって生じた現象であると考えてよい。

明治憲法は両刃の剣のように相対立する二大勢力によって、いずれからも利用されたが、それでは明治から昭和にかけての時代に、この憲法はいずれの勢力によってより多く利用されたかといえば、むしろそれは政党勢力であるとすらいえる。

官僚勢力は政権の獲得のため、枢密院或いは貴族院の制度を多く利用しているが、穂積、上杉両説を政治に応用するについては、やや消極的であって、超然内閣が、独立命令を濫発して民権を圧迫したという歴史的事実はないし、また超然内閣はしばしば議会の予算削減に悩まされ、ある場合には、前述のように苦しまぎれに天皇に伊勢神宮行幸を願って、憲法を停止しようかというところまで考えたが、しかし、ついに予算の支出大権を濫用したことはなかった。このことは、政党勢力が憲法を極限まで拡大解釈し、「憲政常道論」を唱えて、護憲運動を通じて政党内閣を実現し、いわゆる大正デモクラシー期を現出したことと、きわ立った対照をなしている。

そして、また軍国主義の時代においても、明治憲法は多くの場合自由主義者の味方であった。自由権の制限を大幅に行政府に委任する、昭和十三年（一九三八年）の国家総動員法に対する違憲論、また大政翼賛会に対する違憲論は、しばしば軍部、官僚を辟易させて、わが国の全体主義化を防止する一つの力となったということは無視できない。

昭和十五年（一九四〇年）八月二十六日、新体制準備委員会第一回の会議において、近衛首相が議会翼賛体制の確立等を中心とする新体制運動の必要を説き、万民翼賛の国民組織をつくることを発表すると、このとき、佐々木惣一は大政翼賛会違憲論を『中央公論』に、また、河村又介は同様な立場の主張を『改造』に発表し、この議論は当時の自由主義者たちに恰好の理論的根拠をあたえた。

佐々木説の憲法解釈の方法は、美濃部説とも上杉説とも違うのであって、憲法の条文を形式論理的に解釈する概念法学的な傾向の強い学風であり、その解釈は美濃部説のように議会中心主義的ではなかったが、一方穂積、上杉両説のように非議会主義的なものでもなかった。美濃部説は、昭和十年（一九三五年）頃猖獗をきわめた国体明徴運動によって閉息せしめられたために、この時代においては、佐々木説が、自由主義者を守る憲法論となっていたわけである。このときの佐々木の違憲論の論拠は、憲法においては、「大政翼賛をなすの資格を認められたる者以外の者が、大政翼賛をなすこと」、または「憲法の許さざる態度をもって大政翼賛をなすこと」は、容認されないという点にあり、さらにナチスのように政府と党とが「表裏一体をなす」ような政体は、憲法上違憲であると論断している。

佐々木のこの違憲論は、当時の政界に大きな影響をあたえ、大政翼賛会はついに強力な政治団体から、「政府に協力して国策の徹底及びその円滑なる遂行に寄与せんとする」「公事団体」「公事結社」という弱体な精神団体へと改組せざるを得なくなり、遂には清掃団体と同種類であるという低評価さえ下されるにいたった。明治憲法が民権を防衛したという場合は、決して少なくないのであって、このことはこの憲法を論ずる者にとって決して忘却できないことである。

四．大日本帝国憲法の意義

以上のように、明治憲法の性格はその立法者の意図が多面的であったことに伴って、きわめて複雑であって、民主主義を無条件に保障する法典でもなかったかわりに、官僚の専制支配をもっぱら擁護するものでもなかった。要するに、この憲法は、運用者次第でいかようにもこれを利用し得たものであったということができる。

明治憲法の歴史的意義を考える場合、注意せねばならぬことは、この憲法施行以前においては民権運動を合法化するような法制は存在していなかったということと、この憲法はしばしば民権論者の有力なる武器となったということである。民権論者はこの憲法によってはじめて政府に対抗する合法的な舞台を得ることができた。また、「法による留保」が可能であったとはいえ、国民一般はこの法によって、はじめて居住移転の自由、所有権の不可侵、信仰、言論出版の自由等を獲得し、これによって、いわゆる「官権の横暴」がある程度阻止しえたことも事実である。この憲法が日本の近代化に大きな意義を有したことはこれを無視し得ない。

二　日本国憲法

一・日本国憲法制定の経過

日本国憲法（以下現行憲法と称する）は、その制定当時公表された経過とはまったく異なった、異常な事情のもとにつくり上げられたということは、昭和三十年代に開かれた憲法調査会の調査結果に多少でも関心をもっている人びとの間では、疑う余地のない事実として認められている。しかし、この憲法制定にからむ異常な事情を、どのように評価するかということになると、憲法問題を論ずる者のそれぞれの立場によって、その意見に非常なへだたりがある。

先ず改憲論は、この異常な事情を「米国による理不尽な押しつけ」であるとして、ただちに憲法を改正すべきであるとする有力な根拠としている。次に、護憲論者は同じ歴史的事実を、押しつけられたのは、当時の一部保守主義者に過ぎないとして、「日本国民に対しては何も押しつけられてなどいなかった」（上原専禄「歴史の方向と憲法改正論」、別冊法律時報「憲法改正」所収）と主張している。

さらに、憲法調査会内部において、当時有力な一派をなした、いわゆる「改憲延期派」は、憲法は米国によって一方的に押しつけられたものではなく、日米合作によって成立したものであるという新説を発表して、護憲・改憲両派のいずれとも、その見解を異にしている。

過去における憲法論争は、もちろんこの「押しつけ」論だけを問題にしているわけでなく、その議論の対象は、憲法の各条文の当否にまでおよんで、詳細をきわめている。しかし、歴史的事実に基づいた議論は抽象的な法律論よりも一般大衆に対して強い説得力をもっている。

三十年代以降今日にいたるまで各派の論者は、いずれも憲法制定にからむ事情を、自説を支える有力な根拠としたのであって、この問題は、従って、憲法論争のかなめをなしているといってよい。したがって、筆者は、本章において、憲法制定の経過を、実証主義の立場をとる歴史家としての態度をくずさぬようにつとめながら観察し、さらに、その異常な事情を解釈してみたいと思う。

なお、憲法に関する各派の議論には論理の飛躍がある如く思われる。それは、憲法制定に際して惹起した異常な事情と改憲・護憲の主張とが、あまりにも直線的にむすびつけられているということである。憲法制定の際の事情が、いかなるものであったにせよ、もしその影響が現今におよんでいないとすれば今日の段階における改憲・護憲の論議に、それは直接に関係のないことのはずである。各派論者の所論には憲法制定の際の事情が、現行憲法にどのような性格をになわせ、その性格が、その後のこの憲法の実施にどの程度に反映されてきたかを論ずるという基本的なことがやや軽視され過ぎているように思う。ゆえに私は、第二にこの問題について考察し、あわせて現状において、現行憲法に対して、どのような歴史的評価がくだしうるかについて論じてみたい。

日本国憲法は、昭和二十一年三月六日に幣原内閣によって発表された憲法改正草案要綱を原案として、枢密院、衆議院、貴族院の諸機関、および内閣自身によって加えられた若干の改正を経て確定したものであるが、その草案要綱発表にいたるまでの経過、および各機関における草案の審議状況は、当時つぎのように伝えられた。

幣原内閣は、ポツダム宣言第一〇項に従って、帝国憲法改正の必要を認め、松本国務大臣を主任として設けられた憲法問題調査委員会において、昭和二十年（一九四五年）十月下旬から、同二十一年（一九四六年）二月初旬にいたるまで、甲乙二改正草案の起草にあたっていた。

ところが、二十一年二月初旬にいたって、松本国務大臣の言葉をかりていえば、「急激な変化が始まり」、第三の案たる丙案の必要が生じ、松本国務相は「一ヶ月このために精魂を打ち込み」これを完成した。

天皇は、この丙案、すなわち草案要綱に賛意を示し、とくに、戦争および戦力の放棄、人権の尊重などは、天皇の「至仁至慈なる聖旨」に基づくところ多大である。そして、この草案要綱は、連合国最高司令官マッカーサーの全面的支持をえて、三月六日、国内に発表せられるにいたった。

その後この草案要綱は、文体を口語体に改め、その名称も「帝国憲法改正案」となって、枢密院の可決をへて、さらに新たに組閣された吉田内閣の手によって、衆議院、貴族院に提出された。院内において、この改正案は、その討議のために充分な時間をあたえられ、各議員もまた、草案各条項に対して自由なる発言を行ない、その結果、法案はわずかな改正がほどこされて可決された。天皇は、この法案を裁可し、現行憲法は、昭和二十一年（一九四六年）十一月三日、公布された。したがって、このような経過をへて立法された現行憲法は、明治憲法を完全に合法的に改正したものであり、同時に日本国民の自由なる意思のあらわれでもある。

以上は草案要綱発表に際しての幣原首相、松本国務大臣の談話、憲法改正事業に対する連合国総司令部の見解、議会における吉田首相、金森国務大臣の発言、および新憲法発布に際しての吉田内閣の発表等をまとめたもので（史料は主として、佐藤功「憲法改正の経過」所収のものによる）、これは新憲法制定にいたるまでの諸経過に関する公的見解を代表するものと考えてよいと思う。

ところが、その後憲法調査会、とくにその「総会」および「憲法制定の経過に関する小委員会」によって発表された憲法改正当時実務にあずかった各参考人の報告は、いずれも以上の公的発表のほとんどすべてが偽りであって、この改正事業が、米国の意向を帯した連合国総司令部の強力な指導のもとに行なわれたことを明かにしている。

すなわち、連合国最高司令官マッカーサーは、昭和二十一年二月初旬、米国SWNCC（国務・陸・海三省調整委員会）から送付されてきた「日本統治制度の改革」案に基づいて、「天皇の政治的権力の制限」、「戦力の放棄」、「封建制度の廃止―実際には貴族制度の廃止―」を定めるいわゆる「マッカーサーノート」を作成し、日本の内閣案である「松本案」とは関係なく、それに基づいて憲法草案を起草しはじめた。そして、二月十三日、総司令部は日本側から提出された「松本案」を却下し、幣原内閣に対して独自の完成草案を提示した。内閣の中には、この総司令部の行為を不当として、これを拒否すべきだという空気もあったが、総司令部担当官ホイットニーは、この憲法を施行しなければ「天皇の身体を保障することが出来ない」こと、この際「日本の憲法は、左翼に移行するのがよい」こと、同月二十日までに日本側が、この草案を受諾しない場合には、憲法草案を日本国内に発表することなどの言辞を弄し、日本側は、それを拒否することによって生ずる天皇制の廃止、内閣の倒壊をおそれ、これを受諾した。幣原首相はこの時の閣議において、「天子様を捨てるか、捨てぬかという事態に直面して（中略）已むなく司令部側の案を承諾した」。内閣は「終始一貫した方針を持っていたのだけれども、四囲の状況、こういう案をまとめる段階になった」と述べたというが（憲法制定の経過に関する小委員会、第十五回議事録）、この言葉は今日これを聞けばやや大げさに聞えるが、国が亡びるかどうかの瀬戸際であるとの認識が強められていた当時においては、政権担当者全員の気持を的確にいいあらわしたものといってよいと思う。

草案受諾後、内閣側は、陰に陽にこの草案を「松本案」に近づけることをはかった。しかし総司令部側は、「この際日本政府は国内の意向よりも外国の思惑を考えるべきで」あって、国際的信用を回復するようにつとめることが必要であることを力説し、さらに二月下旬より発足する極東委員会において、日本にとってきわめて不利益な、ソビエトおよびオーストラリアの提案が提出されるおそれがあるから、それに先んじて早急にことをはこぶ必要があることを暗示し、日本側の要請をほとんどききいれなかった。

このとき日本側の主張で通ったものは、二院制を維持することのほかは、まったく枝葉末節な事項に過ぎなかった。この総司令部案には「土地を国有化する」という条項があったが、日本側の強い要請によってその条文が削除されたという説は、広く流布されたものであるが、高柳賢三氏が指摘されているように、それは日本側の誤解に基づいたことのようである（憲法調査会総会第二十回議事録）。「土地国有化」の条文と日本側の考えたものは、実は「土地公用徴収」に関する条項に過ぎず、その改訂は政治的になんら重要な意義をもつものではなかった。すなわち、総司令部案に右のわずかな修正を加えたものが三月六日に発表された憲法改正草案要綱であったわけである。

総司令部の憲法改正に対する指導は、その後この改正案が、議会において討議されている間もつづき、議会における主たる改正点、すなわち憲法前文中の「国民の総意が至高なものであることを宣言し」なる文を「主権が国民に存することを宣言し」と改めたこと、および皇室財産に関する規定の改正等は、すべて総司令部の意向に基づくところが多大であった。議会における議員の発言にはほとんど干渉がなく、「自由なる討議」の形式は一応は保たれていた。しかし、草案を変更する決議などの重要事項は、すべて総司令部の承諾を必要としたというから「自由なる討議」の自由は、しょせんは鉢の中の魚の自由に過ぎなかったのである。

以上は、憲法調査会における芦田均、金森徳次郎、佐藤達夫等の諸氏の証言、および松本氏の口述などを要約したものである。高柳氏が指摘されているように、これらの証言には、明かな誤解や、感情的な発言もある。みずからの改正案をちりあくたのように取扱われた松本氏の怒りがはげしかったことは想像しうる。しかし、これらの論述は、その意見を述べた部分においては、各人の地位、立場、感情などによって相違する点もあるが、事実を述べた部分においては、ほとんど一致している。ゆえにわれわれは、これを憲法改正事業、即ち現行憲法の成立についての真実を追求する基礎的な史料と考えてよいと思う。

なお、当時憲法調査会海外調査団が、主として米国から採集してきた史料には、右の証人の論述と重要な点において大きく相違したものがある。たとえば、総司令部担当官ホイットニーは、調査団の質問に答えて、日本側に総司令部案を強制したという事実、とくに「天皇の身体を保障できない」云々といって、日本側を脅迫したという事実を強く否定して、かれのその言葉は、「当時の冷厳な国際情勢を率直に、客観的に述べたもので、司令部の意思を表明したものではない」（憲法調査会総会第二十四回議事録）といっている。

また、マッカーサーは質問に答えて、マッカーサーノートにみえる「戦争放棄、戦力保持」の条項は、幣原首相の提案に基づいて規定したものであって、かれはただその提案に賛成したに過ぎないといっている。右の史料は、前述の改憲延期派の「憲法日米合作説」に有力な根拠をあたえたものであるが、これらの史料価値を高く評価することはできない。

戦力放棄の規定が、幣原首相の発案であったとすれば、首相は、かれがこれを提案したといわれる二十一年（一九四六年）一月二十四日の首相とマッカーサーとの会談以降、この条項を松本案に挿入すべく、なんらかの努力をはらうはずである。しかるに首相は、閣議その他において、そのような努力はなにもしていないといってよい。幣原首相は、それ以前より「世界の大勢から考えるとわが国にも軍はいつかはできるかもしれない」、しかし「今日この規定を置くことは刺激が強すぎる」とは主張している。

その頃閣僚の間には、わが国の実力から考え、当分の間は、軍隊等は持てるはずがない。したがって、憲法から軍に関する規定を削除し、「後は後の問題に任した方が、内外に対するゼスチャーとしてもよい」という意見が多く、その結果松本案の乙案は、軍についての条文をいっさい削っていた。幣原首相が、自己の抱負を、マッカーサーにだけうちあけ、閣僚に秘していたとは考えられない。この条文を憲法に設けることは、米国から総司令部に送付されていた前述の指令には、明記されていなかったというから、米国政府にその責任を転嫁することは不可能なものであった。幣原首相提案説は、「マッカーサーが第九条のすべての責任を自分で負うということに多少躊躇を感ずるようになった。」以降に作り出されたものではないかという神川彦松氏の意見（憲法制定の経過に関する小委員会第二十回議事録）にも理由がある。

また、ホイットニーの調査団に対する答は、法律的にいえば妥当な弁解である。しかし、当時日本は、敗戦間もない被占領国であり、連合国最高司令官の独裁的権限は強大であって、これに反抗すれば、不測の禍厄をまねくという意識はきわめて強烈であった。また総司令部側は、この憲法改正事業については、日本側の意思を尊重するといっているが、一方では、たとえば、昭和二十年九月十五日に、日本の言論界に対して発した通告にみえるように、当時米国の意を帯する総司令部は、日本政府をその命令に服従せしめる対象と考え、交渉の相手とはみなしていなかったことが知られる。交渉の権利を欠いており、かつ事実上自由意思を拘束せられている相手方に対しては個々の脅迫行為はまったく必要でない。現行憲法が押しつけられたものであるということは、ホイットニーの行為が脅迫であるかどうかというような個々の法律論を越えて成立するものと思う。

つぎに、護憲論者の多くは、前述のように憲法が押しつけられたものであることは認めるが、押しつけられた者は、政府当局者および一部の保守主義者に過ぎず、日本国民は、「何も押しつけられてなどいなかった」としているが、このような意見には疑問があろう。昭和二十年ないし二十一年の時点において、日本国民のなかに、総司令部案とほぼ同じ、またはそれ以上の国家体制変革を望む人びとが存在したことは、当時発足していた民間の憲法研究会における高野岩三郎氏の発言―これは純粋な共和政体を主張したものであるが―および共産党の人民民主主義を主張する憲法草案などが伝えられていることによって知られる。しかし、これらの意見は、少数意見であって、当時の為政者は、明治憲法を若干修正した松本案を支持し、国内の有識者の多数は、松本案よりやや進歩的であった自由党案を支持していたものとみるべきである。

昭和二十一年一月二十三日の毎日新聞は、この自由党案に対して、「自由党の憲法改正案は、一言にしていえば現在の大勢に順応した案である。現在の大勢は確かにこの自由党案と似たりよったりの意見が占めている」と述べており、また二十一年二月三日に公表せられた世論調査研究所の世論調査の結果をみても、右の毎日新聞の論評は比較的正確なものであった。

要するに、現行憲法の制定は、米国の一方的意思のもとに行なわれ、日本政府も、日本国民も終始受け身の立場に立たされていたものと考えられる。われわれは、事実は事実として、これを卒直に認めなければならないと思う。しかし、誤解を避けるために一言するが、もちろんこの歴史的事実は、ただちに改憲論に結びつくわけではない。さきに述べたように、改憲・護憲いずれの議論が正当であるかは、現行憲法の性格を検討する等、いくつかの段階をへてはじめて考察の対象とされるべきである。

二. 日本国憲法の性格

現行憲法が、米国によって押しつけられたという事実は、現行憲法にどのような特異な性格をおびさせるにいたったであろうか。

第一の性格は、成立した憲法の内容が、憲法によって統治される国の利益――この場合の利益というのは客観的な利益ではなく、当時の国内の支配的勢力が主観的に利益と考えていたものをいう――を第一としたものではなく、外国の利益を第一としたものになったということであろう。神川彦松氏は、当時米国の抱いていた対日政策の原則として、五つの政策、すなわち非武装化、軍備撤廃、非産業化、非集中化、民主化を挙げられているが（憲法制定の経過に関する小委員会第二回議事録）、このような政策は、現行憲法の条規の裏に忠実に反映されている。マッカーサーは、憲法改正草案を日本側に示すに際して、自分は「日本のために誠心誠意はかってする」等々の美辞麗句をならべているが、たとえなにほどかの自由裁量権をあたえられていたにしても、かれ自身米国の一出先機関の長に過ぎないのであるから、かれの政策が、基本的には本国政府の対日政策にそったものであったことは当然といえよう。マッカーサーに対して、米国ＳＷＮＣＣから送付されていた「日本統治制度の改革」には、戦力放棄の条項は明記されていなかったというが、この条項といえどもマッカーサーが、無から有を生ぜしめたものではなく、かれが本国政府の政策を徹底化せしめたものであるというべきである。現行憲法における平和主義のかげには、米国の日本非武装化、軍備撤廃、非産業化政策が存在し、その民主主義のかげには、権威打倒政策が潜在し、その地方分権主義のかげには、非集中化政策が存在することは事実として認めざるをえない。現行憲法は、その制定当初においては、米国の利益を第一とし、日本側の利益は、第二、ある場合には全然無視されているという性格をもっていたといえる。

異常な事情のもとに、憲法が制定されたために生じた第二の性格は、現行憲法実施に対する政治的責任が、わが国の政治勢力の間に強く意識されなかったということである。

昭和二十一年三月、草案要綱が公表されるや、当時の進歩・自由・社会の三党は、いずれもその草案に賛意を表し、また、第九十議会における討論、採決をみても、この法案に反対したものは共産党のみであった。しかし、このような大政党、とくに進歩・自由両党の現行憲法賛成が、司令部との対立を避け、当面を糊塗するための手段に過ぎないことは、それ以前にこの両党の公表している天皇制についての政策と、草案要綱の定める天皇制とが、その質を異にしていることによって明かであろう。すなわち、両党は明治憲法的天皇制を支柱とする国体護持を主張していたが、草案要綱はそのような国体を廃棄したものであった。

現行憲法は、従前の国体を改変するものではないと金森国務相は国会において主張しているが、この説は、当面の民心の動揺を防ぐという点では意義のある議論であるが、論理的にはまったく成立しない。国体という言葉は、明治から昭和にいたるまでの間において、もっともこれをゆるやかに解釈した美濃部説によっても、「わが国が万世一系の天皇によって統治せられるという事実に対する民族の確信」を意味し、明治憲法第一条の「大日本帝国ハ万世一系ノ天皇之ヲ統治ス」という条文は、国家の大原則を表明したものとされている（美濃部達吉「憲法講話」）。

現行憲法による国家体制の改革は、政体のみならず、国体にまでおよんでいるのであって、進歩・自由両党が、このような改正を望んでいなかったことは当然推定しうる。

一方社会党は、当時独自の憲法草案を発表しているが、その方針は、「憲法を制定して民主主義政治の確立と社会主義経済の断行を明示する」ということであった。しかるにこの草案要綱の内容は、社会主義経済の断行とは程遠く、その二十九条のごときは、明かに資本主義制を維持発展せしめるものである。同党が、当時草案要綱に対して「我が党案に極めて近似せる進歩的なもの」と一応の賛意を示しながら、一方においては、多くの点について、「なお再検討の必要あり」と主張したのは、理由のあることである。

ゆえに、現行憲法は、当時の国内政治勢力のどの方針とも一致せず、いずれの政党も、熱意をもって現行憲法を実施し、これを護持しなければならないという強い責任感をいだきえなかったと思う。現行憲法は、本質的に終始一貫これを支えようとする国内勢力が欠如しているという特性を内蔵している。こうした性格は、外国の勢力によってつくり上げられた憲法としては宿命的なものであろう。現行憲法が、このような性格を内蔵しているということは、この憲法のその後の運命を跡づけようとする者の見のがしてはならない重要なポイントである。

なお、わが国の社会主義を信条とする政党が、特に憲法の護持をその政策にかかげ、憲法改正に極力反対している事実は決して以上のような観察を否定するものではない。なぜならば、かかる政党が行なっている護憲運動は、一時の政略であって、真剣にこの憲法を維持する政治的責任感をもっていることを示すものではないからである。

かかる政党が、現行憲法におけるような資本主義的体制を擁護することは、それ自体大きな矛盾であって、もし永久に憲法護持の運動をつづけるとすれば、それは自殺行為といわざるをえない。護憲論者は、憲法を「資本主義社会構造を前提とし、その上に存在する国家体制を規定しているものであり、国民大衆の生活権、労働権その他の勤労者の団結権等についての規定はいちじるしく不備」なものであるが、「なお今日現在のわが国の政治的・社会的実態にたいしては、進歩的役割をはたしうる憲法典である」（鈴木安蔵「法律史」）とし、これを擁護しようとするものであって、要するに、ある段階において、憲法を保守改憲勢力の進出を阻止する防波堤となそうとするものに過ぎない。したがって、護憲論者は、将来単独に政権を獲得した場合にも、現行憲法を維持するとは、約束していないのであって、この運動が、一時の政治的便宜のためのものであることは推測にかたくない。昭和三十八年（一九六三年）五月三日付の社会党機関紙「社会新報」は、「日本の社会主義と護憲運動」と題した論文を載せ「ブルジョア憲法である現行憲法の擁護とその平和的民主的理念の徹底的な実現のための闘争のなかで、現行憲法をこえて社会主義の憲法をかちとる条件がつくり上げられるのであり、この点を明確にすることなしには、今日の護憲闘争の戦略的意義も、社会主義への移行の形態をも理解しえないであろう」と述べて、現行憲法を社会主義憲法へ改正する方法を論じている。この論文は、その後社会党によって公式に取り消されたが、その取り消しの理由は、当時の段階において、社会主義憲法への移行を説くことは、反対に改憲論者を利するおそれがあるという戦術戦略論が中心であったようである。まさに護憲の衣の下から鎧がみえたものというべきであろう。社会主義を信条とする政党の政策、綱領は、世界情勢の変化、国内政治の変転に則して、次々と変化を重ねている。しかし、その信条自体が変らない限り、上述の「社会新報」の如き主張が、何時復活するか、何人にも保障しえないのである。

制定過程における異常な事情が、憲法にあたえた第三の性格は、前述の第二の性格と密接な関連をもつものであるが、憲法がその内容においては、永久不変の原則を定めている体裁をとっているにもかかわらず、有識者からは、暫定的なものであると考えられがちであったということである。

憲法制定に際して、その立役者マッカーサーの脳裡を支配していたのは、完全無欠な法典を作ろうということよりも、数日後に開催される極東委員会において、自国および自己のために、有利な地位を、いかにして確保するかということであった。改憲に際して総司令部担当官は日本側に「極東委員会においてソビエト・ロシアその他二、三の大国が天皇を廃止して共和主義にする憲法草案を日本側とマッカーサーに至上命令として」提出するという秘密情報がある。「今日の段階において、そういうものがくれば非常な混乱がおきて、マッカーサーの占領政策に痛い失敗」があたえられるから、二週間ないし三週間で憲法草案をつくれ、と要求したというが、この言葉はこの時期におけるマッカーサーの意識をよく代弁していると思う（憲法調査会第五回総会議事録）。したがって、草案作成に当った総司令部担当官といえども、憲法が十年以上、その生命を保ちうるとは予測もしていなかったようであって、憲法にとくに十年間はその改正を発議しえないという一項を設けようとしたくらいであった。一方、憲法草案を受諾した日本側も、これによって総司令部の感情をやわらげ、当面の国際情勢を好転せしめることが第一の目的であった。楢橋渡氏が幣原首相に対して、この憲法は、当面の災厄を避けるための「避雷針憲法」だと述べたということは、この事業における日本側の真意を物語ってあますところがない。

国内の政治勢力が、ややもすれば具体的な対策もなしに、軽々しく憲法改正を口にするのは憲法が暫定的なものとして軽んぜられたからであろう。昭和三十年当時政府与党が、憲法調査会の調査の結論もまたずにしばしば改憲を既定の事実のように述べていたこと、一方、社会党が、「社会主義の原則に従って憲法を改正し、基本的な産業の国有化を確立し」云々という綱領をかつてかかげていたことなどは、国内勢力のもつ憲法軽視の感情が露骨にあらわれたものといってよい。

三．日本国憲法の運用

現行憲法の異常な性格は、この法の運用の経過にどのような弊害をもたらしたか。結論から先にいえば、私はこのような弊害は、種々の事情によって相殺され、若干の事項を除いては、憲法の運用過程において、その姿をあらわさず、その死命を制するまでにはいたらなかったと思う。

その事情の第一としては、現行憲法制定後間もなく米国の政策が転換し、米国の利益と、現行憲法の意図するところとはかならずしも一致しなくなり、むしろ日本側がその条文を利用しうるようになったことが指摘される。米国の対日政策は一九四七年の末頃から次第に転換をはじめ、一九五〇年（昭和二十五年）六月の朝鮮戦争を契機として、日本を東洋における強力な同盟国に仕立て上げようとする政策に変化した。占領当初の日本弱化政策、とくに非武装化、非産業化、非集中化政策は、この時期において多くの転換が行なわれている。

現行憲法は、本来、米国の日本弱化政策を強行するための合法的根拠となすためにつくられたものであり、とくに、その第九条は、日本国民に不利益をもたらす非産業化政策の支柱となるべきものであった。憲法第九条第二項が、その文理解釈からいえば、直接的な戦力のみならず、潜在戦力、すなわち戦力の基礎となる産業のすべてを禁止するものであることは明かであり、この憲法の制定当初においては、米国はこの解釈をとっていた。しかるに、政策転換以後は、米国はこのような解釈に固執しないばかりか、一九五〇年十二月二十七日の対ソ回答において、米国は明かに一九四七年の日本非武装化に関する極東委員会の決定を破棄する旨を通達し、いわゆる自衛のための再軍備を積極的に勧奨する立場をとるにいたった。もし、非産業化政策が強行されたならば、憲法第九条をめぐって、日米両国の利害が対立し、憲法に対する反感は、わが国において高まらざるをえなかったであろう。ゆえにこの米国の政策転換は、憲法の運命をきわめて好転せしめたといえる。

なお、一九五〇年以後においては、憲法第九条は、かえって日本の利益とすらなりつつある。わが国の産業復興が、世界に類例をみない驚異的なものであったことは、万人の認めるところであるが、その復興の一つの大きな原因は、日本が厖大な軍備費を一定期間負担しなかった結果である。現行憲法は、その運用過程において、米国の利益のためのものから、わが国の利益のためのものへと移行さえしているのである。

現行憲法が円滑に施行された第二の事情としては、国内の政治勢力は、内実憲法を軽視していたが、だからといってかれらがこれに代わりうるような有力な憲法草案を国民の前に提示しえないという情勢があったことがあげられる。改憲論者のあらゆる努力にもかかわらず、改憲支持者は、昭和三十二年から三十八年にいたる間の世論調査において二十%を越えたことがなく、その後は更に低下している。その原因はおそらく政治家が現行憲法に代わる魅力ある改正案を発見しえなかったからであると思う。

歴史上ある憲法を廃棄改正する場合に、もっとも有効な、すなわち国民に対して説得力のある方法は、かつて、オーストリアがこれを実行したように、それ以前の憲法を復活することである。しかるに、わが国の現状においては、明治憲法を復活する——たとえそれに大改正を加えるとしても——というようなことはまったく不可能なことであろう。

もし明治憲法が、米軍の軍事力によって廃止されたものであれば、その復活を国民に呼びかける方法もありうると思う。しかし明治憲法は、昭和十三年の国家総動員法その他一連の「法による留保」を越えて、国民の権利を剝奪する法令以来、社会規範としての実をまったく失うにいたっている。戦時中、自分たちの生活が憲法によって守られていると考えて、生活していた人はほとんどあるまい。自国政府の手によって扼殺された憲法をふたたび持ち出したところで国民の共感をうることは期待できない。このように憲法に堂々と反対する勢力が、国民の間で成長しなかったことは、反面憲法が円滑に施行された大きな原因の一つとなった。この点、改正手続の違法を根拠に、現行憲法の無効をとく、いわゆる憲法失効論が法律論としては充分に成立しうるにもかかわらず、多くの賛同者をえられなかったことに注目すべきである。

なお、改憲派のなかには憲法が硬性憲法であり、その硬性度が高いこと（憲法九十六条によれば、改正には各議院の総議員の三分の二以上の賛成、及び国民投票による過半数の賛成が必要である）を指摘し技術的に憲法改正が困難であることを訴えるものがあるが、この説には賛成できない。硬性憲法はおろか万古不易と称する法典であっても、国民の多数がその法典の遵守を拒否すれば、早晩法典の運命はきわまらざるをえない。法技術的に改正困難であるというような説は、政治家が自己の非力を陰蔽する逃げ口上にすぎない。

現行憲法を円滑に施行せしめた事情の第三としては、その施行に際して、憲法の実質的変遷、すなわち弾力的な解釈によって憲法各条を実情と合致せしめることが、しばしば行われ、憲法条文の矛盾が、それほど一般に強く意識されるにいたらなかったことがあげられる。憲法の各条を文理解釈すればその予定する国家形態は、共和制的性格の国家であって、国家の元首は総理大臣であると解せざるをえない。しかるに現行憲法は、種々の弾力的な解釈によって議会制的君主制を定める法制のごとく解され、国家の元首は天皇であることを黙示的に認めたものとして認識されている。

憲法の実質的変遷は、このほかにも、第九条の規定にもかかわらず、自衛のための軍備を保持しうるという解釈、基本的人権といえども、場合によっては公共の福祉（その内容については、後に詳述する）のために制限することが可能であるという判例などにもみられ、憲法を実情と合致せしめることが、法の多くの部分について行なわれていることが知られる。

そもそも、現在のわが国の国家形態が、明治から昭和にいたるまでの間、たゆまず発達してきた立憲君主制の歴史を脱却しえないものであることは当然であって、このような伝統を無視するような法は、伝統を完全に断絶しうる革命というような手段にでもでないかぎり実行される見込みがない。現行憲法の実質が、しばしば変化したことは、この憲法の存続を可能ならしめた大きな条件であったといえよう。

四．日本国憲法の歴史的評価

現行憲法は、外国の占領下に成立し、そのために異常な性格をおびるにいたったが、その後の情勢の変化によって、一応まがりなりにもその生命を保ってきた。それでは、この憲法に対してどのような歴史的評価をくだしうるであろうか。

現行憲法のもたらした利益について考えれば、この憲法は、わが国に少なからざる利益をあたえたといえる。

国際的には、この憲法の公布が軍国主義的日本の復活をおそれる諸外国の輿論をおさえて、わが国の国際的信用を高めたことは事実である。また、国内においても、憲法の定める徹底した議会主義、人権尊重主義が、明治以来一貫して存在してきた民権論者の主張に法律的基礎をあたえ、大正デモクラシー期における以上の安定した民主政治をわが国にあたえたことも事実といえる。

しかし、この憲法がもたらした弊害のいくつかをあげることは、それほど困難ではない。その最大のものは、国内政治勢力が憲法を軽視する結果、しばしば自派の利益になること以外には憲法の価値をみとめようとしないことであって、そのために、わが国においては、今日にいたるまで慢性的に憲法論争がつづけられている。憲法がこのように政争の具とされることは、第二次世界大戦後の先進国においては、まれなことであるといわれている。憲法の異常な性格は、その運用過程において、やわらげられてはいるが、まったく消え去ったわけではない。また、この憲法の各条文を実情にあわせて解釈することは限界に達している。これ以上それを行なうことは、国民の法を尊重する精神をいちじるしく害するという説があることも無視できない。このように現行憲法の施行を円滑にしてきた条件が、今後も存続するということは、何人も保障できない。この憲法の将来には、大きな不安が予測されるのである。現行憲法に対する評価は、功罪相なかばしているという言葉が最も当をえた表現であろう。

憲法調査会は、七年にわたる検討をへて、昭和三十九年（一九六四年）七月に最終報告書を内閣に提出した。調査会の当否については、従来論議のあるところであるが、調査会が埋もれてしまう危険性があった多くの資料を世に出し、これを整理するという基本線を逸脱しなかったことはたしかであって、その学問的業績は高く評価されるべきである。

しかし、調査会は、ついにその構成員の主張を調整することができず、内部の改憲・改憲延期派両派の対立的意見はなまのまま結論に併記されることになった。さらに調査会外部の護憲派は、この報告書を政府が一方的に使用して、しゃにむに改憲を実行することをおそれ、当時「決戦態勢」をかためたと伝えられる。憲法論争は、調査会の結論からはその解決案があたえられず、その後も政治闘争としての色彩を濃くして、水面下にもぐりはしたが、むしろ陰湿な争いが続けられてきたのである。

問題が学問的領域から、政治的領域へと移行する場合に、時を得顔にあらわれてくるのは、一般大衆の心に直接はたらきかけることができる感情論である。現行憲法が押しつけられたものかどうかという議論は、改憲・護憲の論に直結せられ、今後さらによみがえってくる如く思われる。しかし、改憲・護憲いずれの論をすすめるにしても、憲法が今日までもたらした功罪を厳密に測定し、これを判断の基礎とすべきであって、押しつけられたものかどうかという歴史的事実に対する認識は、憲法の得失を考える場合の一つの素材にすぎないのである。

〔追記〕

現行憲法制定過程については、今日、各種の重要な歴史的資料が情報公開制度のもと内外で次々に明かにされている。

本論稿では、それらの資料についての論及はなされていないが、これも他日に期したいと考える。しかし、大筋において、論旨の変更を必要とするものは、いまだ出ていないように思われる。

第二章　基本的人権

一・国民の権利と基本的人権

現行憲法には、その第三章に国民の権利及び義務という章があり、その内容は、日本国民に認められている憲法上の権利の例示である。

ところが、この章に定められている権利の多くが、一方学者によって、第一一条に基づいて狭義の基本的人権(fundamental human rights)としてみなされているものであるために、そこには大きな理論的矛盾ともいえるものが見出される（あえて「狭義」の語を使用したのは、条文の文言に「与へられる」とあるにも拘らず、これがフランス法系のいわゆる天賦人権、換言すれば前国家的権利と考えられているからである）。

憲法一一条　国民は、すべての基本的人権の享有を妨げられない。この憲法が国民に保障する基本的人権は、侵すことのできない永久の権利として、現在及び将来の国民に与へられる。（The people shall not be prevented from enjoying any of the fundamental human rights. These fundamental human rights guaranteed to the people by this Constitution shall be conferred upon the people at this and future generations as eternal and inviolate rights.)

すなわち、「国民に与えられる権利」と狭義の「基本的人権」（以下、「基本的人権」とのみ称する）とは、右の条文にもかかわらず本質的に異なる概念に属するものであるからである。

「国民に与えられる権利」は、本来はイギリス法系の用語であって、王室の権利に対して臣民が主張しうる諸権利という意味であり、その創設及び保障は法律に依拠している。イギリスにあっては、伝統的に議会の立法権は、男を女にし、女を男にする以外のことは何んでもできるといわれるほど強力であるから、立法権自体を拘束するような強い権利は認められない。きわめて現実的であるイギリス国民には人間本来の権利というような思想は、理解困難であったのである。

一方、憲法一一条にみえる「基本的人権」という用語は、フランス法系又はアメリカ法系の用語である。フランス革命時において盛んに唱えられた社会契約説によると、個人がその契約によって国家を創設した際に、国家に移譲されず留保された個人的権利をかく称する。かかる権利は、フランス革命時代に、国民議会によって「人権宣言」の形式で具体化され、さらに「革命の果実」といわれるナポレオン民法の原則を構成した。

要するに、一方は、ジョン王と貴族達との間にむすばれたマグナカルタ（一二一五年）以降の歴史に則った制度であり、一方は社会契約説（theory of social contract, Sozialvertragstheorie, théorie du contract social）という仮定に基づいた学説の上にきずかれた制度である。

国民の権利（rights of the people）と基本的人権との間には大きな距りがあるものとしなければならない。

このことが、現行憲法において、どの制度が国民の権利に属し、どの制度が基本的人権に属するかが論争の対象とされている理由である。

もし、或る権利が基本的人権であれば、それは「公共の福祉」（public welfare）以外の理由によっては制限をうけない。また、その権利は、「侵すべからざる永久の権利」、即ち人間固有の権利であるから、原則として「国民」という章名をこえ、国籍を越えて日本人のみならず、外国人についても認められなければならない。

しかし、もしその権利が国民の権利だけであって基本的人権ではないならば、たとえそれが憲法で保障されていても、法律の留保は部分的に可能である。また、それは憲法の本質的な部分に属さないから憲法改正の行為によって、どのようにも制限しうるはずであり、更に日本国民だけの権利であるということになる。

以上から明かなように、権利がいずれの概念に属するかということは、まさに具体的には重要な差異が生ずることとなる訳である。

保守的論客は、基本的人権をきわめて狭く解し、いわゆる進歩的論客は、第三章の権利は殆どすべて基本的人権のごとく論じているのは、その為であり、これらの解釈の相異はすべて現行憲法の曖昧さから生じたものである。

恐らくは、憲法の立法者たちは、米仏法系の思想に立脚しながら、先にのべたその成立の異常な事態の結果、大日本帝国憲法の改正という形式をとらざるをえず、その章名を大きく変更できなかったのであろう。

いずれにせよ、立法技術としては巧みとはいえない（なお、その結果として、憲法は、旧憲法の本質的要素をかえたものであるから、その改正は無効であるという「新憲法無効論」のような極端な議論が生れている）。

以下、第三章に挙げられている権利を一応自由権、受益権、社会権、参政権の四つに分け、更にその一つ一つの権利の目的、内容等より、それが、前述の基本的人権に属するものか、国民の権利に属するものかを考えてゆこう。而して、その後、これに加えて人権規定にはない「新しい人権」について検討を進めて行こう。

二．自由権

自由権（Freiheitsrechte）とは、国家の統治権に従属さない自由な領域を設定し、その範囲内において行使しうる権利をいい、この領域の中に国家の政治権力が侵入しないことを保障する権利である。要するに、当該領域については、国家は干渉するなと主張する権利である。

自由権が別に消極的公権といわれるのは、このためであって、その内容が、国家に対して消極的な効果を求める不作為請求権であるからである。従って、自由権に属する言論の自由、学問の自由とは、出版を助成せよとか、学会に補助金を出せとか、大学を作れとかいうような積極的にその対象を盛んとするような環境を作れという作為を請求するものではなく、単に国家がこれに干渉することを防止する権利である。

現行憲法上、この種の権利が基本的人権に属することは、すべての学者の間に疑いのないところであり、憲法はこれについてその内容を以下のように定めている。

自由権には、法の下における平等の立場から定められる権利と、個人生活の自由という立場から定められる権利の二つが考えられる。

前者、即ち法の下における平等については憲法一四条一項で「すべて国民は法の下に平等であって、人種、信条、性別、社会的身分又は門地により、政治的、経済的又は社会的関係において、差別されない」とし、第二項で「華族その他の貴族の制度は、これを認めない」とし、第三項では「栄誉、勲章その他の栄典の授与は、いかなる特権も伴はない。栄典の授与は、現にこれを有し、又は将来これを受ける者の一代に限り、その効力を有する」と規定する。これによって、皇室を構成するものは除外されるが、その他の一般国民には、平等の原則が保障され、国民はこれによって、他の人々と法律上平等の権利を有することを主張しうる。

次に憲法二四条は、「①婚姻は、両性の合意のみに基いて成立し、夫婦が同等の権利を有することを基本として、相互の協力により、維持されなければならない。②配偶者の選択、財産権、相続、住居の選択、離婚並びに婚姻及び家族に関するその他の事項に関しては、法律は、個人の尊厳と両性の本質的平等に立脚して、制定されなければならない」と規定する。

本条の定める婚姻生活及び家族生活における平等の規定の如きは、明かに先に述べた平等の原則より導き出されるものであって、男性に対して女性が同一の地位を主張することもまた、自由権に属する基本的人権であるといえる訳である。従って、改正前刑法に存在した女性の場合だけを罰する姦通罪の如きは、憲法違反として廃せられた（一八三条「①有夫ノ婦姦通シタルトキハ二年以下ノ懲役ニ処ス其相姦シタル者亦同シ②前項ノ罪ハ本夫ノ告訴ヲ待テ之ヲ論ス但本夫姦通ヲ縦容シタルトキハ告訴ノ効ナシ」昭和二二年法律一二四号により削除）。但し、この廃止の過程で論ぜられた如く、男性の姦通（有婦ノ夫）も罰するとすれば、これは憲法違反とはならない。なお、昭和一〇年改正案第二百四十八條ノ二第一項は、「夫他ノ婦女ト私通シ妻ニ重大ナル侮辱ヲ加ヘタルトキハ二年以下ノ懲役ニ處ス情ヲ知リテ相通シタル者亦同シ」と規定している（昭和一五年の改正刑法假案第三百二十五條第一項は、構成要件をより明確化している）。大正デモクラシー期の法思想の残存している最後の法案であろう。男女の雇用の平等もこれにもとづくものであって、それについては国際婦人年等を契機として、下位法が立法せられた。次に個人生活における自由の権利には憲法上多くの事項が挙げられている。しかも、それらは例示と考えられているから、他の事項もこれに加えうることになる。

個人生活における自由権は、身体的自由権、精神的自由権、経済的自由権の三つに大別される。以下、それぞれについて概観しよう。

(一) 身体的自由権

身体的拘束を受けない自由をいう。

(1) 奴隷的拘束及び苦役からの自由（憲法一八条）、
(2) 法定手続の保障（憲法三一条）、
(3) 被疑者の権利として、
(i) 不当な逮捕を受けない権利（憲法三三条）
(ii) 不当な抑留拘禁を受けない権利（憲法三四条）
(iii) 住居などを侵害されない権利（憲法三五条）
(iv) 拷問及び残虐刑の禁止（憲法三六条）、
(4) 被告人の権利として、
(i) 刑事被告人の諸権利（憲法三七条）
(ii) 不利益供述の強要禁止、自白の証拠能力（憲法三八条）
(5) 遡及処罰の禁止・一事不再理（憲法三九条）
等がその具体的規定である。

(1) 奴隷的拘束及び苦役からの自由として、憲法一八条は「何人も、いかなる奴隷的拘束も受けない。又、犯罪に因る処罰の場合を除いては、その意に反する苦役に服させられない」と規定する（市民的及び政治的権利に関する国際規約八条、いわゆる人権B規約参照）。

なお、この規定によって、戦争中行われた勤労奉仕の如きは違法となる。

(2)法定手続の保障として、憲法三一条は刑法及び刑事に関する手続法によらないで刑罰を受けない自由について「何人も、法律の定める手続によらなければ、その生命若しくは自由を奪はれ、又はその他の刑罰を科せられない」と規定する（市民的及び政治的権利に関する国際規約九条一項参照）。

(3)被疑者の権利

(i)不当な逮捕を受けない権利として、憲法三三条は「何人も、現行犯として逮捕される場合を除いては、権限を有する司法官憲が発し、且つ理由となつてゐる犯罪を明示する令状によらなければ、逮捕されない」と規定する（市民的及び政治的権利に関する国際規約九条二項参照）。

(ii)不当な抑留拘禁を受けない権利として、憲法三四条は「何人も、理由を直ちに告げられ、且つ、直ちに弁護人に依頼する権利を与へられなければ、抑留又は拘禁されない。又、何人も、正当な理由がなければ、拘禁されず、要求があれば、その理由は、直ちに本人及びその弁護人の出席する公開の法廷で示されなければならない」と規定する（市民的及び政治的権利に関する国際規約九条三項参照）。

(iii)住居等が侵害されない権利として、憲法三五条は「①何人も、その住居、書類及び所持品について、侵入、捜索及び押収を受けることのない権利は、第三十三条の場合を除いては、正当な理由に基いて発せられ、且つ捜索する場所及び押収する物を明示する令状がなければ、侵されない。②捜索又は押収は、権限を有する司法官憲が発する各別の令状により、これを行ふ」と規定する（市民的及び政治的権利に関する国際規約一七条参照）。

(iv)拷問及び残虐刑の禁止について、憲法三六条は「公務員による拷問及び残虐な刑罰は、絶対にこれを禁ずる」と規定する（市民的及び政治的権利に関する国際規約七条参照）。

残虐刑の禁止については刑罰としての死刑制度廃止との関連上、問題とされているが、これについて最高裁昭和二三年三月一二日大法廷判決は、本条に該当しないと判示している（刑集二巻三号一九一頁）。

(4)被告人の権利

(i)刑事被告人の諸権利について、憲法三七条は「①すべて刑事事件においては、被告人は、公平な裁判所の迅速な公開裁判を受ける権利を有する。②刑事被告人は、すべての証人に対して審問する機会を充分に与へられ、又、公費で自己のために強制的手続により証人を求める権利を有する。③刑事被告人は、いかなる場合にも、資格を有する弁護人を依頼することができる。被告人が自らこれを依頼することができないときは、国でこれを附する」と規定する。

公平な裁判を受けるための方策として被告人の証人審問権の確保、弁護人依頼権の保障を通し、刑事被告人の権利を実体化するものである。

(ii)不利益供述の強要禁止、自白の証拠能力について、憲法三八条は「①何人も、自己に不利益な供述を強要されない。②強制、拷問若しくは脅迫による自白又は不当に長く抑留若しくは拘禁された後の自白は、これを証拠とすることができない。③何人も、自己に不利益な唯一の証拠が本人の自白である場合には、有罪とされ、又は刑罰を科せられない」と規定する。

(5)遡及処罰の禁止及び一事不再理について、憲法三九条は「何人も、実行の時に適法であった行為又は既に無罪とされた行為については、刑事上の責任を問はれない。又、同一の犯罪について、重ねて刑事上の責任を問はれない」と規定する。

アメリカ合衆国憲法一条九節三項は遡及処罰につき、「私権剝奪法（Bill of Attainder）または遡及処罰法（ex post facto Law）は制定されてはならない」と規定し、更に修正五条は二重危険禁止（double jeopardy）につき、「何人も同一犯罪について、重ねて生命身体の危険に臨ましめられることはない」と規定する。参考とすべき条文といえよう。

憲法三一条は、罪刑法定主義を規定するものである。罪刑法定主義については、ドイツ法的思考とアメリカ法的思考が今日主張されている。前者は、現行刑法がよってたつドイツ法系としての視点から、後者は、実体的デュープロセス（substantive due process）との概念を中核に展開されている。この考えは、伝統的罪刑法定主義の理解をより具体的実体的視点からするものといえる。

なお、罪刑法定主義について、これを犯罪と刑罰とを成文法により規定するという意味と解すれば、中国古代法においても、これを見出すことができる。唐律令を継受した日本の断獄律には、「罪ヲ断ズルハ、皆スベカラズ、律令格式正文ヲ引クベシ」とあり、獄令には、不遡及の原則も定められている。

しかし、かかる制度は、近代刑法の罪刑法定主義とは、その背景をなす思想、期待されている機能などにおいて全く異なる。従って、この両者を比較して、類推（比附）を認める点、或いは、広く道徳にはずれた行為を罰する点（不応得為条）等をあげて、中国的なそれを「不完全な罪刑法定主義」などと称することは、誤解も甚だしいといわざるをえない。

中国的法制度は、唐代にいたって、ほぼ完成の域に達しているのであって、それは、それなりに完結したものとみるべきであり、決して近代法の前段階的なものではない。古代法を近代法の用語を以て説くことは理解の便宜のためであって、両者をその外面が如何に酷似していても、平板的に比較することはできない。

中国的な罪刑法定主義が形成された理由は、君臣の分を明らかにし、さらに大官小吏の別を明かにする処にある。古代中国有識の思考によれば、政治的配慮より律令外の判断をなしうる者は、君主のみであり臣下にはおしなべて守法の義務がある。従って、臣下にして、法に反して、具体的妥当性を求める者があれば、それは君主の権をおかす者である。

しかし、臣下の守法にも、大官のそれと小吏のそれとの間には差があり、大臣、高級裁判官は、いわゆる「大体に通」（グローバルな視点をもつ）じている者であって、法に疑義が発生した場合には法の比附適用が許される。しかるに小吏は、経学に通ぜざる、いわゆる「無学」の徒であるから、その才技相応に、法条を厳格に守ることが必要とされる。

中国法の内容は右の如きものであって、要するに、律令的罪刑法定主義は、主として下級裁判官が守るべきことであり、もともと為政者全般を拘束するものではなかったのである。なお、それ故に、重大な罪については、下級審の判決は、直ちに効力を発せず、上級の裁判官の判断を仰ぎ、さらに皇帝の認可を必要としているのである。

次に、身体の自由に関する諸規定をめぐる判例について最高裁判例の中からその代表的なものを検討してみよう。

憲法三一条のデュープロセス（due process）条項に関しては、「刑罰法規の明確性」という判断基準を導入した徳島市公安条例事件（最高裁大法廷昭和五〇年九月一〇日判決、刑集二九巻八号四八九頁）をリーディングケースとし、昭和六〇年一〇月二三日の福岡県青少年保護育成条例事件の最高裁大法廷判決がある。

同判決では「青少年保護育成条例が禁止する『淫行』とは、広く青少年に対する性行為一般をいうものではなく、青少年を誘惑し、威迫し、欺罔し又は困惑させる等その心身の未成熟に乗じた不当な手段により行う性交又は性交類似行為のほか、青少年を単に自己の性的欲望を満足させるための対象として扱っているとしか認められないような性交又は性交類似行為をいい、このような解釈は通常の判断能力を有する一般人の理解にもかなうものであるから、処罰の範囲が不明確であるとはいえない」と判示した（刑集三九巻六号四一三頁）。

更に、「第三者所有物の没収とデュープロセス」に関しては、最高裁大法廷は、「関税法一一八条一項の規定は、同項所定の犯罪に関係ある船舶、貨物等が被告人以外の第三者の所有に属する場合においてもこれを没収する旨規定していながら、その所有者たる第三者に対し、告知、弁解、防禦の機会を与えるべきことを定めていないから、同項によって第三者の所有物を没収することは、憲法三一条、二九条に違反する」と判示した（最高裁大法廷昭和三七年一一月二八日判決、刑集一六巻一一号一五九三頁）。

憲法三三条の逮捕の要件に関しては、「緊急逮捕の合憲性」をめぐり最高裁大法廷は、「刑訴法二一〇条の定める厳格な制約の下に、罪状の重い一定の犯罪のみについて、緊急やむを得ない場合に限り、逮捕後直ちに裁判官の審査を受けて逮捕状の発行を求めることを要件とし、被疑者の逮捕を認めることは、憲法に違反しない」と判示した（最高裁大法廷昭和三〇年一二月一四日判決、刑集九巻一三号二七六〇頁）。

更に、「別件逮捕拘留」について、最高裁は狭山事件で、「第一次逮捕・拘留は、その基礎となった被疑事実について逮捕・拘留の理由と必要性があったことは明らかである。そして『別件』中の恐喝未遂と『本件』とは社会的事実として一連の密接な関係があり、『別件』の捜査として事件当時の被告人の行動状況について被告人を取調べることは、他面においては『本件』の捜査ともなるのであるから、第一次逮捕・拘留中に『別件』のみならず『本件』についても被告人を取調べているとしても、それは、専ら『本件』のためにする取調というべきではなく、『別件』について当然しなければならない取調をしたものにほかならない。それ故、第一次逮捕・拘留は、専らいまだ証拠の揃っていない『本件』について被告人を取調べる目的で、証拠の揃っている『別件』の逮捕・拘留に名を借り、その身柄の拘束を利用して『本件』について逮捕・拘留して取調べるのと同様な効果を得ることをねらいとしたものである、とすることはできない」と判示した上で、第二次逮捕・拘留は「専ら、逮捕・拘留の期間の制限を免れるため罪名を小出しにして逮捕・拘留を繰り返す意図のもとに、格別に請求したものとすることはできない。また、『別件』についての第一次逮捕・拘留中の捜査が、専ら『本件』の被疑事実に利用されたものでないことから、第二次逮捕・拘留が第一次逮捕・拘留の被疑事実と実質的に同一の被疑事実について再逮捕・再拘留をしたものではないことは明らかである」として適法であると判示した（最高裁昭和五二年八月九日決定、刑集三一巻五号八二一頁）。

次に、憲法三五条に関して、任意捜査の限界をめぐる「所持品検査」について、最高裁は、「警職法は、その二条一項において同項所定の者を停止させて質問することができると規定するのみで、所持品の検査については明文の規定を設けていないが、所持品の検査は、口頭による質問と密接に関連し、かつ、職務質問の効果をあげるうえで必要性、有効性の認められる行為であるから、同条項による職務質問に附随してこれを行うことができる場合があると解するのが、相当である。所持品検査は、任意手段である職務質問の附随行為として許容されるのであるから、所持人の承諾を得て、その限度においてこれを行うのが原則であることはいうまでもない。しかしながら、職務質問ないし所持品検査は、犯罪の予防、鎮圧等を目的とする行政警察上の作用であって、流動ある各般の警察事象に対応して迅速適正にこれを処理すべき行政警察の責務にかんがみるときは、所持人の承諾のない限り所持品検査は一切許容されないと解するのは相当でなく、捜査に至らない程度の行為は、強制にわたらない限り、所持品検査においても許容される場合があると解すべきである。もっとも所持品検査には種々の態様のものがあるので、その許容限度を一般的に定めることは困難であるが、所持品について捜索及び押収を受けることのない権利は憲法三五条の保障するところであり、捜索に至らない程度の行為であってもこれを受ける者の権利を害するものであるから、状況のいかんを問わず常にかかる行為が許容されるものと解すべきでないことはもちろんであって、かかる行為は、限定的な場合において、所持品検査の必要性、緊急性、これによって害される個人の法益と保護されるべき公共の利益との権衡などを考慮し、具体的状況のもとで相当と認められる限度においてのみ、許容されるものと解すべきである」と判示した（最高裁昭和五三年六月二〇日判決、刑集三二巻四号六七〇頁）。

また行政調査と令状主義について判示する川崎民商事件は、旧所得税法下において、収税官吏による所得税に関する調査において売上帳、仕入帳等の呈示を拒否した事例で「行政手続と令状主義および黙秘権」が問題となった。最高裁大法廷は、当該手続が刑事責任追及を目的とするものでないとの理由のみで、その手続における一切の強制が当然に憲法三五条による保障の枠外にあるということはできないが、旧所得税法六三条による検査は、その性質上、刑事責任追及を目的とするものではないし、結果的に所得税逋脱の事実の発覚につながる可能性があるとしても、右検査が、実質上、刑事責任追及のための資料の収集に直接結びつく作用を一般的に有するものと認めるべきではなく、また、強制の度合いも、直接的物理的な強制と同視すべきほどに、相手方の自由意思を著しく拘束するものではないから、右検査が、あらかじめ裁判官の発する令状によることをその一般的要件としないからといって、これを憲法三五条の法意に反するものとはいえないと判示した（最高裁大法廷昭和四七

年一一月二二日判決、刑集二六巻九号五五四頁）。

更に、「強制採尿の適法性」について、最高裁は、「尿を任意に提出しない被疑者に対し、強制力を用いてその身体から尿を採取することは、身体に対する侵入行為であるとともに屈辱感等の精神的打撃を与える行為であるが、右採尿につき通常用いられるカテーテルを尿道に挿入して尿を採取する方法は、被採取者に対しある程度の肉体的不快感ないし抵抗感を与えるとはいえ、医師等これに習熟した技能者によって適切に行われる限り、身体上ないし健康上格別の障害をもたらす危険性は比較的乏しく、仮に障害を起こすことがあっても軽微なものにすぎないと考えられるし、また、右強制採尿が被疑者に与える屈辱感等の精神的打撃は、検証の方法としての身体検査においても同程度の場合がありうるのであるから、被疑者に対する右のような方法による強制採尿が捜査手続上の強制処分として絶対に許されないとすべき理由はなく、被疑事件の重大性、嫌疑の存在、当該証拠の重要性とその取得の必要性、適当な代替手段の不存在等の事情に照らし、犯罪の捜査上真にやむをえないと認められる場合には、最終的手段として、適切な法律上の手続を経てこれを行うことも許されてしかるべきであり、ただ、その実施にあたっては、被疑者の身体の安全とその人格の保護のため十分な配慮が施されるべきものと解するのが相当である」と判示した上で、「そこで、右の適切な法律上の手続について考えるのに、体内に存在する尿を犯罪の証拠物として強制的に採取する行為は捜索・押収の性質を有するものとみるべきであるから、捜査機関がこれを実施するには捜索差押令状を必要とすると解すべきである。ただし、右行為は人権の侵害にわたるおそれがある点では、一般の捜索・差押と異なり、検証の方法としての身体検査と共通の性質を有しているので、身体検査令状に関する刑訴法二一八条五項が右捜索差押令状に準用されるべきであって、令状の記載要件として、強制採尿は医師をして医学的に相当と認められる方法により行わせなければならない旨の条件の記載が不可欠であると解されなければならない」と判示した（最高裁昭和五五年一〇月二三日決定、刑集三四巻五号三〇〇頁）。

憲法三六条に関して、死刑が憲法三六条の残虐な刑罰にあたるかにつき最高裁大法廷は、「生命は尊貴である。一人の生命は、全地球よりも重い。死刑は、まさにあらゆる刑罰のうちで最も冷厳な刑罰であり、またまことにやむを得ざるに出ずる窮極の刑罰である。それは言うまでもなく、尊厳な人間存在の根源である生命そのものを永遠に奪い去るものだからである。現代国家は一般に統治権の作用として刑罰権を行使するにあたり、刑罰の種類として死刑を認めるかどうか、いかなる罪責に対して死刑を科するか、またいかなる方法手続をもって死刑を執行するかを法定している。そして、刑事裁判においては、具体的事件に対して被告人に死刑を科するか他の刑罰を科するかを審判する。かくてなされた死刑の判決は法定の方法手続に従って現実に執行せられることとなる。……憲法は現代多数の文化国家におけると同様に、刑罰として死刑の存置を想定し、これを是認したものと解すべきである。言葉をかえれば、死刑の威嚇力によって一般予防をなし、死刑の執行によって特殊な社会悪の根元を絶ち、これをもって社会を防衛せんとしたものであり、また個体に対する人道観の上に全体に対する人道観を優位せしめ、結局社会公共の福祉のために死刑制度の存続の必要性を承認したものと解せられるのである。……ただ死刑といえども、他の刑罰の場合におけると同様に、その執行の方法等がその時代と環境とにおいて人道上の見地から一般に残虐性を有するものと認められる場合には、勿論これを残虐な刑罰といわねばならぬから、将来若し死刑について火あぶり、はりつけ、さらし首、釜ゆでの刑のごとき残虐な執行方法を定める法律が制定されたとするならば、その法律こそは、まさに憲法第三十六条に違反するものというべきである」と判示した（最高裁大法廷昭和二三年三月一二日判決、刑集二巻三号一九一頁）。

憲法三七条の迅速な裁判の保障について最高裁大法廷は「高田事件」において、被告人の迅速な裁判を受ける権利は具体的権利であり、これを侵害する異常な事態が発生したときは当然にこれを非常救済する措置を具備するとし、その実効的保障のために憲法的免訴により訴訟を打ち切り被告人を放免すべきであるとし、「憲法三七条一項の保障する迅速な裁判をうける権利は、憲法の保障する基本的な人権の一つであり、右条項は、単に迅速な裁判を一般的に保障するために必要な立法上および司法行政上の措置をとるべきことを要請するにとどまらず、さらに個々の刑事事件について、現実に右の保障に明らかに反し、審理の著しい遅延の結果、迅速な裁判をうける被告人の権利が害せられたと認められる異常な事態が生じた場合には、これに対処すべき具体的規定がなくても、もはや当該被告人に対する手続の続行を許さず、その審理を打ち切るという非常救済手段がとられるべきことをも認めている趣旨の規定であると解する。……刑事事件が裁判所に係属している間に迅速な裁判の保障条項に反する事態が生じた場合において、その審理を打ち切る方法については現行法上よるべき具体的な明文の規定はないのであるが、……本件においては、これ以上実体的審理を進めることは適当でないから、判決で免訴の言渡をするのが相当である」と判示した（最高裁大法廷昭和四七年一二月二〇日判決、刑集二六巻一〇号六三一頁）。

憲法三八条一項の黙秘権の保障が刑事手続以外にも及ぶとの原理を示した前述の「川崎民商事件」で最高裁大法廷は、「憲法三八条一項の法意が、何人も自己の刑事上の責任を問われるおそれのある事項について供述を強要されないことを保障したものであると解すべきことは、当裁判所大法廷の判例（昭和二七年(あ)第八三八号同三二年二月二〇日判決、刑集一一巻二号八〇二頁）とするところであるが、右規定による保障は、純然たる刑事手続においてばかりではなく、それ以外の手続においても、実質上、刑事責任追及のための資料の取得収集に直接結びつく作用を一般的に有する手続には、ひとしく及ぶものと解するのを相当とする」との原則論を展開し、具体的事案の判断にあたっては旧所得税法七〇条一〇号、一二号、六三条の検査、質問は本条に反しないと判示した（最高裁大法廷昭和四七年一一月二二日判決、刑集二六巻九号五五四頁）。

更に、憲法三八条二項の偽計による自白の証拠能力に関し最高裁大法廷は、「任意性」説または「事情の総合」説に極めて近い立場から、「思うに、捜査手続といえども、憲法の保障下にある刑事手続の一環である以上、刑訴法一条所定の精神に則り、公共の福祉の維持と個人の基本的人権の保障とを全うしつつ適正に行なわれるべきものであることにかんがみれば、捜査官が被疑者を取り調べるにあたり偽計を用いて被疑者を錯誤に陥れ自白を獲得するような尋問方法を厳に避けるべきであることはいうまでもないところであるが、もしも偽計によって被疑者が心理的強制を受け、その結果虚偽の自白が誘発されるおそれのある場合には、右の自白はその任意性に疑いがあるものとして、証拠能力を否定すべきであり、このような自白を証拠に採用することは、刑訴法三一九条一項の規定に違反し、ひいては憲法三八条二項にも違反するものといわなければならない」と判示した（最高裁大法廷昭和四五年一一月二五日判決、刑集二四巻一二号一六七〇頁）。

憲法三九条の二重危険（double jeopardy）排除について最高裁大法廷は、「元来一事不再理の原則は、何人も同じ犯行について、二度以上罪の有無に関する裁判を受ける危険に曝さるべきものではないという、根本思想に基くことは言うをまたぬ。そして、その危険とは、同一の事件においては、訴訟手続の開始から終末に至るまでの一つの継続的状態と見るを相当とする。されば、一審の手続も控訴審の手続もまた、上告審のそれも同じ事件においては、継続せる一つの危険の各部分たるにすぎないのである。従って、同じ事件においては、いかなる段階においても唯一の危険があるのみであって、そこには二重危険（ダブル、ジェバーディ）ないし二度危険（トワイス、ジェバーディ）というものは存在しない。それ故に、下級審における無罪又は有罪判決に対し、検察官が上訴をなし有罪又はより重き刑の判決を求めることは、被告人を二重の危険に曝すものでもなく、従ってまた憲法三九条に違反して重ねて刑事上の責任を問うものでもないと言わなければならない」と判示した（最高裁大法廷昭和二五年九月二七日判決、刑集四巻九号一八〇五頁）。

(二)　精神的自由権

人の精神作用にかかわる自由権を総称して精神的自由権と称する。

この自由権は、個人の人格形成に深く関与し、個人の尊厳の根幹となるとともに、これが保障されることは個人的な自由主義、さらには、民主政治の存立にとり不可欠なこととなるために大いに留意されねばならないものといわれている。

(1)思想・良心の自由（憲法一九条）、
(2)信教の自由（憲法二〇条）、
(3)言論・出版・集会・結社等の表現の自由（憲法二一条）、
(4)学問の自由（憲法二三条）

等が精神的自由権を構成する。

(1)思想・良心の自由として、憲法一九条は「思想及び良心の自由は、これを侵してはならない」と規定する。本条にいう「思想及び良心の自由」とは、内心のものの考え方ないし見方の自由を意味する。

「思想は税を免れる」(Gedanken sind zollfrei.)、「何人も思考のゆえに罰せられることはない」(Nemo cogitationis poenam patitur.) との考えと同一であり、ポツダム宣言第一〇項末の「言論、宗教及思想の自由並に基本的人権の尊重は、確立せらるべし」との趣旨を実現するために設けられた規定である。

思想及び良心の自由をめぐる判例として、民法七二三条に基づく謝罪広告を命ずる判決の合憲性が問題となった最高裁大法廷判決がある。本判決は、「民法七二三条にいわゆる『他人の名誉を毀損した者に対して被害者の名誉を回復する適当な処分』として謝罪広告を新聞紙等に掲載すべきことを加害者に命ずることは、従来学説判例の肯認するところであり、また謝罪広告を新聞紙等に掲載することは我国民生活の実際においても行われているのである。尤も謝罪広告を命ずる判決にもその内容上、これを新聞紙に掲載することが謝罪者の意思決定に委ねるを相当とし、これを命ずる場合の執行も債務者の意思のみに係る不代替作為として民訴七三四条（現行民事執行法一七二条）に基づき間接強制によるを相当とするものもあるべく、時にはこれを強制することが債務者の人格を無視し著しくその名誉を毀損し意思決定の自由乃至良心の自由を不当に制限することとなり、いわゆる強制執行に適さない場合に該当することもありうるであろうけれど、単に事態の真相を告白し陳謝の意を表明するに止まる程度のものにあっては、これが強制執行も代替作為として民訴七三三条（現行民事執行法一七一条）の手続によることを得るものといわなければならない」と判示している（最高裁大法廷昭和三一年七月四日判決、民集一〇巻七号七八五頁)。

更に、私企業が労働者一般の雇入れに際し、思想・信条に関する事項の申告を求め、思想・信条を理由として雇入れを拒否することの可否について最高裁大法廷は三菱樹脂事件において、企業者が、雇用の自由を有し、思想・信条を理由として雇入れを拒んでもこれをもって違法とすることができない以上、企業者が、労働者の採否決定にあたり、労働者の思想・信条を調査し、そのためその者からこれに関連する事項についての申告を求めることも違法ではないと判示したものがある(最高裁大法廷昭和四八年一二月一二日判決、民集二七巻一一号一五三六頁)。本判決は、近時の憲法学で有力となりつつある基本的人権の保障についての規定を国家私人間の関係のみらず、私人相互間の関係にも直接的に適用すべきであるといういわゆる「第三者効力」(Drittwirkung 人権の私人間効力)を否定するものであるが、その正当性については、更に論議を要することといえよう。

(2)信教の自由 (freedom of religion, Glaubensfreiheit, Kultursfreiheit, liberté religieuse) として、憲法二〇条は「①信教の自由は、何人に対してもこれを保障する。いかなる宗教団体も、国から特権を受け、又は政治上の権力を行使してはならない。②何人も、宗教上の行為、祝典、儀式又は行事に参加することを強制されない。③国及びその機関は、宗教教育その他いかなる宗教的活動もしてはならない」と規定している。

近代社会において唱えられた自由主義の形成過程を考える時、新教、旧教をめぐっての中世的な宗教弾圧に対する反抗がその成立に深い関連を有していることはたしかである。従って、この権利は様々な自由権の中で、その中心的なものとしてフランス革命以来の歴史的背景を有する自由権である。

要するに、信教の自由とは、宗教について国家の干渉を排除する権利であって、それは第一に、いかなる宗教も信仰することが選択できる自由（旧ソ連憲法五二条は、「ソ連邦の市民は、良心の自由、すなわち、任意の宗教を信仰し、またはいかなる宗教をも信仰しない権利、宗教的礼拝をとり行い、または無信論の宣伝を行う権利を保証される」とし宗教を信じない自由も保障されている。わが憲法二〇条の信教の自由もまた、かかる自由をも保障していると解してよかろう）、第二に宗教的行為の自由、第三に宗教的結社の自由の三つを保障するものと解せられる。

なお、この権利の結果、国家は、特定宗教と結合することを禁止されるが、その「宗教教育」の中には、一般に宗教そのものを研究し、それについての知見を与えることは、ふくまれないものと解されている。

信教の自由をめぐる判例として、次の三つの最高裁大法廷判決がある。

その一は、信教の自由についてのものであり、大法廷は、精神異常平癒を祈願するため、宗教的行為の一種としてなされた加持祈禱行為であっても、他人の生命、身体等に危害を及ぼす有形力の行使により被害者を死に致したものである以上、それは信教の自由の保障を逸脱していると判示した（最高裁大法廷昭和三八年五月一五日判決、刑集一七巻四号三〇二頁）。

その二は、政教分離に関する津地鎮祭事件の大法廷判決である。本事件で大法廷は、政教分離規定は、国家と宗教との分離を制度的に保障することにより、間接的に信教の自由の保障を確保しようとするものであるが、現実に国家と宗教との完全な分離を実現することは、実際上不可能に近く、それを貫こうとすればかえって社会生活の各方面に不合理な事態を生ずることとなる。従って、本条の政教分離原則は、国家と宗教とのかかわり合いが相当とされる限度を超えることを許さないとするものであり、本条三項にいう宗教的活動とは、その目的が宗教的意義を持ち、その効果が宗教に対する援助、助長、促進又は圧迫、干渉等になるような行為をいい、その基準に照らせば、本件市が体育館の建設に際して行った神式地鎮祭はこれにあたらないと判示した（最高裁大法廷昭和五二年七月一三日判決、民集三一巻四号五三三頁）。

その三は、殉職自衛官合祀事件であり、大法廷は同様な見解を示した。即ち、社団法人隊友会の行った殉職自衛官の護国神社への合祀申請行為に協力した自衛隊職員の行為は、宗教とのかかわり合いが間接的であり、その意図、目的も自衛隊員の社会的地位の向上と士気の高揚を図ることにあり、また、宗教を援助、助長し、又は他の宗教に圧迫、干渉を加える効果を持つものとは認め難いので、本条にいう宗教的活動ということはできないと判示した（最高裁大法廷昭和六三年六月一日判決、民集四二巻五号二七七頁）。

本件では、人格権とりわけ宗教的人格権を法的な利益として認められるか否かも争われたが、最高裁は否定的判断を示している。

(3)言論・出版・集会・結社の自由として、憲法二一条は「①集会、結社及び言論、出版その他一切の表現の自由は、これを保障する。②検閲は、これをしてはならない。通信の秘密は、これを侵してはならない」と規定し、思想の伝達手段としての集会の自由（freedom of assembly, Versammlungsfreiheit, liberté de réunion）、結社の自由（freedom of association, Vereinsfreiheit, liberté d'association）、表現の自由（freedom of expression）を保障している。

なお、「集会」と「結社」とは、一定の目的のために結合した、複数の人の集団であることにはかわりがないが、前者は一時的、後者は継続的結合という点において異なるとされている。

集会の自由をめぐる判例としては、デモ行進に関する最高裁判決がある。

その一は、デモ行進を公安条例により規制することを合憲とするもので、「本条例の対象とする集団行動、とくに集団示威運動は、本来平穏に、秩序を重じてなさるべき純粋なる表現の自由の行使の範囲を逸脱し、静ひつを乱し、暴力に発展する危険性のある物理的力を内包しているものであり、従ってこれに関するある程度の法的規制は必要でないとはいえない。国家、社会は表現の自由を最大限に尊重しなければならないこともちろんであるが、表現の自由を口実にして集団行動により平和と秩序を破壊するような行動またはさような傾向を帯びた行動を事前に予知し、不慮の事態に備え、適切な措置を講じ得るようにすることはけだし止むを得ないものと認めなければならない。もっとも本条例といえども、その運用の如何によって憲法二一条の保障する表現の自由の保障を侵す危険を絶対に包蔵しないとはいえない。条例の運用にあたる公安委員会が権限を濫用し、公共の安寧の保持を口実にして、平穏で秩序ある集団行動まで抑圧することのないよう極力戒心すべきこともちろんである。しかし濫用の虞れがあり得るからといって、本条例を違憲とすることは失当である」と判示した（最高裁大法廷昭和三五年七月二〇日判決、刑集一四巻九号一二四三頁）。

他の一は、デモ行進を道路交通法により規制することを合憲とするもので、「同法（道路交通法）七七条二項の規定は、道路使用の許可に関する明確かつ合理的な基準を掲げて道路における集団行進が不許可とされる場合を厳格に制限しており、これによれば、道路における集団行進に対し同条一項の規定による許可が与えられない場合は、当該集団行進の予想される規模、態様、コース、時刻などに照らし、これが行われることにより一般交通の用に供せらるべき道路の機能を著しく害するものと認められ、しかも、同条三項の規定に基づき警察署長が条件を付与することによっても、かかる事態の発生を阻止することができないと予測される場合に限られることになるのであって、右のような場合にあたらない集団行進に対し警察署長が同条一項の規定による許可を拒むことは許されないと解される。しかし、憲法二一条は、表現の自由を無条件に保障したものではなく、公共の福祉のため必要かつ合理的な制限を是認するものである」と判示する（最高裁昭和五七年一一月一六日判決、刑集三六巻一一号九〇八頁）。

検閲をめぐる判例として、税関検査訴訟、教科書検定についての数次の訴訟、名誉侵害にあたる表現行為の裁判所による事前差止請求事件としての北方ジャーナル事件等がある。

輸入書籍・図書等の税関検査について、最高裁大法廷は「憲法二一条二項前段は、『検閲は、これをしてはならない。』と規定する。憲法が表現の自由につき、広くこれを保障する旨の一般的規定を同条一項に置きながら、別に検閲の禁止についてかような特別の規定を設けたのは、検閲がその性質上表現の自由に対する最も厳しい制約となるものであることにかんがみ、これについては、公共の福祉を理由とする例外の許容（憲法一二条、一三条参照）をも認めない趣旨を明らかにしたものと解すべきである」とした上で、「憲法二一条にいう『検閲』とは、行政権が主体となって、思想内容等の表現物を対象とし、その全部又は一部の発表の禁止を目的として、対象とされる一定の表現物につき網羅的一般的に、発表前にその内容を審査した上、不適当と認めるものの発表を禁止することを、その特質として備えるものを指すと解すべきである」と判示した（最高裁大法廷昭和五九年一二月一二日判決、民集三八巻一二号一三〇八頁）。

最高裁大法廷は北方ジャーナル事件において、「表現行為に対する事前抑制は、新聞、雑誌その他の出版物や放送等の表現物がその自由市場に出る前に抑止してその内容を読者ないし聴視者の側に到達させる途を閉ざし又はその到達を遅らせてその意義を失わせ、公の批判の機会を減少させるものであり、また、事前抑制たることの性質上、予測に基づくものとならざるをえないこと等から事後制裁の場合よりも広汎にわたり易く、濫用の虞があるうえ、実際上の抑止的効果が事後制裁の場合より大きいと考えられるのであって、表現行為に対する事前抑制は、表現の自由を保障し検閲を禁止する憲法二一条の趣旨に照らし、厳格かつ明確な要件のもとにおいてのみ許容されうるものといわなければならない。

出版物の頒布等の事前差止めは、このような事前抑制に該当するものであって、とりわけ、その対象が公務員又は公職選挙の候補者に対する評価、批評等の表現行為に関するものである場合には、そのこと自体から、一般にそれが公共の利害に関する事項で有るということができ、前示のような憲法二一条一項の趣旨に照らし、その表現が私人の名誉権に優先する社会的価値を含み憲法上特に保護されるべきであることにかんがみると、当該表現行為に対する事前差止めは、原則として許されないものといわなければならない。ただ、右のような場合においても、その表現内容が真実でなく、又はそれが専ら公益を図る目的のものでないことが明白であって、かつ、被害者が重大にして著しく回復困難な損害を破る虞があるときは、当該表現行為はその価値が被害者の名誉に劣後することが明らかであるうえ、有効適切な救済方法としての差止めの必要性も肯定されるから、かかる実体的要件を具備するときに限って、例外的に事前差止めが許されるものというべきであり、このように解しても上来説示にかかる憲法の趣旨に反するものとはいえない」と判示した（最高裁大法廷昭和六一年六月一一日判決、民集四〇巻四号八七二頁）。

表現の自由をめぐる判例として刑法一七五条の「猥褻性」の判断についてチャタレー事件、悪徳の栄え事件で最高裁大法廷は判断を示している。そのような判例の流れの中で「猥褻」概念の再構成を図る四畳半襖の下張事件判決がある。本事件において最高裁は、「文書のわいせつ性の判断にあたっては、当該文書の性に関する露骨で詳細な描写叙述の程度とその手法、右描写叙述の文書全体に占める比重、文書に表現された思想等と右描写叙述との関連性、文書の構成や展開、さらには芸術性・思想性等による性的刺激の緩和の程度、これらの観点から当該文書を全体としてみたときに、主として、読者の好色的興味にうったえるものと認められるか否かなどの諸点を検討することが必要であり、これらの事情を総合し、その時代の健全な社会通念に照らして、それが『徒らに性欲を興奮又は刺激せしめ、かつ、普通人の正常な性的羞恥心を害し、善良な性的道義観念に反するもの』（最高裁昭和三二年三月一三日大法廷判決参照）といえるか否かを決すべきである」と判示した（最高裁昭和五五年一一月二八日判決、刑集三四巻六号四三三頁）。

次に、犯罪の扇動行為についての最近の最高裁の判断として、「破壊活動防止法三九条及び四〇条のせん動は、政治目的をもって、各条所定の犯罪を実行させる目的をもって、文書若しくは図画又は言動により、人に対し、その犯罪行為を実行する決意を生ぜしめ又は既に生じている決意を助長させるような勢のある刺激を与える行為をすることであるから（同法四条二項参照）、表現活動としての性質を有している。しかしながら、表現活動といえども、絶対無制限に許容されるものではなく、公共の福祉に反し、表現の自由の限界を逸脱するときには、制限を受けるのはやむを得ないものであるところ、右のようなせん動は、公共の安全を脅かす現住建造物等放火罪、騒擾罪等の重大犯罪をひき起こす可能性のある社会的に危険な行為であるから、公共の福祉に反し、表現の自由の保護を受けるに値しないものとして、制限を受けるのはやむを得ないものというべきであり、右のようなせん動を処罰することが憲法二一条一項に違反するものでない」と判示した（最高裁平成二年九月二八日判決、刑集四四巻六号四六三頁）。

なお表現の自由に対する制限は、「公共の福祉」によってこれをなすことが可能であるが、その内容については合衆国憲法修正一条の「連邦議会は、国教の樹立を規定し、もしくは信教上の自由な行為を禁止する法律、また言論および出版の自由を制限し、または人民の平穏に集会をし、また苦痛事の救済に関し政府に対して請願をする権利を侵す法律を制定することはできない」という文言の解釈について、ホームズ判事が一九一九年の判例でのべた「使われた言葉が、連邦議会が防止する権限をもつ実質的害悪を引き起こす明白かつ現在の危険(clean and present danger)を作り出すような状態の中で使われ、しかもそのような危険を作り出す性質のものである」との「明白かつ現在の危険」とのメルクマールが参考となる。

(4)学問の自由として、憲法二三条は「学問の自由は、これを保障する」と規定する。

わが国では戦前瀧川事件、天皇機関説事件、記紀の史料価値についての津田左右吉氏事件を経験している。この学問の自由の中に学問研究の自由と、その研究の成果を発表する自由とが含まれることについては疑がない。

思想及び良心の自由を規定する憲法一九条や表現の自由を規定する憲法二一条の規定があるにも拘らず、重ねて、本条において学問の自由の保障がうたわれているのは、学問研究は、従前の学説を批判的に考証し、新しい思考方式を作り上げ、更に進んではよりすぐれた制度を創造する性格を有するが故に、これに対して高度の保障を規定する必要があるからであると考えられている。

なお、この権利保障の結果、戦前、国家によって行われた研究の自由、専門誌等への掲載の自由は認めるが、一般誌への掲載は、教育的配慮よりこれを遠慮されるべしというような行政指導は、なしえなくなったものと思われる（例えば、書紀の神武紀元を、中国の辛酉革命説にもとずいたものとする研究などは、明治初期より盛んに行われ広く学界の承認をえ、為政者の間にさえ、知られていたにも拘らず、一般誌への掲載は教育的見地の名の下に阻止されていた）。

本条はまた、大学の自治との関連によって、主として、大学を中心とすると考えられているが、かく狭く解する理由はない。この点は、教育研究の自由が大学以外にも存在するか否かについて争われた教科書訴訟などを通じて次第に明かにされつつある。

学問の自由と大学の自治との関連については、ポポロ事件の最高裁大法廷判決がある（最高裁大法廷昭和三八年五月二二日判決、刑集一七巻四号三七〇頁）。

その後、学問の自由と普通教育に関し争われた旭川学力テスト事件において、最高裁大法廷は、「憲法の保障する学問の自由は、単に学問研究の自由ばかりでなく、その結果を教授する自由をも含まれると解されるし、更にまた……普通教育の場においても、例えば教師が公権力によって特定の意見のみを教授することを強制されないという意味において、また、子どもの教育が教師と子どもとの間の直接の人格的接触を通じ、その個性に応じて行われなければならないという本質的要請に照らし、教授の具体的内容及び方法につきある程度自由な裁量が認められなければならないという意味においては、一定の範囲における教授の自由が保障されるべきことを肯定できないではない。しかし、……普通教育においては、児童生徒に教授内容を批判する能力がなく、教師が児童生徒に対して強い影響力、支配力を有することを考え、また、子どもの側に学校や教師を選択する余地が乏しく、教育の機会均等をはかる上からも全国的に一定の水準を確保すべき強い要請があること等に思いをいたすときは、普通教育における教師に完全な教授の自由を認めることは、とうてい許されない」と判示した（最高裁大法廷昭和五一年五月二一日判決、刑集三〇巻五号六一五頁）。

なお、本判決では、教育内容決定権（教育権）について、いわゆる「国民の教育権」説と「国家の教育権」説との折衷的見解が採用されている。

教科書検定をめぐる裁判において東京高裁は、「憲法二三条は、普通教育における教師に対し完全な教授の自由を認めるものではなく、したがって、教科書の執筆者にも、その執筆に関し研究成果の発表の自由に合理的な範囲における制約が課せられるが、教科用図書検定規則をはじめとする教科書検定関係法令は、いずれも右の合理的範囲を超えて執筆の自由を制約するものではないから、本条に違反しない」と判示した（東京高裁昭和六一年三月一九日判決、判時一一八八号一頁）。

なお、本判決は、憲法二一条二項の検閲との関係についても論及している。

㈢　経済的自由権

人の経済活動の領域において認められる自由権を総称して経済的自由権という。

(1)居住・移転の自由、移住の自由、職業選択の自由（憲法二二条）、

(2)財産権の保障（憲法二九条）

が経済的自由権を構成する。

(1)居住、移転、職業選択及び国籍離脱の自由として、憲法二二条は「①何人も、公共の福祉に反しない限り、居住、移転及び職業選択の自由を有する。②何人も、外国に移住し、又は国籍を離脱する自由を侵されない」と規定する。

本条には、特に「公共の福祉に反しない限り」という制限が付せられているが、これは憲法一二条にみえる制限規定を再確認したものであって訓示的な意味しかないと解する説と、これらは公共の福祉により、他の権利よりも、さらに多く拘束される故に、制限規定が設けられたと解する説とが対立している。

なお、職業選択の自由に関し、この規定によって国家は（上述の第三者効力を認めれば、国家以外の影響力が大きい法人、個人もこれに含まれることになる）社会主義的計画経済の体制をとることは出来なくなったと解する見解があり、これについては反対説が多いが、この見解は正しいものと考えられる。

因みに、職業選択の自由は、基本的人権であるから、革命によって、憲法を無効とする以外には、通常の憲法改正の手続によっては、これを改正することはできない。現行憲法を改正することによって日本を社会主義国家にすることはできないとする説は、本条の存在を根拠の一つとしている訳である。

職業選択の自由の制限と公共の福祉概念との関係に論及する判例を検討する。

①社会経済政策の手段としてなされる営業規制について最高裁大法廷は、憲法二二条一項に基づく「個人の経済活動に対する法的規制は、個人の自由な経済活動からもたらされる諸々の弊害が社会公共の安全と秩序の維持の見地から看過することができないような場合に、消極的に、かような弊害を除去ないし緩和するために必要かつ合理的な規制である限りにおいて許されるべきことはいうまでもない。のみならず、憲法の他の条項をあわせ

て考察すると、憲法は全体として、福祉国家的理想のもとに、社会経済の均衡のとれた調和的発展を企図しており、その見地から、すべての国民にいわゆる生存権を保障し、その一環として、国民の勤労権を保障する等、経済的劣位に立つ者に対する適切な保護政策を要請していることは明らかである。このような点を総合的に考察すると、憲法は国の責務として積極的な社会経済政策の実施を予定しているものということができる。個人の経済活動の自由に関する限り、個人の精神的自由等に関する場合と異なって、右社会経済政策の実施の一手段として、これに一定の合理的規制措置を講ずることは、もともと、憲法が予定し、かつ許容するところと解するのが相当である」との判断を示した後、「社会経済の分野において、法的規制措置を講ずる必要があるかどうか、その必要があるとしても、どのような対象について、どのような手段・態様の規制措置が適切妥当であるかは、主として立法政策の問題として、立法府の裁量的判断にまつほかない。というのは、法的規制措置の必要の有無や法的規制措置の対象・手段・態様などを判断するにあたっては、その対象となる社会経済の実態についての正確な基礎資料が必要であり、具体的な法的規制措置が現実の社会経済にどのような影響を及ぼすか、その利害得失を洞察するとともに、広く社会経済政策全体との調和を考慮する等、相互に関連する諸条件についての適正な評価と判断が必要であって、このような評価と判断の機能は、まさに立法府の使命とするところであり、立法府こそがその機能を果たす適格を具えた国家機関であるというべきであるからである。したがって、右に述べたような個人の経済活動に対する法的規制措置については、立法府の右裁量的判断を尊重するのを建前とし、ただ、立法府がその裁量権を逸脱し、当該法的規制措置が著しく不合理であることの明白である場合に限って、これを違憲として、その効力を否定することができるものと解するのが相当である」と判示した（最高裁大法廷昭和四七

年一一月二二日判決、刑集二六巻九号五八六頁)。

②薬局等の適正配置規制と職業選択の自由の関係について最高裁大法廷は、「一般に営業の許可制は、自由な職業活動が社会公共に対してもたらす弊害を防止するための消極的、警察的措置である場合には、許可制に比べてより緩やかな規制によってはその目的を達成することができないと認められることを要し、この要件は、許可制そのものについてのみならず、その内容についても要求され、許可制の採用自体が是認される場合であっても、個々の許可条件については、更に個別的にその適否を判断しなければならない。薬事法に基づく薬局等の適正配置規制は、不良医薬品の供給や医薬品濫用の危険を防止するための警察的措置であるが、目的と手段の均衡を欠くものであるから、憲法二二条に違反し無効である」と判示した(最高裁大法廷昭和五〇年四月三〇日判決、民集二九巻四号五七二頁)。

③公衆浴場法による適正配置規制と職業選択の自由に関して最高裁は、「公衆浴場法に公衆浴場の適正配置規制の規定が追加されたのは昭和二五年法律第一八七号の同法改正法によるのであるが、公衆浴場が住民の日常生活において欠くことのできない公共的施設であり、これに依存している住民の需要に応えるため、その維持、確保を図る必要のあることは、立法当時も今日も変わりはない。むしろ、公衆浴場の経営が困難な状況にある今日においては、一層その重要性が増している。そうすると、公衆浴場業者が経営の困難から廃業や転業をすることを防止し、健全で安定した経営を行えるように種々の立法上の手段をとり、国民の保健福祉を維持することは、まさに公共の福祉に適合するところであり、右の適正配置規制及び距離制限も、その手段として十分の必要性と合理性を有していると認められる。もともと、このような積極的、社会経済政策的な規制目的に出た立法につい

ては、立法府のとった手段がその裁量権を逸脱し、著しく不合理であることの明白な場合に限り、これを違憲とすべきであるところ（最高裁昭和四五年(あ)第二三号同四七年一一月二二日大法廷判決・刑集二六巻九号五八六頁参照）、右の適正配置規制及び距離制限がその場合に当たらないことは、多言を要しない」と判示した（最高裁平成元年一月二〇日判決、刑集四三巻一号一頁）。

(2)財産権の保障として、憲法二九条は「①財産権は、これを侵してはならない。②財産権の内容は、公共の福祉に適合するやうに、法律でこれを定める。③私有財産は、正当な補償の下に、これを公共のために用ひることができる」と規定する。

即ち、第一項は私有財産制を保障するものであり、現行憲法がブルジョワ憲法と称せられる理由である。財産権（property right, Vermögensrecht, droits des patrimines）については、フランス革命時の人権宣言では「神聖不可侵の権利」（droit inviolable et Sacrê）と解されていたが、社会国家的見地からワイマール憲法一四条二項は「所有権は義務を伴う。その行使は、同時に公共の福祉（das gemeine Beste）に役立つべきである」と解されるに至ったという歴史的背景をもっている。

なお、本項でいう財産権とは、「自由なる所有権」の名の下に伝統的に重ぜられている民法上の所有権だけでなく物的利益を対象とする限り、ひろく他の民法上の諸権利の他、特許権の如き特別法によるもの、水利権のような公法的性質をもつ権利もこれに属すると解せられている。

第二項は、ほぼ確定的に公共の福祉による財産権の制限を他の自由権よりも強くするために定められたものと解されている。

第三項は、公用徴収並びに公用制限をなしうることを認めた規定である。なお、条文に「公共のために用ひる」とあることは、それを払下げ「私用に共する」ことを禁止するものである。終戦後の農地解放の如きは、占領中のことゆえに、適法とされるが、今日これを行えば、違憲といわざるをえない。

公共の福祉概念による財産権の制限を最高裁大法廷判決を通して検討してみよう。

①農地所有者の所有権の行使または処分が、農地法二〇条一項乃至五項の規定により「ある程度不自由になっていることは疑がなく、その限りにおいて農地所有者の地位が一般土地の所有者に比して不利益となっていることは認めざるを得ないところである。しかし、農業経営の民主化の為め小作農の自作農地の促進、小作農の地位の安定向上を重要施策としている現状の下では、右程度の不自由さは公共の福祉に適合する合理的な制限と認むべきであり、また、右のような農地所有者の不利益も公共の福祉を維持する上において甘受しなければならない程度のものと認むべきである」として農地法二〇条は憲法二九条に違反しないと判示した（最高裁大法廷昭和三五年二月一〇日判決、民集一四巻二号一三七頁）。

②事後法による財産権の内容変更の合憲性について、「法律でいったん定められた財産権の内容を事後の法律で変更しても、それが公共の福祉に適合するようにされたものである限り、これをもって違憲の立法ということができない」との判断の下に、「右の変更が公共の福祉に適合するようにされたものであるかどうかは、いったん定められた法律に基づく財産権の性質、その内容を変更する程度及びこれを変更することによって保護される公益の性質などを総合的に勘案し、その変更が、当該財産権に対する合理的な制約として認容されるべきものであるかどうかによって、判断すべきである」と判示してその判断基準を提示した（最高裁大法廷判決昭和五三年

七月一二日判決、民集三二巻五号九四六頁）。

③共有林の分割制限と財産権の保障について、森林法一八六条の立法目的は、「森林の細分化を防止することによって森林経営の安定を図り、ひいては森林の保続培養と森林の生産力の増進を図り、もつて国民経済の発展に資することにある」とし、右立法目的は、「公共の福祉に合致しないことが明らかであるとはいえない」と判示した上で①森林法一八六条は共有者間の紛争に際しては、森林荒廃の事態を永続化を招く。②同条には森林の範囲及び期間の限定を設けていない。③現物分割においても、当該共有物の性質等又は共有状態に応じた合理的な分割をすることが可能であるから、共有森林につき現物分割をしても直ちにその細分化を来すものとはいえないし、また、同条二項は、競売による代金分割の方法をも規定しているのであり、この方法により一括競売がされるときは、当該共有森林の細分化という結果は生じないのである、との判断のうえで、「森林法一八六条が共有森林につき持分価額二分の一以下の共有者に民法二五六条一項所定の分割請求権を否定しているのは、森林法一八六条の立法目的との関係において、合理性と必要性のいずれをも肯定することのできないことが明らかであって、この点に関する立法府の判断は、その合理的裁量の範囲を超えるものであるといわなければならない。したがって、同条は、憲法二九条二項に違反し、無効というべきであるから、共有森林につき持分価額二分の一以下の共有者についても民法二五六条一項本文の適用があるものというべきである」と判示した（最高裁大法廷昭和六二年四月二二日判決、民集四一巻三号四〇八頁）。

④憲法二九条三項の「正当な補償」の意義について、「本条三項にいう『正当な補償』とは、その当時において成立することを考えられる価格に基づき、合理的に算出された相当な額をいうのであって、必ずしも右の価格

と完全に一致することを要しないから、自作農創設特別措置法が田の最高買収価格を自作収益価格である標準賃貸価格の四十倍と定めたことは正当である」と判示した（最高裁大法廷昭和二八年一二月二三日判決、民集七巻一三号一五二三頁）。

三．受益権

憲法第三章にみえる受益権とは、国家に対して特定の積極的保障を求めることを目的とする権利である。

(1)請願権（憲法一六条）、
(2)公務員の不法行為に対する損害賠償請求権（憲法一七条）、
(3)裁判を受ける権利（憲法三二条）、
(4)刑事補償請求権（憲法四〇条）

等が受益権を構成する。

自由権は、国家権力に対して、その干渉を排して、不作為を請求する権利であるが、これに対して受益権は、国民が国家に対し行動をなすこと、即ち作為を請求する権利であり、国家に対して設備の利用、その他の給付を請求して、積極的に利益を受けることを目的とする権利であるところに特徴がある。これら諸権利が総合して積極的公権と呼ばれるのは、その故であり、これらの権利が国民の国家に対する積極的地位に対応するものであるからである。またこの種の権利は、その内容よりして、国務要求権と呼ばれることもある。

この種の権利が果して基本的人権に属するか否かについては争いがあり、現代ではこれらの諸権利を含めた権利の分類の再構成がなされていることを指摘しておく。

(1)請願権について、憲法一六条は「何人も、損害の救済、公務員の罷免、法律、命令又は規則の制定、廃止又は改正その他の事項に関し、平穏に請願する権利を有し、何人も、かかる請願をしたためにいかなる差別待遇も受けない」と規定する。請願という制度は、絶対王制下においても、ヨーロッパ諸国の間において広く認められていた権利であってフランスにおいて民衆が国王への請願のためにバスティユ宮殿に迫り、これが革命のきっかけとなったということは著名な歴史的事実である。

しかし、江戸期においては、請願は、駕籠訴などといわれ、犯罪を構成すると考えられていた。旧憲法は、これを改め、その第三〇条で「日本臣民ハ相当ノ敬礼ヲ守リ別ニ定ムル所ノ規定ニ従ヒ請願ヲ為スコトヲ得」と規定し、これを認め、「敬礼を守り」という条件を付し、更に第五〇条に「両議院ハ臣民ヨリ呈出スル請願書ヲ得クルコトヲ得」との規定をおいていた。現行憲法も「平穏に」という条件の下にこれを認めている。

請願とは、官公庁に対して、法の制定、その他政治的な要求について考慮を求める権利であり（この点、行政庁の違法或いは不当処分を、上級官庁に訴える「訴願」とは異なる）、従って請願が行われれば官公庁は必ずこれを受理する義務がある。しかし、請願は、官公庁に対して回答を要求する権利ではないから官公庁は審査等一切の義務を負わず、これを握りつぶしても差支えない。

但し、現行法の下においては、憲法に基づいて請願法の制定があり、請願書の提出につき第三条は「請願書は、請願の事項を所管する官公署にこれを提出しなければならない。天皇に対する請願書は、内閣にこれを提出しなければならない。②請願の事項を所管する官公署が明らかでないときは、請願書は、これを内閣に提出することができる」と規定し、更にその取扱いにつき第五条は、「この法律に適合する請願は、官公署において、これを受理し誠実に処理しなければならない」と規定している。

(2)公務員の不法行為に対する損害賠償請求権について、憲法一七条は「何人も、公務員の不法行為により、損害を受けたときは、法律の定めるところにより、国又は公共団体に、その賠償を求めることができる」と規定する。

旧憲法下においても、公務員の個人的不法行為責任、及び不法行為が統治権の行使を伴わざる場合の国又は公共団体の責任は、民事法的な不法行為の条文により訴追可能であった。しかし、その行為が統治権の行使に関連して生じた場合には、国又は公共団体の損害賠償義務は考慮外のこととされている。即ち、公務員が個人として不法行為を行う場合等のことがあっても、理論上統治権の行使に際して、国家自体が不法行為を行うはずはないと考えられていたわけである。しかし、特に個人の賠償責任は、その者の財産の限度により、しばしば履行不能なことが多い。

ここにおいて、現行憲法は、それでは人権を完全に保障することはできないとの立場から公務員が不法行為を行った場合には、それが統治権の行使に伴ったものであると否とを問わず、それが形式的に国又は公共団体の名義で行われた限り、すべて国又は公共団体の責任とするとの立場を原則として定めたのである。但し、憲法一七条には、「法律の定めるところにより」と定められているから、法律によってその賠償責任の一部に制限を加えることは可能である。これは、「法律による留保」(Vorbehalt des Gesetz, Gesetzesvorbehalt) と呼ばれるものであり、明治憲法においては、前述の如くかかる「法律による留保」は広く国民の権利一般に認められ、或る場合には人権保障自体を実質的に危くすることさえなされたのである。

(3)裁判を受ける権利について、憲法三二条は「何人も、裁判所において裁判を受ける権利を奪はれない」と規定する。

この規定には二つの意義が考えられる。その一は、刑事事件について裁判所以外の他の機関の裁判を受けないという権利であり、その二は、民事事件或いは行政事件について、裁判所の裁判を積極的に要求しうる権利である。しかし、ここでいう請求権に属する裁判請求権が、後者すなわち刑事以外の裁判請求権の意であることは明かである。けだし、刑事事件についての権利は、消極的不作為請求権であって、自由権に属するからである（前述した如く、江戸期においては、人民は訴権を有せず、そのため幕府は、政治的必要があると或る期間またはある種の金公事即ち金銭貸借訴訟を受理しないことが出来た。この規定は、かかることを否定するものである）。

裁判を受ける権利についての最高裁大法廷判決を検討してみよう。

①「憲法三二条は、何人も裁判所において裁判を受ける権利を奪はれないと規定しているが、同条の趣旨は凡て国民は憲法又は法律に定められた裁判所においてのみ裁判を受ける権利を有し、裁判所以外の機関によって裁判をされることはないことを保障したものであって、訴訟法で定める管轄権を有する具体的裁判所において裁判を受ける権利を保障したものではない」と判示した（最高裁大法廷昭和二四年三月二三日判決、刑集三巻三号三五二頁）。

②出訴期間の短縮と裁判を受ける権利との関係について、「刑罰法規については憲法第三九条によって事後法の制定は禁止されているけれども、民事法規については憲法は法律がその効果を遡及せしめることを禁じてはい

ないのである。従って民事訴訟上の救済方法の如き公共の福祉が要請する限り従前の例によらず遡及して之を変更することができると解すべきである。出訴期間も民事訴訟上の救済方法に関するものであるから、新法を以て遡及して短縮しうるものと解すべきであって、改正は前の法律による出訴期間が既得権として当事者の権利となるものではない。そして新法を以て遡及して出訴期間を短縮することができる以上は、その期間が著しく不合理で実質上裁判の拒否と認められる場合でない限り憲法三二条に違反するということはできない」と判示した（最高裁大法廷昭和二四年五月一八日判決、民集三巻六号一九九頁）。

③裁判官のなした収税官吏の行う差押等の許可に対する準抗告の制限と裁判請求権との関係について、国税犯則取締法二条による裁判官の許可は、「往々、許可の裁判又は許可状発付の裁判と称されるが、しかし、裁判所または裁判官が訴訟の当事者に宛てて行う訴訟法上の通常の意義における裁判ではなく、職務上の独立を有する裁判官が、公正な立場において、収税官吏の請求に基づき、収税官吏が右の強制処分を実施することが適当であるかどうか等を事前に審査したうえ、これを肯認するときは、許可状を交付することによってその強制処分を適法に行うことを得しめるものにほかならない。すなわち、それは、収税官吏に対して強制処分の実施を命ずるものではなく、また、一連の徴税手続の一環としてなされる国家機関相互間の内部的行為にすぎないのであって、強制処分を受けるべき者に対して直接に効力を及ぼすものではないのである。このような行為については、不服申立に関する明文の規定がないかぎり、独立の不服申立を認めない趣旨と解すべきであり、したがって、刑訴法四二九条の規定の準用を認めるのは相当でなく、その許可の取消を求める準抗告は不適法というべきである。そして、このように解しても、右の許可に関して法律上の不服の理由を有する者は、後述のごとく、その許可によ

り実施された強制処分の結果自己の権利が違法に侵害されたことを主張して、行政訴訟により右許可自体の違法を理由としても当該強制処分の取消を求めることができるのであるから、裁判を受ける権利を保障する憲法三二条の規定に違反することはないものといわなければならない」と判示した（最高裁大法廷昭和四四年一二月三日判決、刑集二三巻一二号一五二五頁）等が、その代表的なものといえる。

(4)刑事補償請求権について、憲法四〇条は「何人も、抑留又は拘禁された後、無罪の裁判を受けたときは、法律の定めるところにより、国にその補償を求めることができる」と規定している。

旧憲法には刑事補償についての規定はなく、昭和六年にいたって刑事補償法が制定された。しかし、この法律においても補償はあくまでも国の恩恵として与えられるという傾向が強かった。現行憲法は、これを国家に対する権利として、即ち憲法上の権利として明文で保障することとしたのである。

この権利は、前述の憲法一七条の損害賠償請求権と異なり、公務員に違法行為がなく、即ち、適法な原因並びに手続に基づき損害を与えた場合の賠償責任を定めたものである。すなわち「抑留又は拘禁された後、無罪」という形式的要件がととのえば、この権利が発生することになっている。たとえ、犯罪行為が認定されたとしても、精神的な原因で責任が阻却され（責任阻却事由に該当し）無罪となれば、やはり本条の適用をうけることに注意すべきである。

なお、憲法四〇条の本規定にも「法律の定めるところにより」との文言があるから、この権利はその一部を法律によって制限することが可能である。

本条に関する最高裁判例を検討してみよう。

①不起訴となった事実に基づく抑留・拘禁と刑事補償について大法廷は、「憲法四〇条は、『…抑留又は拘禁された後、無罪の裁判を受けたとき…』と規定しているから、抑留または拘禁された被疑事実が不起訴となった場合は同条の補償の問題を生じないことは明らかである。しかし、或る被疑事実により逮捕または拘留中、その逮捕状または拘留状に記載されていない他の被疑事実につき取り調べ、前者の事実は不起訴となったが、後者の事実につき公訴が提起された後無罪の裁判を受けた場合において、その無罪となった事実についての取調が、右不起訴となった事実に対する逮捕拘留を利用してなされたものと認められる場合においては、これを実質的に考察するときは、各事実につき格別に逮捕拘留して取り調べたと何ら区別すべき理由がないものといわなければならない。そうだとすると、憲法四〇条にいう『抑留又は拘禁』中には、無罪となった公訴事実に基づく抑留または拘禁はもとより、たとえ不起訴となった事実に基づく拘留または拘禁であっても、そのうちに実質上は、無罪となった事実についての拘留または拘禁であると認められるものがあるときは、その部分の拘留及び拘禁もまたこれを包含するものと解するを相当とする。そして刑事補償法は右憲法の規定に基づき、補償に関する細則並びに手続を定めた法律であって、その第一条の『未決の抑留又は拘禁』とは、右憲法四〇条の『抑留または拘禁』と全く同一意義のものと解すべきである」と判示した（最高裁大法廷昭和三一年一二月二四日判決、刑集一〇巻一二号一六九二頁）。

②少年法二三条二項による不処分決定について最高裁は、「刑事補償一条一項にいう『無罪の裁判』とは、同項及び関係の諸規定から明らかなとおり、刑訴法上の手続における無罪の確定裁判をいうところ、不処分決定は、刑訴法上の手続とは性質を異にする少年審判の手続における決定である上、右決定を経た事件について、刑

事訴追をし、又は家庭裁判所の審判に付することを妨げる効力を有しないから、非行事実が認められないことを理由とするものであっても、刑事補償法一条一項にいう『無罪の裁判』には当たらないと解すべきであり、このように解しても憲法四〇条及び一四条に違反しない」と判示した（最高裁平成三年三月二九日決定、刑集四五巻三号一五八頁）。

四・社会権

先に述べた自由権、受益権は、積極的にせよ、消極的にせよ、いずれも国民に対して自由平等を保障するものといえるが、これらの権利によって達成される自由平等は所詮結局は形式的なものに過ぎない。何故なれば、「人はみな平等であるべき」ではあるが、現実には人の能力、生れながらの地位等によって平等に形造られているわけではないからである。

従って、この場合には社会的強者だけが権利を保障され、能力の低い者や、貧困者は実質的には権利なきに等しい可能性が高い。例えば、表現の自由という自由権が認められるとしても、それは発表をなしうるような現実的な環境を積極的に作り出すことを要求しうるものではない。従って、表現・出版の自由といっても食うや食わずの者にとっては、結局は絵に描いた餅と同様なものとなってしまう訳である。従って、ここにおいてかかる社会的弱者に対して国家は積極的姿勢並びに行動をとり、実質的平等の実現を図るべきであるとの主張が生れ、国民は国家に対してかかる目的達成のための積極的行動を要求しうる権利を有するとの主張が生じた。

かかる主張を基礎として形成されたものが受益権中の社会権（droits sociaux）と称せられるものである。

学説は、(1)現行憲法にみえる生存権（憲法二五条一項）、(2)教育を受ける権利（憲法二六条）、(3)勤労の権利（憲法二七条）等をこれに属するものと認めている。

なお、社会権は、国家に対して作為を要求しうる権利という面よりみれば、先に述べた受益権に属すべきものである。しかし、これらの諸権利が社会権として受益権より、ある程度分離独立して論じられるのは、その権利の目的が実質的平等を達成しようとしている点にあることが、重視されたからである。

この権利は、国家の役目が専ら治安維持等をはかるという夜警的なものから、福祉達成的なものへと移向された過程において形成されたもので、多分に「新しき人権」といいうる。

一九一九年ワイマール憲法一五一条一項は、「経済生活の秩序は、すべての者に人間たるに値する生活を保障する目的をもつ正義の原則に適合しなければならない。この限界内で、個人の経済的自由は、確保されなければならない」と規定する。更に、一九四八年の世界人権宣言二二条は、「何人も、社会の一員として、社会保障をうける権利を有し、かつ、国家的努力および国際的協力を通じて、また、各国の組織および資源に応じて、自己の尊厳と自己の人格の自由な発展とに欠くことのできない経済的、社会的および文化的権利の実現を享有することができる」と規定して、本条以下に詳細な規定をおいている。

なお、これらの規定は、一般に「プログラム規定」即ち、立法の指針を示すものと理解されており、国民は、実際には、立法をまって具体的権利をもつものと考えられている。

(1)生存権（Recht auf Existenz）について、憲法二五条は「①すべて国民は、健康で文化的な最低限度の生活を営む権利を有する。②国は、すべての生活部面について、社会福祉、社会保障及び公衆衛生の向上及び増進に努めなければならない」と規定する。

即ち、生存権とは、独力をもって生活を営むことのできない者が、国家に対し、その生活を保障することを要求する権利である。本条にいう保障の程度を示す「健康で文化的な最低限度の生活」とは、その具体的内容が時と所によって異るものと考えられるが、政府は、本規定により、とにかく人たるに値する生活を国民がおくりうるように努力せねばならないわけである。

生活保護法、身体障害者、老人等についての各種の福祉法は、この憲法上の権利に基づいたものであり、それがキリスト教、仏教、儒教等の各種の思想に基づいて制定された救済法のごとき慈恵ではなく、法的権利であるとされる根拠はここに存する。

憲法二五条の生存権について最高裁大法廷は所謂堀木訴訟において、「憲法二五条の規定は、国権の作用に対し、一定の目的を設定しその実現のための積極的な発動を期待するという性質のものである。しかも、右規定にいう『健康で文化的な最低限度の生活』なるものは、きわめて抽象的・相対的な概念であって、その具体的内容は、その時々における文化の発達の程度、経済的、社会的条件、一般的な国民生活の状況等との相関関係において判断決定されるべきものであるとともに、右規定を現実の立法として具体化するに当たっては、国の財政事情を無視することができず、また多方面にわたる複雑多様な、しかも高度の専門技術的な考察とそれに基いた政策的判断を必要とするものである。したがって、憲法二五条の規定の趣旨にこたえて具体的にどのような立法措置を講ずるかの選択決定は、立法府の広い裁量にゆだねられており、それが著しく合理性を欠き明らかに裁量の逸脱、濫用と見ざるをえないような場合を除き、裁判所が審査判断するのに適しない事柄であるといわなければならない」と判示のうえ、旧児童扶養手当法四条三項三号の併給禁止規定は憲法二五条に違反しないとした（最高裁大法廷昭和五七年七月七日判決、民集三六巻七号一二三五頁）。

かかる考えよりすると、生存権は、プログラム規定であるが故に基本的人権ではないと解せざるをえないが、これについては多分に疑義があるといわざるをえない。

更に、最高裁は、「社会保障上の施策における外国人の処遇については、国は、特別の条約の存しない限り、当該外国人の属する国との外交関係、国際情勢、国内の政治・経済・社会的諸事情に照らした政治的判断により決定でき、限られた財政下での福祉的給付に当たり自国民を在留外国人より優先的に扱うことも許されるから、障害福祉年金の支給対象者から在留外国人を除外することは立法府の裁量の範囲に属する」との判決を下した（最高裁平成元年三月二日判決、判時一三六三号六八頁）。

(2)教育を受ける権利について、憲法二六条は「①すべて国民は、法律の定めるところにより、その能力に応じて、ひとしく教育を受ける権利を有する。②すべて国民は、法律の定めるところにより、その保護する子女に普通教育を受けさせる義務を負ふ。義務教育は、これを無償とする」と規定する。

本条は、第一に国民に対し、普通教育を受ける義務を負わせるものであり、他方において高等教育を受けうる能力のある者に対しては、それに相応する教育を受けうるような環境を作り上げる国家的措置を要求する規定である。

本条に基いた権利を教育権或いは学習権と称する。なお、この規定は、教育の内部的条件に対する権力的干渉を防止する自由権であるとの主張もあり、初等教育における教科書の内容に国家が干渉しうるか否かが争われている。

学習権について最高裁大法廷は、先に検討した旭川学力テスト事件において「(憲法二六条の) 規定の背後には、国民各自が、一個の人間として、また、一市民として、成長、発達し、自己の人格を完成、実現するために必要な学習をする固有の権利を有すること、特に、みずから学習することのできない子どもは、その学習要求を充足するための教育を自己に施すことを大人一般に対して要求する権利を有するとの観念が存在している」と判示した (最高裁大法廷昭和五一年五月二一日判決、刑集三〇巻五号六一五頁)。

義務教育の無償制の意義について最高裁大法廷は、「(憲法二六条二項後段の意義は) 国が義務教育を提供するにつき有償としないこと、換言すれば、子女の保護者に対しその子女に普通教育を受けさせるにつき、その対価を徴収しないことを定めたものであり、教育提供に対する対価とは授業料を意味するものと認められるから、同条項の無償とは授業料不徴収の意味と解するのが相当である。そして、かく解することは、従来一般に国または公共団体の設置にかかる学校における義務教育には月謝を無料として来た沿革にも合致するものである。また、教育基本法四条二項および学校教育法六条但書において、義務教育については授業料はこれを徴収しない旨規定している所以も、右の憲法の趣旨を確認したものであると解することができる。それ故、憲法の義務教育は無償とするとの規定は、授業料のほかに、教科書、学用品その他教育に必要な一切の費用まで無償としなければならないことを定めたものと解することはできない」と判示した (最高裁大法廷昭和三九年二月二六日判決、民集一八巻二号三四三頁)。

(3) 勤労の権利等について、憲法二七条は「①すべて国民は、勤労の権利を有し、義務を負ふ。②賃金、就業時間、休息その他の勤労条件に関する基準は、法律でこれを定める。③児童は、これを酷使してはならない」と規定する。

本条は、勤労の権利及び義務を大原則として定めると同時に、勤労条件等に関する基準を法律で定めるべきことと、児童酷使の禁止を定めるものである。

勤労の権利とは、国に対して職を請求する具体的・現実的権利ではなく、国は、就業の機会を与え、失業の防止に努力すべきことを請求内容とする社会権である。この点、ワイマール憲法一六三条二項の「すべてのドイツ人は、経済的労働により、生活する可能性が与えられなくてはならない。適当な労働の機会が与えられないときは、その必要な生活費が配慮される。詳細は、特別のライヒ法律で定められる」との規定が参考となる。

勤労の権利を実効あるものとするために憲法二八条は、「勤労者の団結する権利及び団体交渉その他の団体行動をする権利は、これを保障する」と規定し、勤労者の団結権、団体交渉権及び争議権を保障している。

本条は、労働者が単なる私法上の契約自由の原理の下においては、社会的に優越する使用者と実質的に対等な立場で交渉ができない現実を直視し、通例の自由権の範囲内では認められない労働三権を社会権として保障したものである。

この社会権についてもそれが基本的人権であるのか、或いは単なる国民の権利であるのかということについては学者の間に争いがある。もし、それが基本的人権であるとすれば、今日においては特に外国人労働者の処遇等大きな問題が生ずることとなり、これには、前掲の社会保障における外国人の処遇を論じた判例（最高裁平成元年三月二日判決、判時一三六三号六八頁）が参考となると考える。

勤労者の団結権とりわけ公務員の労働基本権をめぐり最高裁の判断はしばしば変転している。全逓東京中郵事件（最高裁大法廷昭和四一年一〇月二六日判決、刑集二〇巻八号九〇一頁）において最高裁は労働基本権保障の意義を重視し、労働基本権に対する制限を狭く限定して解釈したが、全農林警職法事件（最高裁大法廷昭和四八年四月二五日判決、刑集二七巻四号五四七頁）を契機に労働基本権の制限を広く認め全逓名古屋中郵事件判決に至った。本判決で最高裁大法廷は、「公労法一七条一項による争議行為の禁止は、憲法二八条に違反するものではない。なお、上述したところは、公労法一七条一項が憲法二八条に違反するものではないことを憲法上の解釈として判示したにとどまるのであって、公労法一七条一項その他公務員等の労働基本権にかかわる現行法規につきその立法政策的な当否を論ずるものではない。非現業の国家公務員に関して全農林事件判決が、また非現業の地方公務員に関して岩手県教組事件判決が、そうして五現業の国家公務員及び三公社の職員に関して本判決がそれぞれ判示するところは、(イ)公務員及び三公社その他の公共的職務に従事する職員は、財政民主主義に表れている議会制民主主義の原則により、その勤務条件の決定に関し国会又は地方議会の直接、間接の判断を待たざるをえない特殊な地位に置かれていること、(ロ)そのため、これらの者は、労使による勤務条件の共同決定を内容とするような団体交渉権ひいては争議権を憲法上当然には主張することのできない立場にあること、(ハ)さらに、公務員及び三公社の職員は、その争議行為により適正な勤務条件を決定しうるような勤務上の関係にはなく、かつ、その職務は公共性を有するので、全勤労者を含めた国民全体の共同利益の保障という見地からその争議行為を禁止しても、憲法二八条に違反するものとはいえないこと、に帰するのである。これを言い換えるならば、国会が、その立法、財政の権限に基づき、一定範囲の公務員その他公共的職務に従事する職員の勤務条件に関し、職員との交渉によりこれを決定する権限を使用者としての政府その他の当局に委任し、さらにはこれらの職員に対し争議権を付与することも、憲法上の権限行使の範囲内にとどまる限り、違憲とされるわけはないのである。現行法制が、非現業の公務員、現業公務員・三公社職員、それ以外の公共的職務に従事する職員の三様に区分し、それぞれ程度を異にして労働基本権を保障しているのも、まさに右の限度における国会の立法裁量に基づくものにほかならない」と判示した（最高裁大法廷昭和五二年五月四日判決、刑集三一巻三号一八二頁）。

五・参政権

国民は、その権利関係よりみて、国家に対して不作為を要求する消極的立場に立つ場合と、作為を要求する積極的立場に立つ場合とがある。第一の場合は自由権となり、第二の場合には受益権となる。而して、その後者の受益権の範囲中には政治学者が能動的地位と称する国家統治権自体に直接、間接に参与しようとするものがふくまれる。これを参政権（political rights, political liberty, politische Rechte, droits politiques）と称し、別に主動的公権とも称する。

現行憲法においては、参政権は次の事項において認められている。

(1)公務員の選定及び罷免の権利について、憲法一五条一項は「公務員を選定し、及びこれを罷免することは、国民固有の権利である」と規定する。従って、公務員の選定等は直接間接に主権者である国民の意思に基づいてなされねばならないことになっている。この場合直接に国民が選定する場合には憲法一五条三項の「公務員の選挙については、成年者による普通選挙を保障する」との規定により普通選挙の方式によることとされている。

(2)最高裁判所の裁判官を審査する権利について、憲法七九条二項は「最高裁判所の裁判官の任命は、その任命後初めて行はれる衆議院議員総選挙の際国民の審査に付し、その後十年を経過した後初めて行はれる衆議院議員総選挙の際更に審査に付し、その後も同様とする」と規定している。

わが国の最高裁判事で在任期間がこれまでで最長なのは内閣法制局長官出身の入江俊郎判事で一八年四ケ月に及ぶ。同裁判官は任官時五一才で歴代裁判官の中で最年少であった。また本条により不適格となった判事は一名もいない。不適格者が出ることを望むものではないが、審査方式に更に工夫を要する必要があると考えられる。

(3)地方公共団体の特別法に対する同意の権利について、憲法九五条は「一の地方公共団体のみに適用される特別法は、法律の定めるところにより、その地方公共団体の住民の投票においてその過半数の同意を得なければ、国会は、これを制定することができない」と規定する。

(4)憲法改正を承認する権利について、憲法九六条一項は「この憲法の改正は、各議院の総議員の三分の二以上の賛成で、国会が、これを発議し、国民に提案してその承認を経なければならない。この承認には、特別の国民投票又は国会の定める選挙の際行はれる投票においてその過半数の賛成を必要とする」と規定する。

なお、以上の参政権が現行憲法下において基本的人権とみなし得るか否かについては争いがある。在住外国人にこれが与えられていないことによって、多少の疑いが残り、また刑後者等に対する「制限」もあり、「法による留保」が認められているごとくみえるが、一方現行憲法は国民主権を天賦のものとして認め、国政参与を当然としているのであるからやはり基本的人権の一つと考えるべきであると思う。

六・新しい人権――基本的人権の今日的展開――

(1)「新しい人権」の背景　私達をとりまく生活環境は、この四半世紀の間に大きく変化している。それと同時に、私達の法に対する考え方も徐々にではあるが変化しつつある。

本節では、基本的人権を中心としてこれらの変化を、所謂「新しい人権」という視点から考察することとしたい。「新しい人権」の展開は、憲法上保障されている基本的人権を今日的状況の中でいかに実質的なものにするかとの問題意識から自覚的に学説、判例の中に反映されてきたものである。

換言すれば、私達の権利意識の展開をいかにして法的レベル、即ち判例等の現実の法運用の中に定着させるかの問題である。それ故、具体的訴訟を通して憲法レベルの問題として、とりわけ基本的人権の展開として、この「新しい人権」が主張されている。

本節では、右のような背景で形成された「新しい人権」を

a．プライバシーの権利、b．知る権利、c．環境権、d．学習権、e．人格的自己決定権等の具体的ケースをもとに検討したい。

(2)「新しい人権」

a．　プライバシーの権利（right to privacy）

プライバシーの権利は、一八九〇年にブランダイス（Brandeis, 1856 – 1941）により初めて提唱された。後に、彼は、最高裁判事として、このプライバシーの権利を「一人にしておいてほしい権利」（the right to be let alone）と定義した（Olmstead v. U. S., 438, 478 (1928)）。

一九六〇年代後半から、アメリカでは、プライバシーの権利をプライベートな事柄についての自己決定権という意味を含めて論じられるようになった。アボーション（abortion）を法律で規制することは違憲であるとの合衆国最高裁判決（Roe v. Wade, 410 U. S. 113 (1973)）、安楽死をめぐるカレン事件が著名である。

更に、スティーヴンス判事（Stevens）は、プライバシーを二つに分け、個人的な事柄が公にされることの回避についての個人の利益と、ある種の重要な決定をなすにあたっての独立性に対する利益であると定義する（Whalen v. Roe, 429 U. S. 589 (1977)）。

憲法一三条は、「すべて国民は、個人として尊重される」と規定する。この規定を、「プライバシーの権利」、「人格権」と構成して、私生活をみだりに公開されない権利ないしは自己についての情報をコントロールする権利として理解する見解が展開されている。これを判例を中心に概観してみたい。

①個人の尊厳という思想は、相互の人格が尊重され、不当な干渉から自我が保護されることによってはじめて確実なものとなるのであって、そのためには、正当な理由がなく他人の私事を公開することが許されてはならないことは言うまでもない。いわゆるプライバシー権は私生活をみだりに公開されないという法的保障ないし権利として理解される（東京地裁昭和三九年九月二八日判決、下民集一五巻九号二三一七頁）。

②「速度違反車両の自動撮影を行う本件自動速度監視装置による運転者の容ぼうの写真撮影は、現に犯罪が行われている場合になされ、犯罪の性質、態様からいって緊急に証拠保全をする必要性があり、その方法も一般的に許容される限度を超えない相当なものであるから、憲法一三条に違反せず、また、右写真撮影の際、運転者の近くにいるため除外できない状況にある同乗者の容ぼうを撮影することになっても、憲法一三条、二一条に違反

しないことは、当裁判所昭和四四年一二月二四日大法廷判決（刑集二三巻一二号一六二五頁）の趣旨に徴して明らかである」と判示した（最高裁昭和六一年二月一四日判決、刑集四〇巻一号四八頁）。

③他人がみだりに個人情報を取得したり、第三者へ公表したり、利用することを許さない、人格的自律ないし私生活上の平穏を維持するという利益は、憲法一三条により、プライバシーの権利として充分尊重されるべきである。ただし、社会の構成員が一定の事実を知ることに正当な関心をもち、それが社会全体の利益になるような場合に、公益を図る目的でその私的事柄を公表することは許される。しかし犯罪の報道価値は時の経過によって失われていくものであり、犯罪者が社会の中で更生すべき状態に至ったときは、その者の前科などを故なく公表することは許されない。そのような前科の公表につながる実名の使用は許されない（東京地裁昭和六二年一一月二〇日判決、判時一二五八号二二頁）。

④最高裁は、「氏名は、社会的にみれば、個人を他人から識別し特定する機能を有するものであるが、同時に、その個人からみれば、人が個人として尊重される基礎であり、その個人の人格の象徴であって、人格権の一内容を構成するものというべきであるから、人は、他人からその氏名を正確に呼称されることについて、不法行為法上の保護を受けうる人格的な利益を有するものというべきである。しかしながら、氏名を正確に呼称される利益は、氏名を他人に冒用されない権利・利益と異なり、その性質上不法行為法上の利益として必ずしも十分に強固なものとはいえないから、他人に不正確な呼称をされたからといって、直ちに不法行為が成立するというべきではない。すなわち、当該他人の不正確な呼称をする動機、その不正確な呼称の態様、呼称する者と呼称される者との個人的・社会的な関係などによって、呼称される者が不正確な呼称によって受ける不利益の有無・程度には

差異があるのが通常であり、しかも、我が国の場合、漢字によって表記された氏名を正確に呼称することは、漢字の日本語音が複数存在しているため、必ずしも容易ではなく、不正確に呼称することも少なくないことなどを考えると、不正確な呼称が明らかな蔑称である場合はともかくとして、不正確に呼称したすべての行為が違法性のあるものとして不法行為を構成するというべきではなく、むしろ、不正確に呼称した行為であっても、当該個人の明示的な意思に反してことさらに不正確な呼称をしたか、又は害意をもって不正確な呼称をしたなどの特段の事情がない限り、違法性のない行為として容認されるものというべきである。更に、外国人の氏名の呼称について考えるに、外国人の氏名の民族語音を日本語的な発音によって正確に再現することは通常極めて困難であり、たとえば漢字によって表記される著名な外国人の氏名を各放送局が個別にあえて右のような民族語音による方法によって呼称しようとすれば、社会に複数の呼称が生じて、氏名の社会的な側面である個人の識別機能が損なわれかねないから、社会的にある程度氏名の知れた外国人の氏名をテレビ放送などにおいて呼称する場合には、民族語音によらない慣用的な方法が存在し、かつ、右の慣用的な方法が社会一般の認識とし是認されたものであるときには、氏名の有する社会的な側面を重視し、我が国における大部分の視聴者の理解を容易にする目的で、右の慣用的な方法によって呼称することは、たとえ当該個人の明示的な意思に反したとしても、違法性のない行為として容認されるものというべきである」と判示した（最高裁昭和六三年二月一六日判決、民集四二巻二号二七頁）。

判例①は、宴のあと事件の一審判決であり、プライバシーの権利として憲法一三条を位置づけている。判例②、③もこのことを展開している。とりわけ判例③は、プライバシー権の内容として、「人格的自律ないし私生活上の平穏を維持するという利益」という理解を示している点に意義がある。判例④は、氏名を「人格権」として理解した最高裁の判決である。これらの判例から、プライバシーの権利の実質が明かとなろう。

b. 知る権利 (right to know)

憲法二一条一項は、「集会、結社及び言論、出版その他一切の表現の自由は、これを保障する」と規定する。今日の発達した情報化社会において主権者としての国民が自己の政治的意見の形成のためや、自己の人格を自由に展開させる等のため、自ら積極的に受け取る権利として、憲法二一条一項を展開させたのが「知る権利」である。この権利は、他方で情報の送り手としての報道機関の取材の自由、報道の自由、取材源の秘匿権をも予定するものである。

この点について代表的な判例を概観する。

①「報道機関の報道は、民主主義社会において、国民が国政に関与するにつき、重要な判断の資料を提供し、国民の『知る権利』に奉仕するものである。したがって、思想の表明の自由とならんで、事実の報道の自由は、表現の自由を規定した憲法二一条の保障のもとにあることはいうまでもない。また、このような報道機関の報道が正しい内容をもつためには、報道の自由とともに、報道のための取材の自由も、憲法二一条の精神に照らし、十分尊重に値いするものといわなければならない。

ところで、本件において、提出命令の対象とされたのは、すでに放映されたフイルムを含む放映のために準備された取材フイルムである。それは報道機関の取材活動の結果すでに得られたものであるから、その提出を命ずることは、右フイルムは、取材活動そのものとは直接関係がない。もっとも、報道機関がその取材活動によって得たフイルムは、報道機関が報道の目的に役立たせるためのものであって、このような目的をもって取材されたフイルムが、他の目的、すなわち、本件におけるように刑事裁判の証拠のために使用されるような場合には、報道機関の将来における取材活動の自由を妨げることになるおそれがないわけではない。

しかし、取材の自由といっても、もとより何らの制約を受けないものではなく、たとえば公正な裁判の実現というような憲法上の要請があるときは、ある程度の制約を受けることのあることも否定することができない。

本件では、まさに、公正な刑事裁判の実現のために、取材の自由に対する制約が許されるかどうかが問題となるのであるが、公正な刑事裁判を実現することは、国家の基本的要請であり、刑事裁判においては、実体的真実の発見が強く要請されることもいうまでもない。このような公正な刑事裁判の実現を保障するために、報道機関の取材活動によって得られたものが、証拠として必要と認められるような場合には、取材の自由がある程度の制約を蒙ることとなってもやむを得ないところというべきである。しかしながら、このような場合においても、一面において、審判の対象とされている犯罪の性質、態様、軽重および取材したものの証拠としての価値、ひいては、公正な刑事裁判を実現するにあたっての必要性の有無を考慮するとともに、他面において取材したものを証拠として提出させられることによって報道機関の取材の自由が妨げられる程度およびこれが報道の自由に及ぼす影響の度合その他諸般の事情を比較衡量して決せられるべきであり、これを刑事裁判の証拠として使用することがやむを得ないと認められる場合においても、それによって受ける報道機関の不利益が必要な限度をこえないように配慮されなければならない。

以上の見地に立って本件についてみるに、本件の付審判請求事件の審理の対象は、多数の機動隊等と学生との間の衝突に際して行われたとされる機動隊員等の公務員職権乱用罪、特別公務員暴行陵虐罪の成否にある。その審理は、現在において、被疑者および被害者の特定すら困難な状態であって、事件発生後二年ちかくを経過した現在、第三者の新たな証言はもはや期待することができず、したがって、当時、右の現場を中立的な立場から撮影した報道機関の本件フイルムが証拠上きわめて重要な価値を有し、被疑者らの罪責の有無を判定するうえに、ほとんど必須のものと認められる状況にある。他方、本件フイルムは、すでに放映されたものを含む放映のために準備されたものであり、それが証拠として使用されることによって報道機関が蒙る不利益は、報道の自由そのものではなく、将来の取材の自由が妨げられるおそれがあるというにとどまるものと解されるのであって、付審判請求事件とはいえ、本件の刑事裁判が公正に行なわれることを期するためには、この程度の不利益は、報道機関の立場を十分尊重すべきものとの見地に立っても、なお忍受されなければならない程度のものというべきである。また、本件提出命令を発した福岡地方裁判所は、本件フイルムにつき、一たん押収した後においても、時機に応じた仮還付などの措置により、報道機関のフイルム使用に支障をきたさないよう配慮すべき旨を表明している。以上の諸点その他各般の事情をあわせ考慮するときは、本件フイルムを付審判請求事件の証拠として使用するために本件提出命令を発したことは、まことにやむを得ないものがあると認められるである。

前叙のように考えると、本件フイルムの提出命令は、憲法二一条に違反するものでない」と判示した（最高裁大法廷昭和四四年一一月二六日決定、刑集二三巻一一号一四九〇頁）。

②公正な刑事裁判を実現するために不可欠である適正迅速な捜査の遂行という要請がある場合にも、同様に、取材の自由がある程度の制約を受ける場合があること、また、このような要請から報道機関の取材結果に対して

差押をする場合において、差押の可否を決定するに当たっては、捜査の対象である犯罪の性質、内容、軽重等及び差し押えるべき取材結果の証拠としての価値、ひいては適正迅速な捜査を遂げるための必要性と、取材結果を証拠として押収されることによって報道機関の報道の自由が妨げられる程度及び将来の取材の自由が受ける影響その他諸般の事情を比較衡量すべきであることは、明らかである（最高裁平成元年一月三〇日決定、刑集四三巻一号一九頁）。

③本件条例が公文書の閲覧等の請求に対して実施機関がした諾否の決定について不服のある者は行政不服審査法に基づく不服申立てをすることができることを当然の前提としていることに鑑みると、本件条例は、県内に住所を有する者、県内に勤務する者、県内に在学する者及び県内に事務所又は事業所を有する法人その他の団体は当然に県の行政に利害関係を有する者とみなして、これらの者を県の行政に利害関係を有する者の例示として掲げ、かつ、県の行政に利害関係を有する者は広く公文書の閲覧等をすることにつき一般的に利益を有するものとのひとつの擬制に立ったうえで、この利益を保護するため、これらの者に対して個別的、具体的権利として公文書の閲覧等を請求し得る権利を付与しているものと解するほかない（東京高裁昭和五九年一二月二〇日判決、行政三五巻一二号二二八八頁）。

④行政機関の保有する情報の公開に関する法律（情報公開法と略称する）三条に基づき、沖縄返還の際に日米両国が交わした「密約文書」（沖縄の現状回復費用四〇〇万ドルとVOA移転費用一六〇〇万ドルを日本が肩代わりすることを示す文書・文書①及び基地の移転費用など日本の財政負担の総枠を決めた文書・文書②）の開示請求訴訟において、裁判所は、行政文書の不開示決定取消し訴訟では行政機関がその文書を保有していることを

原告が立証する責任を負うとした上で、「過去のある時点で行政機関の職員がその文書を職務上作成・取得し、保有するに至ったこと」を原告が立証した場合には、その後も当該文書の保有状態が続いていると推認されるとし、廃棄、移管されたことを被告が立証しない限り、決定時点でも文書を保有していたと認められるとした。但し、行政機関が合理的かつ十分な探索をしても発見できなければ、すでに廃棄されたと推認する余地があると判示した。その上で、外務大臣は文章①の存否の確認に通常求められる作業をしないまま不開示決定をし、注意義務を尽くさず漫然と不存在と判断しており国家賠償法上の違法があったとして、原告らの開示請求を妨げられない利益が侵害され、精神的損害を被ったとして原告一人当たり一〇万円の国家賠償を認めた（総額二五〇万円）。更に、裁判所は、原告らが求めていたのは文書の内容を知ることでなく、密約の存在を否定し続けていた日本政府及び外務省の姿勢の変更であり、民主主義国家における国民の知る権利の実現であったことが明らかであると判示した。

⑤「所論のような反論文掲載請求権は、これを認める法の明文の規定は存在しない。民法七二三条は、名誉を毀損した者に対しては、裁判所は、『被害者ノ請求ニ因リ損害賠償ニ代ヘ又ハ損害賠償ト共ニ名誉ヲ回復スルニ適当ナル処分ヲ命スルコト』ができるものとしており、また、人格権としての名誉権に基づいて、加害者に対し、現に行われている侵害行為を排除し、又は将来生ずべき侵害を予防するため侵害行為の差止を請求することができる場合のあることは、当裁判所の判例（昭和五六年(オ)第六〇九号同六一年六月一一日大法廷判決・民集四〇巻四号八七二頁参照）とするところであるが、右の名誉回復処分又は差止の請求権も、単に表現行為が名誉侵害を来しているというだけでは足りず、人格権としての名誉の毀損による不法行為の成立を前提としてはじめて

認められるものであって、この前提なくして条理又は人格権に基づき所論のような反論文掲載請求権を認めることは到底できないものというべきである。さらに、所論のような反論文掲載請求権は、相手方に対して自己の請求する一定の作為を求めるものであって、単なる不作為を求めるものではなく、不作為請求を実効あらしめるために必要な限度での作為請求の範囲をも超えるものであり、民法七二三条により名誉回復処分又は差止の請求権の認められる場合があることをもって、所論のような反論文掲載請求権を認めるべき実定法上の根拠とすることはできない。所論にいう『人格の同一性』も、法の明文の規定をまつまでもなく当然に所論のような反論文掲載請求権が認められるような法的利益であるとは到底解されない。

ところで、新聞の記事により名誉が侵害された場合でも、その記事による名誉毀損の不法行為が成立するとは限らず、これが成立しない場合には不法行為責任を問うことができないのである。新聞の記事に取り上げられた者が、その記事の掲載によって名誉毀損の不法行為が成立するかどうかとは無関係に、自己が記事に取り上げられたというだけの理由によって、新聞を発行・販売する者に対し、当該記事に対する自己の反論文を無修正で、しかも無料で掲載することを求めることができるものとするいわゆる反論権の制度は、記事により自己の名誉を傷つけられあるいはそのプライバシーに属する事項等について誤った報道をされたとする者にとっては、機を失せず、同じ新聞紙上に自己の反論文の掲載を受けることができ、これによって原記事に対する自己の主張を読者に訴える途が開かれることになるのであって、かかる制度により名誉あるいはプライバシーの保護に資するものがあることも否定し難いところである。しかしながら、この制度が認められるときは、新聞を発行・販売するものにとっては、原記事が正しく、反論文は誤りであると確信している場合でも、あるいは反論文の内容がその編集方針によれば掲載すべきでないものであっても、その掲載を強制されることになり、また、そのために本来ならば他に利用できたはずの紙面を割かなければならなくなる等の負担を強いられるのであって、これらの負担が、批判的記事、ことに公的事項に関する批判的記事の掲載をちゅうちょさせ、憲法の保障する表現の自由を間接的に侵す危険につながるおそれも多分に存するである。このように、反論権の制度は、民主主義社会において極めて重要な意味をもつ新聞等の表現の自由（前掲昭和六一年六月一一日大法廷判決参照）に対し重大な影響を及ぼすものであって、たとえ被上告人の発行するサンケイ新聞などの日刊全国紙による情報の提供が一般国民に対し強い影響力をもち、その記事が特定の者の名誉ないしプライバシーに重大な影響を及ぼすことがあるとしても、不法行為が成立する場合にその者の保護を図ることは別論として、反論権の制度について具体的な成文法がないのに、反論権を認めるに等しい上告人主張のような反論文掲載請求権をたやすく認めることはできないものといわなければならない」と判示した（最高裁昭和六二年四月二四日判決、民集四一巻三号四九〇頁）。

⑥「1　憲法二一条一項の規定は、表現の自由を保障している。そうして、各人が自由にさまざまな意見、知識、情報に接し、これを摂取する機会をもつことは、その者が個人として自己の思想及び人格を形成、発展させ、社会生活の中にこれを反映させていく上において欠くことのできないものであり、民主主義社会における思想及び情報の自由な伝達、交流の確保という基本的原理を真に実効あるものたらしめるためにも必要であって、このような情報等に接し、これを摂取する自由は、右規定の趣旨、目的から、いわばその派生原理として当然に導かれるところである（最高裁昭和五二年(オ)第九二七号同五八年六月二二日法廷判決・民集三七巻五号七九三頁参照）。市民的及び政治的権利に関する国際規約（以下「人権規約」という。）一九条二項の規定も、同様の趣旨

にほかならない。

2　筆記行為は、一般的には人の生活活動の一つであり、生活のさまざまな場面において行われ、極めて広い範囲に及んでいるから、そのすべてが憲法の保障する自由に関係するものということはできないが、さまざまな意見、知識、情報に接し、これを摂取することを補助するものとしてなされる限り、筆記行為の自由は、憲法二一条一項の規定の精神に照らして尊重されるべきであるといわなければならない。

裁判の公開が制度として保障されていることに伴い、傍聴人は法廷における裁判を見聞することができるのであるから、傍聴人が法廷においてメモを取ることは、その見聞する裁判を認識、記憶するためになされるものである限り、尊重に値し、故なく妨げられてはならないものというべきである。

もっとも、情報等の摂取を補助するためにする筆記行為の自由といえども、他者の人権と衝突する場合にはそれとの調整を図る上において、又はこれに優越する公共の利益が存在する場合にはそれを確保する必要から、一定の合理的制限を受けることがあることはやむを得ないところである。しかも、右の筆記行為の自由は、憲法二一条一項の規定によって直接保障されている表現の自由そのものとは異なるものであるから、その制限又は禁止には、表現の自由に制約を加える場合に一般に必要とされる厳格な基準が要求されるものではないというべきである。

これを傍聴人のメモを取る行為についていえば、法廷は、事件を審理、裁判する場、すなわち、事実を審究し、法律を適用して、適正かつ迅速な裁判を実現すべく、裁判官及び訴訟関係人が全神経を集中すべき場であって、そこにおいて最も尊重されなければならないのは、適正かつ迅速な裁判を実現することである。傍聴人は、裁判官及び訴訟関係人と異なり、その活動を見聞する者であって、裁判に関与して何らかの積極的な活動をすることを予定されている者ではない。したがって、公正かつ円滑な訴訟の運営は、傍聴人がメモを取ることに比べれば、はるかに優越する法益であることは多言を要しないところである。してみれば、メモを取る行為がいささかでも法廷における公正かつ円滑な訴訟の運営を妨げる場合には、それが制限又は禁止されるべきことは当然であるというべきである。適正な裁判の実現のためには、傍聴それ自体をも制限することができるとされているところでもある（刑訴規則二〇二条、一二三条二項参照）。

メモを取る行為が意を通じた傍聴人によって一斉に行われるなど、それがデモンストレーションの様相を呈する場合などは論外としても、当該事件の内容、証人、被告人の年齢や性格、傍聴人と事件との関係等の諸事情によっては、メモを取る行為そのものが、審理、裁判の場にふさわしくない雰囲気を醸し出したり、証人、被告人に不当な心理的圧迫などの影響を及ぼしたりすることがあり、ひいては公正かつ円滑な訴訟の運営が妨げられるおそれが生ずる場合のあり得ることは否定できない。

しかしながら、それにもかかわらず、傍聴人のメモを取る行為が公正かつ円滑な訴訟の運営を妨げるに至ることは、通常はあり得ないのであって、特段の事情のない限り、これを傍聴人の自由に任せるべきであり、それが憲法二一条一項の規定の精神に合致するものということができる」と判示した（最高裁大法廷平成元年三月八日判決、民集四三巻二号八九頁）。

判例①は、博多駅テレビフィルム提出命令事件である。本決定は、報道の自由との視点から取材したビデオテープの提出命令を合憲とした。判例②は、東京地検の検察事務官がリクルート疑惑に関連して発生した代議士に対する贈賄申込被疑事件の証拠として、被疑者と代議士との面談状況を隠し撮りしたビデオテープを日本テレビから差し押えた事件に対する決定であり、博多駅事件の判例を踏襲するものである。

同様の決定として、ＴＢＳビデオテープ差押処分事件についての最高裁の決定がある。本決定は、「報道機関の報道の自由は、表現の自由を規定した憲法二一条の保障の下にあり、報道のための取材の自由も、憲法二一条の趣旨に照らし十分尊重されるべきものであること、取材の自由も、何らの制約を受けないものではなく、公正な裁判の実現というような憲法上の要請がある場合には、ある程度の制約を受けることがあることは、いずれ博多駅事件決定（最高裁昭和四四年(し)第六八号同年一一月二六日大法廷決定・刑集二三巻一一号一四九〇頁）の判示するところである。そして、その趣旨からすると、公正な刑事裁判を実現するために不可欠である適正迅速な捜査の遂行という要請がある場合にも、同様に、取材の自由がある程度の制約を受ける場合があること、また、このような要請から報道機関の取材結果に対して差押をする場合において、差押の可否を決するに当たっては、捜査の対象である犯罪の性質、内容、軽重等及び差し押さえるべき取材結果の証拠としての価値、ひいては適正迅速な捜査を遂げるための必要性と、取材結果を証拠として押収されることによって報道機関の報道の自由が妨げられる程度及び将来の取材の自由が受ける影響その他諸般の事情を比較衡量すべきであることは、明らかである（最高裁昭和六三年(し)第一一六号平成元年一月三〇日第二小法廷決定・刑集四三巻一号一九頁参照）。

右の見地から本件について検討すると、本件差押は、暴力団組長である被疑者が、組員らと共謀の上債権回収を図るため暴力団事務所において被害者に対し加療約一箇月間を要する傷害を負わせ、かつ、被害者方前において団体の威力を示し共同して被害者を強迫し、暴力団事務所において団体の威力を示して脅迫したという、軽視することのできない悪質な傷害、暴力行為等処罰に関する法律違反被疑事件の捜査として行われたものである。

しかも、本件差押は、被疑者、共犯者の供述が不十分で、関係者の供述も一致せず、傷害事件の重要な部分を確定し難かったため、真相を明らかにする必要上、右の犯行状況等を収録したと推認される本件ビデオテープ（原決定添付目録番号15ないし18）を差し押さえたものであり、右ビデオテープは、事案の全容を解明して犯罪の成否を判断する上で重要な証拠価値を持つものであったと認められる。他方、本件ビデオテープは、すべていわゆるマザーテープであるが、申立人において、差押当時既に放映のための編集を終了し、編集に係るものの放映を済ませていたのであって、本件差押により申立人の受ける不利益は、本件ビデオテープの放映が不可能となって報道の機会が奪われるというものではなかった。また、本件の撮影は、暴力団組長を始め組員の協力を得て行われたものであって、右取材協力者は、本件ビデオテープが放映されることを了承していたのであるから、報道機関たる申立人が右取材協力者のためその身元を秘匿するなど擁護しなければならない利益は、ほとんど存在しない。さらに本件は、撮影開始後複数の組員により暴行が繰り返し行われていることを現認識しながら、その撮影を続けたものであって、犯罪者の協力により犯行現場を撮影収録したものといえるが、そのような取材を報道のための取材の自由の一態様として保護しなければならない必要性は疑わしいといわざるを得ない。そうすると、本件差押により、申立人を始め報道機関において、将来本件と同様の方法により取材をすることが仮に困難になるとしても、その不利益はさして考慮に値しない。このような事情を総合すると、本件差押は、適正迅速な捜査の遂行のためやむを得ないものであり、申立人の受ける不利益は、受忍すべきものというべきである」と判示した（最高裁平成二年七月九日決定、刑集四四巻五号四二一頁）。

判例③は、国家及び公的機関の情報の公開を求める権利として、神奈川県公文書公開条例に基づく情報公開請求事件である。なお、本事件はその後、第二次控訴審において、分譲マンションの建築確認申請添付図面が著作物であり、設計者の意に反する公開は著作者人格権である公表権の侵害にあたるとし、図面の公開請求に対する神奈川県知事の公開拒否処分を適法と判示した。（東京高裁平成三年五月三一日判決、高民四四巻三号八一頁）。

判例④は、「沖縄密約文書」をめぐる情報公開法三条に基づく情報公開請求訴訟判決である（東京地裁平成二二年四月九日判決）。情報公開制度の下、文書がないことを理由に開示されなかった文書の存否について原告側の負う立証責任について、「過去のある時点で行政機関の職員がその文書を職務上作成・取得し、保有するに至ったこと」を立証した場合には、その後も保有状態が続いていると推認されるとし、「文書が失われたことを国が立証しない限り、文書を保有していると認められる」として挙証責任の転換を認めた。

判例⑤は、報道機関を利用する権利、所謂「アクセス権」についての、サンケイ新聞意見広告事件である。判例⑥は、法廷内メモ不許可国家賠償請求事件である。判例③〜⑤は、情報の受け手の「知る権利」として新しく形成されつつある権利である。

これらの権利は、更に今後、十分な展開がなされるであろうし、「知る権利」として内実あるものを構成する際に参考となる。

c.　環境権

憲法二五条一項は、「すべて国民は、健康で文化的な最低限度の生活を営む権利を有する」と規定する。大気・水質・日照等、更には景観・文化的遺産・自然環境等をも含めて、良き環境を享受し、かつその環境の改善・向上を求める権利を「環境権」として構成する。

環境権は憲法一三条、憲法二五条一項より展開される「新しい人権」である。

この環境権は、公害事件等を契機に考え出された権利であるが、ゴルフ場建設等、今日問題となっている自然環境破壊の防止を考えるうえで、憲法上の論拠となるものである。

環境権についての判例を概観する。

①差止請求の根拠としての人格権は、実定法上の規定を待たなくとも当然に承認されるべき基本的権利であり、それに基づく差止請求が容認される以上、環境権理論の当否については判断する必要はない（大阪高裁昭和五〇年一一月二七日判決、判時七九七号三六頁）。

②実定法上何らの根拠もなく、権利の主体、客体及び内容の不明確な環境権なるものを排他的効力を有する私法上の権利であるとすることは法的安定を害し許されない（名古屋高裁昭和六〇年四月一二日判決、判時一一五〇号三〇頁）。

判例①は、大阪国際空港公害訴訟の控訴審判決、判例②は、名古屋新幹線公害訴訟の控訴審判決である。この二つの事件は、ともに騒音というものの許容限界を問うたものであり、良き環境の享受という視点から、「環境権」を憲法レベルで争点としたものである。

判例は、この「環境権」という概念に否定的立場を採るが、今後、自然環境保護との国民の意識から、更に展開すべき権利であるとともに、理論的深化がまたれる権利でもある。

d. 学習権

憲法二六条一項は、「すべて国民は、法律の定めるところにより、その能力に応じて、ひとしく教育を受ける権利を有する」と規定する。

各自が成長し、発達し、自己の人格を完成実現するために必要な学習をする権利として、憲法二六条一項を展開したのが「学習権」である。

学習権についての判例を概観する。

最高裁大法廷は、旭川学力テスト事件で「(憲法二六条の) 規定の背後には、国民各自が、一個の人間として、また、一市民として成長、発達し、自己の人格を完成、実現するために必要な学習をする固有の権利を有すること、特に、みずから学習することのできない子どもは、その学習要求を充足するための教育を自己に施すことを大人一般に対して要求する権利を有するとの観念が存在していると考えられる」と判示する (最高裁大法廷昭和五一年五月二一日判決、刑集三〇巻五号六一五頁)。

本判決で「学習権」という概念を判例は認めたが、この権利を実効化するために国がどの程度介入できるかについては学説と判例では見解を異にする。

今日、子どもをめぐる教育問題として様々なものが指摘されている。「学習権」という視点から問題解決の端緒を見い出すことも一つの重要な考え方である。

なお、国連で採択された「子どもの権利条約」においても学習権について検討されている。

子どもの権利条約一二条は、意見表明権として「①締結国は、自己の見解をまとめる力のある子どもに対して、その子どもに影響を与えるすべての事柄について自由に自己の見解を表明する権利を保障する。その際、子どもの見解が、その年齢および成熟に従い、正当に重視される。②この目的のため、子どもは、とくに、国内法の手続規則と一致する方法で、自己に影響を与えるいかなる司法的および行政的手続においても、直接的にまたは代理人もしくは適当な団体を通じて聴聞される機会を与えられる」と規定し、更に二八条で教育への権利を詳細に展開する。同条一項は、「締結国は、子どもの教育への権利を認め、かつ、漸進的におよび平等な機会に基づいてこの権利を達成するために、とくに次のことをする。(a)初等教育を義務的なものとし、かつすべての者に対して無償とすること、(b)一般教育および職業教育を含む種々の形態の中等教育の発展を奨励し、すべての子どもが利用可能でありかつアクセスできるようにし、ならびに、無償教育の導入および必要な場合には財政的援助の提供などの適当な措置をとること。(c)高等教育を、すべての適当な方法により、能力に基いてすべての者がアクセスできるものとすること。(d)教育上および職業上の情報ならびに指導を、すべての子どもが利用可能でありかつアクセスできるものとすること。(e)学校への定期的な出席および中途退学率の減少を奨励するための措置をとること」と規定している。本条約は、学習権の内実を考えるとき、非常に参考となる。

e・人格的自己決定権

憲法一三条の幸福追求の権利を基礎に、自己の純然たる個人的事柄は、他者の権利を侵害しない限りで個人の自由な決定に委ねられ、他からの指示・命令・規制に服さない権利として「人格的自己決定権」が展開されるに至った。

具体的には、服装・身なりの自由、性的自由、結婚・離婚の自由、嫌煙権、産む自由・産まない自由、治療拒否権、尊厳死、インフォームド・コンセント（Informed Consent）等の問題がある。

これらの問題は、先に考えたプライバシーの権利の展開として理解することができる。

人格的自己決定権についての判例を概観する。

東京地裁は、列車内の喫煙の禁止を求める事案において、「我国においては、従来喫煙に対しては社会的に寛容であり、喫煙者は、かなり自由に喫煙を享受してきた実態がある。そして、旅客の輸送を業務とする被告国鉄としては、非喫煙者のみならず、喫煙者をも含む乗客全体を列車という限られた手段により可能な限り快適な状態のもとに輸送することが、その業務の維持、発展のために必要であるから、被告国鉄が右のように喫煙が受容されている社会的実態をも考慮に入れた輸送の体制をとることは何等不都合なことではない」との判断を示したうえで、「非喫煙者である乗客が被告国鉄の管理する列車に乗車し、たばこの害に曝露されて刺激又は不快感を受けることがあっても、その害は、受忍限度の範囲を超えるものではない」と判示した（東京地裁昭和六二年三月二七日判決、判時一二二六号三三頁）。

右判決は、いわゆる嫌煙権訴訟判決である。原告は、嫌煙権をもとに、国鉄に対して禁煙車両設置を請求したが、列車内のたばこの煙に曝される現実の危険が低くこれによる健康被害も受忍限度を超えるものではないとして人格権侵害に対する差止め・予防の措置請求としての禁煙車両設置請求は棄却された。

この判決を一つの契機として、多数の人々が集まる場所での喫煙に対して一定のルールが生まれ非喫煙者への配慮が公的・私的スペースで払われるに至った。

(3)　総　括

基本的人権の展開としての「新しい人権」は、以上の考察からその概要を理解し得たであろう。

これら新しい権利の中で、判例として確立したものはそれ程多いとはいえない。しかし、重要なことは、社会状況の変化に対応して、憲法の基本的人権をいかに理解し再構築してゆくかである。

憲法第三章に規定される「国民の権利及び義務」をその文言のままに旧態然と解釈適用してゆくのでは社会事象と憲法との間に乖離現象が生じ、安定した法運用が望みえなくなる。

かかる意味からも「新しい人権」が、基本的人権に内実を与え補充するものとして今後とも常に検討の対象とされねばならない。

日々発生する社会事象の中から法的問題を解決し、現実の訴訟の場で憲法論を具体的に展開するのが、この「新しい人権」なのである。

七．公共の福祉

憲法一二条は、「この憲法が国民に保障する自由及び権利は、国民の不断の努力によって、これを保持しなければならない。又、国民はこれを濫用してはならないのであって、常に公共の福祉のためにこれを利用する責任を負ふ」と規定し、更に一三条で「すべて国民は、個人として尊重される。生命、自由及び幸福追求に対する国民の権利については、公共の福祉に反しない限り、立法その他の国政の上で、最大の尊重を必要とする」と規定する。

故に、基本的人権の保障に対して、憲法は多少の差はあるとしてもそれに制約を加え、その制約原理として「公共の福祉」(bonum commune, public welfare, common good, das gemeine Beste, Gemeinwohl, bien commun) なる概念を認めているわけである。

しからば、「公共の福祉」とはいかなるものであろうか。それが「国民の権利」を制限する「法律による留保」とは異なるものであることは確かであるが、かといっても公共の福祉の意味はなお漠然としている。日本語の通常の用語法に従えば、福祉という用語は、本来身体障害者福祉、老人福祉というように、国民個人に関することであって、「公共」自体の福祉を論ずることには矛盾がある。しかし、強いてこれを解釈すれば、公共の福祉とは私的利益に対する用語であって、公益なる用語と同義であり、国家社会の利益をいうとでもする以外にこれを解しえない。

しかし、憲法における公共の福祉なる概念は、かかる常識的な意味とは異なるものと解せられる。何故ならば、国家社会の利益という言葉は極めて広く、かつ漠然としており、基本的人権の制約が国家社会の利益のため無制限に認められるとすれば、それは結局のところ権利それ自体を無に帰せしめる可能性が高いからである。

要するに「公共の福祉」という一般条項に属する言葉は、全く外国よりの継受用語とみなさざるをえず、これを国語の普通の用語例より解明することは無意味といわざるを得ない。

なお、ナチスドイツは「公益は私益に優先する」という標語の下に、国民の権利の大半を否定したが、現行憲法の公共の福祉が、ナチスのそれと異なることはいうまでもない。

それならば、日本国憲法の定める公共の福祉とは一体どのようなものとして考えられるべきであろうか。その概念を知るために、先学は、この公共の福祉なる用語が今日裁判所によっていかに解されているかを検討し、それよりこの意義を抽出する方法を採用している。筆者もそれ以外には方法がないと考え、それに従い、多少の新しき資料を加え、その成果を強化しておきたいと考える。

最高裁が、「公共の福祉」なる語を用いて、人権の制限を認めた判例は相当数にのぼる。しかし、最高裁が今日まで一般的抽象的に「公共の福祉」とはかくあるものであると直接的に有権解釈を下したことはない。存在するのは、具体的事件の解釈の前提として下された断片的な見解である。

「公共の福祉」についての判例は、すでに職業選択の自由、財産権の自由等の項目において個々のものをあげたが、最高裁判例の中、比較的一般的かつ重要なものは次の如くである。以下多少の重複をおそれず、これに属するものを挙げておこう。

先づ第一は、食糧緊急措置令一一条（昭和二一年施行）には、主要食糧の不供出をあおる者を処分する規定があるが、これが憲法二一条の言論の自由の規定の制限として有効であるとした判例において、最高裁大法廷は公共の福祉を次のように説明している。「国民が政府の政策を批判し、その失政を攻撃することは、その方法が公安を害せざる限り、言論その他一切の表現の自由に属するであろう。しかしながら、現今における貧困なる食糧事情の下に国家が国民全体の主要食糧を確保するために制定した食糧管理法所期の目的の遂行を期するために定められたる同法の規定に基づく主要食糧の政府に対する売渡に関し、これを為さざることを煽動するが如きは、所論のように、政府の政策を批判し、その失政を攻撃するに止まるものではなく、国民として負担する法律上の重要な義務の不履行を慫慂し、公共の福祉を害するものである」と判示した（最高裁大法廷昭和二四年五月一八日判決、刑集三巻六号八三九頁）。即ち、本判決によれば、政府の失政を攻撃することは公共の福祉に反しないが、その結果、国民の多くが飢えるような運動を展開することは、公共の福祉に反すると考えられているわけである。

憲法二五条の職業選択の自由との関連で各種の職業規制と公共の福祉について、最高裁大法廷は公衆浴場の設置を制限する公衆浴場法について、「公衆浴場は、多数の国民の日常生活に必要欠くべからざる多分に公共性を伴う厚生施設である。そして、若しその設立を業者の自由に委せて、何等その偏在及び濫立を防止する等その配置の適正を保つために必要な措置が講ぜられないときは、その偏在により、多数の国民が日常容易に公衆浴場を利用しようとする場合に不便をきたすおそれなきを保し難く、また、その濫立により、浴場経営に無用の競争を生じその経営を経済的に不合理ならしめ、ひいて浴場の衛生設備の低下等好ましからざる影響を来たすおそれなきを保し難い。このようなことは、上記公衆浴場の性質に鑑み、国民保健及び環境衛生の上から、出来る限り防止することが望ましいことであり、従って、公衆浴場の設置場所が配置の適正を欠き、その偏在乃至濫立を来たすに至るがごときは、公共の福祉に反するものであって、この理由により公衆浴場の経営の許可を与えないことができる旨の規定を設けることは、憲法二二条に違反するものとは認められない」と判示した（最高裁大法廷昭和三〇年一月二六日判決、刑集九巻一号八九頁）。即ち、本判決によれば、国民多数の厚生施設が利用にたえなくなることが、公共の福祉に反するところと考えられている訳である。

本判決は、先に紹介した小売市場営業規則に関する最高裁大法廷昭和四七年一一月二二日判決及び薬事法距離制限に関する最高裁大法廷昭和五〇年四月三〇日判決の先例として重要である。

その後、最高裁は営業の自由と経済活動規制立法との関連につき、規制目的から四七年判決は社会経済政策実施のため積極的政策的規制を目的とし「明白の原則」をその審査基準とし、五〇年判決は社会公共の安全と秩序の維持の見地から消極的警察規制を目的とし「必要最少限の基準、即ち厳格な合理性」をその審査基準とした。

公共の福祉概念と表現の自由の関連について判断を示したものとしては、前述の沖縄デー破防法事件での最高裁平成二年九月二八日判決（刑集四四巻六号四六三頁）がある。更に、公共の福祉概念と財産権の制限について判断を示したものとしては、前述最高裁昭和六二年四月二二日大法廷判決（民集四一巻三号四〇八頁）が重要である。いずれも、前述の基準に従うものといえると考える。

以上の最高裁の判決から推察される最高裁判所の公共の福祉についての考え方は大体次の如しと考えられる。即ち、著しく且つ直接的に国家秩序を侵害する行為、或いは、国民多数の基本的人権と衝突し、これをいちじるしく侵害する行為が、公共の福祉を害する行為であり、その制限の限度は「必要最低限度」でのものでなければならないと理解されていると考えられるのである。

八．憲法上の義務

最後に国民の義務について述べよう。

現行憲法は、第三章「国民の権利及び義務」の名称の如く権利の外に義務をも定めている。権利の中には、先述の基本的人権の如く、天賦の権利があり、これに対応して、「前国家的な」基本的義務なるものがあるのかどうかについては学説が分かれているが、かかる義務を認めることは、「市民法的法治国家の理念に反する」とする説が通説である如く思われる。故にこれに従えば、この義務は、文字通り国家を構成する国民の義務であって、憲法上の義務といえども、憲法改正を経て一般的にこれを免除し、また「法による留保」に対応して、一部的に法によって免除することは可能であることになる。しかし、かかることが一二条の基本的人権を保持する義務等について、果して可能なのかどうか、一考を要することといえよう。

法において、国民の義務が定められたのは近代法においては、旧憲法が最初であって、三大義務として兵役、教育、納税の義務が定められていた。

現行憲法は、第九条が軍の存在を否認しているところから兵役の義務を除き、新たに基本的人権を保持し濫用しない義務（一二条）と勤労の義務（二七条一項）とを加えている。

なお、先に述べた、いわゆるマッカーサー草案には教育の義務以外にはかかる規定は存在しなかった。他の義務はすべて議院での日本側の修正作業に際し、新憲法は余りにも権利に偏りすぎているという論を容れて定められたものである。

なお、憲法に定められている義務は、国民の義務の中でも重要なものであって例示にすぎないとされている。この外にも、条理上よりみて、政治権力を行使するに当って、これを誠実に行使する義務など、さらに多くのものがあることはいうまでもない。従って、議会における修正は、政治的なものであって、法的には重要なこととはいえない。草案の修正については、きわめて神経質であった総司令部が、簡単にこれを認めたのはそのためと推測されるのである。

外篇一　法と国民性

まえがき

今日いわゆる「法における日本的性格」、換言すれば日本人の法意識の特殊性を評論した研究は、「日本人論」が盛んなわりには余り数多いとはいえない。その理由はいろいろと考えられるが、その主たることをあげれば第一に、法における「日本的なもの」の大半が、単なる考え方、認識方式、すなわち法的思惟方式に止まり、その実態を客観的に証明することが困難であること、第二に、たまたま二、三の事項について、それが成文法上定着していたとしても、所詮それは西欧よりの継受法中において、大海の一滴にすぎぬこと等々が思いつかれる。

固有法に対する関心等の声は、かけ声のみに過ぎない。その研究は、結局は趣味的なものにおわらざるをえないという不信感は、今日依然として、多くの法律家の心の底に根強く存在しつづけていると思われる。

多くの法学の書が、固有法にせまるための重要資料である江戸期以前の法制史研究を、甚しく軽視し、中には「わが国の現行法の研究につき必要なのは主として欧米法系」の研究であるとさえ直言するものがみられることは、このような法律家達の意識を明示すると考えられる。

それならば、日本的法の特殊性は、果たして右のごとき人々の思考のごとく、「話としては面白いが」、科学的に実証し得ない不毛の研究対象なのであろうか。

もし、そうとすれば、われわれは、立法作業においてはもちろんのこと、現存法規の解釈の場においてさえ、たちまち難事に逢遇せざるをえない。身近な例をあげれば、現行法においても、しばしば「社会通念」、「公序良俗」、「信義誠実」等のいわゆる一般条規が判断の基準として使用せられている。しかして、このような一般条規の内容をなすものは、当然にドイツにおけるそれでもなければ、中国におけるそれでもない。それは一定の歴史的背景を有するわが国の「社会通念」、「公序良俗」であらねばならない。法における日本的性格の把握は、これと最も縁遠そうにみえる解釈法においてさえ、必須のことなのである。

筆者の思考によれば、この種の論題は、決して解明できぬものではない。それは、次の三方向よりの研究によって、漸次その全体を明かになし得ると思う。

その第一の方法は、法制史の成果に依拠することである。

日本法制史の研究対象が単なる立法史や、古代成文法規の非歴史的解釈に止まっているならば、それは国史の補助学科の一つに過ぎず、法学に寄与するところはきわめて少ない。しかし、近時における法制史の対象は、古代法規の比較法的研究、その実施状態の検討、国家法に対する国家外法、すなわち、氏族法、荘園法、村法等の研究へと拡大せられ、その研究の主目標の一つとして、日本国民の抱懐する特殊な法意識を究明することがあげられるにいたっている。千数百年におよぶ歴史的事実より抽出せられた知見、それは上掲論題の実証的解明に欠くことができぬ重要資料である。

その第二の方法は、法社会学の各種の研究、特に近年意欲的に進められている社会調査の技法を採用した諸研究の結論を検討することである。

不特定多数人に調査カードを配布し、その回答を集計して、日本人の法意識を数量的に把握しようとするこの方法は、客観性の高いものとして注目に値する。それは、上述の法制史的方法による結論と、表裏一体をなし、相互にその正確性を補強し合うことが可能であると思う。

その第三の方法は、法律学者による法規の解釈、ならびに裁判官による判例の動向を調査し、その中より日本的法意識を抽出することである。

経験豊富な法律学者の判断は、それがたとえ直観的なものであったとしても、しばしば事の真実を鋭く指摘している。故にかかる資料は、われわれに正確度の高い仮説を提供するものであり、それを単なる主観として無視することは生産的な態度ではない。

右三者を総合すれば、筆者は将来、万人を納得せしめるに足る日本的法意識の内容を提示しうると思考する。

本稿は、右のごとき目算の下に記述された一試論であり、ここにおいては、第一、すなわち法制史的方法（主として江戸期以前）により導き出された日本法の特色の二、三を挙示し、更に第二、第三の方法による成果をもって、これを検証し、本問題の一端を明かにしたいと考える。(註)

一　寛刑的特色

江戸期以前の日本法制史においては、中国法と日本法との比較研究は重要なる意義を有する。中国法の影響は、固有法時代と称せられる七世紀以前のわが国の制度にも、すでにこれを見出すことができ、七世紀中葉の大化改新以降においては、律令法の継受によってその影響力は圧倒的なものになった。

九世紀以後に出された平安時代の格式、制符の類、および十三世紀の貞永式目ならびにその追加よりなる鎌倉室町時代の武家法、さらに戦国時代の分国法より発達した江戸幕府の各種法令等は、固有法的色彩の濃厚なものであって、これを第二固有法と呼ぶ学者もあるが、なお、中国法はかかる法制度に対しても間接的に大きな影響力を保ってきた。

平安時代の格式が、唐格式の影響下にあったことは、「唐律疏議」、「唐会要」所載の唐格式と、「類聚三代格」、「延喜式」所載の日本格式とを比較することによってこれを証することができる。降って江戸幕府の法令においても、徳川吉宗が御定書百ケ条を制定するに際して、明律を参照したことは顕著な事実であり、当代の高札、五人組帳前書にも、明の太祖の「教民榜文《きょうみんぼうぶん》」(明太祖洪武三十一年に発布された成文法規。全四十一巻) の影響が濃厚にみえている。

したがって、われわれは日中両法を比較することによって、わが立法者達が、いかなる判断に基づいてその母法である中国法を改正し来ったかを推断して、中国人に対するわが国民の法意識の特色を把捉することができる。

日中両法を比較して推察し得る日本的法の特色の一つは、それが中国法よりも制裁が緩やかなこと、すなわち寛刑をもって宗としていることである。

奈良時代の大宝養老の律は、唐律を母法として成ったものであるが、その法定刑は原則として唐律よりも一等乃至二等軽減せられ、さらに重犯に対する縁座《えんざ》の範囲はいちじるしく唐律よりも縮小せられている。たとえば、殺人罪について、唐賊盗律は、「人を殺さんと謀る者」は徒三年、「已に傷くる者」は絞と定めているが、日本律は、それを各々、徒二年、および近流と改めている。また、指揮監督の権限を有する官吏が、職権を利用して盗罪を犯した場合には、唐律はこれを監守盗として、普通の強窃盗よりも二等を加重して処罰しているが、日本律は、その規定を削除している。

また、大宝養老の律は、唐賊盗律に倣って、謀反謀大逆の罪に関連して縁坐を規定しているが、唐律においては、その縁坐は、伯叔父、兄弟の子等の血族三等親、ならびに子の妻妾なる姻族にまでおよぼされているに対して、わが律における縁坐は祖孫兄弟の血族二等親内に限定せられ、姻族にはおよぼされていない。これはその一例であって、中国律の刑罰を可能なかぎり緩和しようとする態度は、ほとんど律の全面にわたってこれを見出すことができる。

わが刑事法における寛刑的特色は、律令以前の氏族法、律令以後の武家法においてもこれを指摘できる。たとえば、前述の縁坐について、貞永式目も故殺傷その他の二、三の犯罪において、これを規定しているが、その範囲は、父子、夫婦の範囲に止められている。しかも、式目における縁坐は、律のそれとは本質的に異なり、前者が無過失連帯責任であるに対して、後者は、「其の父、知らざるの由」、分明なる場合には縁坐を免れしめる過失主義を原則とするものであって、その点大いに軽減がはかられている。

また、刑罰の種類についてこれを観るに、中国においては、唐初にいたるまで劓《ぎ》、すなわち断鼻刑、刖《げつ》、すなわち断趾刑等の肉刑等が刑法典にみえているが、この種の刑は原則としてわが国に継受されていない。また宋より清末にかけて弑逆、尊属殺等に対して科せられた凌遅処死《りょうちしょし》（長時間に亘って、肉体的苦痛を与える死刑の一方法。受刑者の肢体を次々と切断する方法と肉をとり去り骨のみ残す方法とがある）なる惨刑が、わが刑罰法規にとり入れられなかったことは、特筆に値しよう。したがって、われわれは、中国よりも法の寛大化をはかるという主義は、日本国民が江戸期にいたるまで有し続けてきた思考であるとみてよい。

わが国民のかかる寛刑的性格は、明治以降の刑事法と、その母法である西洋法との比較においては、直接には見出せない。日本法の構成要件は、一般に母法よりも簡素であるが、簡素、直ちに寛刑に結びつくものではない。

しかし、一歩進んで、その実施状態を比較すると、日本においては、殺人犯といえども、強盗殺人等の凶悪犯でなければ、死刑判決をうけることは稀であり、他の犯罪についても量刑が軽いことは著明な事実である。また、起訴猶予や執行猶予の制度が広く利用され、寛刑的風潮は依然として強烈である。日本的意識における寛刑的性格は、江戸期以降においてもほとんど変化が見出せないのである。

このように、わが国民が寛刑主義を抱くにいたった理由については数説がある。その第一説は、日本の温暖なる気候風土が、国民に温和な性情をうえつけ、それが刑罰の上にも具現されたとする説であり、第二説は、仏教、とくに慈悲の思想を重んずる大乗仏教の思想の浸潤が、厳刑主義を排除したとする説であり、第三説は、日本は上代以来、狭域、単一民族国家であったために、あえて刑罰の威嚇力を大ならしめる必要がなかったとするものであり、第四説は、日本には、西欧のごとく、犯罪者を神の秩序に対する侵犯者とみなす、厳格なる思想が存在しなかったゆえとするものであり、第五説は、律令については、その寛刑主義自体が、後のもの程、刑が軽くなるという隋唐代の立法政策に倣えるものであるとするものである。そのいずれが、かかる性格の決定的要因となったかは、にわかに決し難いが、恐らくはこれらの諸因が複合して、この種の性格を形成せしめたのであろう。

なお、右の寛刑主義について、多くの書は、平安時代三百年の久しきにわたって死刑停止が行われたことをその重要な実例としてあげているが、そのことには賛し得ない。嵯峨朝に始まる死刑停止の慣例は、唐玄宗皇帝、天宝四年七月の勅に倣ったものであって、それを日本独自に発生した制度とみることができない。また、死刑停止が、日本において長く維持されたのは、主として、当代貴族社会を支配した怨霊恐怖の思想によるものであり、上流階層が特殊な思想を抱いていた結果である。

日本法の歴史においては、上述の時期を除いていつの時代においても、死刑は、社会秩序を保つために必要な刑として重視せられている。今日においても、死刑廃止論は少数説に過ぎず、調査の結果によれば、八〇%を超える人々が、この制度の維持を支持している。平安朝の死刑停止は、特殊な時代背景の下に、一部階層によって行われた、あだ花的現象に過ぎないのである。

ちなみにいうが、歴史的史料を使用して、法意識を推定する場合に、その史料が、特殊、かつ一時的現象を指示するものか、一般、かつ永続的現象を語るものであるかを見分けることは是非必要である。前者を排し、後者を採用することは、結論の客観性を担保する要《かなめ》であり、さもないと、それはいわゆる、有利な史料の「つまみ食い」におちいる危険が生ずる。史料の証明力の精確な認識は、ここにおいても必要事の最たるものである。

二　非理論的・現実的特色

石田英一郎氏は、日本文化の特殊性について、「自分の生活体験と歴史の理解とから、現在正当に把握していると信じる日本人および日本文化の基本的性格は、西洋のそれがあくまで論理的、徹底的に首尾一貫性を逐うのに対比して、いちじるしく妥協的、非合理的な融通性に富んでいる点にある」（「東西抄」）と述べておられる。しかして、石田氏のかかる理解は、日中両法の比較研究によって、法制面におけるそれを検証することができる。すなわち、中国法は儒家あるいは法家《ほうか》の経典に基づいて、一定の論理の下に制定されているが、日本法は、もっぱら現実的必要を重んじ、あえて理論に拘泥しないという特色を示している。

唐令にみえる官僚組織は、「礼記《らいき》」と「周礼《しゅらい》」との理想を折衷したものであって、六と三の倍数によって官職が設けられ、三師三公三省六部九寺なる制度が成立している。したがって、中国の官制は、秩序整然たる威容を備えているが、その内容を実質的に検討してみると冗官がすこぶる多い。

特に、六部と九寺との間には、職掌の重複が多く、戸部と大府寺とのごときは、はじめからそのいずれかが冗官となる運命におかれていた。しかも、かかる中央官庁の大半は、首都長安のみならず、陪都、すなわち、準首都たる洛陽、太原等にも東都あるいは北都留司として配置されたから、冗官の数は、実務に当る官僚の数倍に達し、官職の大部分は、人に栄誉を与えるものと化している。

わが大宝・養老の官制は、唐令を継受したものであるが、立法者の現実的性格は、唐制を大幅に縮小してこれを簡素化している。

すなわち、わが官員令、職員令においては、唐の三師三公三省は、太政官なる一官庁にまとめられ、六部九寺も、中務、式部以下の八省に縮減されている。また、日本令は唐の陪都制に倣って、首都藤原、平城両京のほかに、難波京を準首都としているが、難波京には唐のごとき留司官は設けられていない。難波京における外交事務は、その官人の補任例より推して、摂津職官人の長官、次官がこれに当り、難波津の港湾事務は、判官、主典がこれを兼任したようであって、特に、中央官司の分司がおかれたという史料は見出しえない。ゆえに、わが令においては、唐の官制のもつ形式的威容は失われているが、一方冗官は大幅に削減せられている。

日中官制の差異は、中国の制度を考慮することが薄い鎌倉以降の武家の職制、特に江戸幕府の職制において、更に顕然である。幕府の統治組織は、「庄屋じたて」と呼ばれたごとく、順次に現実の必要に応じて設置されたものであって、そこにはなんらの理論も、計画性も存在していない。幕政総理ともいうべき老中、若年寄《わかどしより》ですら、仕事の繁閑に応じてその組織の変更、官員の増減がしばしば行われ、ついに幕末にいたるまで流動的であったごときは、わが職制の特色をよく象徴している。

わが国民の現実的性格は、このほかにも中国的法理をもってしては解し難い諸制度、ならびに法の運用方式を作り出している。

唐の職制律においては、唐の地方官吏はその管轄内の住民から、一切供饋、すなわち贈り物を受けることを許されていない。しかるに日本律においては、この条文は大幅に改正され、地方官吏が部内住民の手土産程度の自発的な贈り物を受けることは、一切不問に付されている。天命を分掌し、世の師表たるべき官僚は、廉潔たらざるべからず、という論理を徹底せしめれば、手土産程度のものといえども受領すべきでないことはいうまでもない。しかし、現実の問題として、些細な贈り物を一々違法として咎めることは、あまりにも苛察であり、かつ不可能なことである。日本律の改訂意図はここにあったと考えられるが、とにかく法理の軽視は、すでに継受法である律においても、これを見出しうる。

中国的法理を軽視した日本的法制は、武家法時代になるとさらに頻繁にあらわれる。たとえば、貞永式目第八条、第四一条にみえる年序法《ねんじょほう》（時効法）、これにならった朝廷の時効制、鎌倉中期以降の領家地頭の下地中分法《したぢちゅうぶんほう》のごときは、「理非を論ぜず」年数の経過、あるいは現実の勢力関係そのものに法的効果を与えようとするものであって、このような法は、中国においては、明時代に刑の時効制の存在が推定される外は（「大学衍義補」）、立法史上、これを見出しえない。

室町以降の武家法にみえる、いわゆる喧嘩両成敗法は、理論軽視というよりも、むしろ理論無視であって、日本法の現実性を露骨にあらわしている。その法は、時代が降るにしたがって、次第に極端となり、最後には、争いの動機について「理非を分たず」、争いの実行について、故戦（先手）、防戦（後手）を問わず、この法の適用をうけ、心神喪失者の攻撃を防ぎ、そのために知行召上げに処された武士さえいるのであって、この法規の背後に合理性を見出すことは困難といわざるをえない。

次に法の運用において、江戸期以前の裁判においては、しばしば「道理に任《まか》せ」なる語が事件解決の基準として使用されている。この「道理」なる用語は、西欧的な「衡平・正義」と混同されやすいが、両者には本質的相違が見出される。

それは西欧のそれが、客観的、論理的に導き出された普遍的規範であるに対して、「道理」は、本文で述べた如く裁判官が、直観的に思考した当該事案の解決基準であり、その場限りでもよい、とにかく当事者が納得すれば、それをもって足りるとするものである。その実例は外篇二の大岡裁きの項をみてほしいが、要するに道理に基づく裁判の結論は、当事者に錯覚による公平感を与え、事件を手ぎわよく解決したというだけであり、真の合理性を志向したものではないのである。

右のごとき日本法における現実的・非理論的特色は、西欧法を継受した明治以降の法規には、その姿を直接にはあらわしていない。

しかし、かかる法意識は、合理性を尊ぶ西欧法の影響下にあるわが国民の法律生活においても、依然として存続し、成文法との間に多くの摩擦をひき起こしている。

たとえば、私法の契約に関する法意識調査の結果によれば、「契約は守られねばならない」という厳格な原則の下に作られた民事法諸規定にもかかわらず、「契約といえども、実情にそぐわなくなれば守らなくてすむようにしてもらう」という回答が、圧倒的多数をしめている。

現実と、論理とが矛盾する場合には、退くべきは論理の方であるという意識は、上代以来少しも変更されていないのである。

このように、わが国民が、現実的・非理論的であるのは何故かということについてもまた諸説がある。晴朗なる天候と優美なる風光とが国民をして自然の児たらしめ、沈思して理論を構成し、観念の遊戯に耽ることを不要たらしめたことが、実際を重んじ、経験を尚ぶ性格を形成せしめたというのも一説である。江戸期の国学者は、かかる立場から、わが国民性を「言《こと》挙《あ》げせぬ」性格と称している。

さらに一説は、わが国民は、外国の経典を継受してこれを知識の源泉としたが、その理解の程度は浅薄であって、その論理を実生活上に生かすにいたらず、和魂漢才、和魂洋才と称して、実生活の上では、理論よりも、現実の便宜を重んじた、換言すれば、その知識の曖昧さが、現実主義を採らざるをえなかった原因であるとするものである。例えば、江戸期の落語に大家と店子とが、現実の事件について論争するものがある。大家の知識は、中国の経学に基づいたもので、はじめは堂々たる意見であるが、店子の現実主義の前に、たちまちしどろもどろになり、遂には言いまかされる「おち」になる。かかる咄は、日本において、漢才の知見が馬鹿らしい程実践力を欠いていることを示し、その実態をよく物語っていると思う。

右諸説は、いずれも一説たるを失わないがいまだ完成された論ともいい難い。しかし、とにかく、現実主義といったようなものが日本的法意識にあり、その背後には、複雑な要因が潜んでいるということは確かと考えられる。

三　結　言

以上、日中両法の比較という方法を主として、「法における日本的なもの」数種を指摘したが、それが試論の段階を出でぬことは、序文に述べたとおりである。まえがき所論の方法を活用し、研究を進めれば、今後更に数多くの特色を、より確実に認識し得ると思う。

最後に提出しておきたい疑点は、上掲の日本的法意識なるものは、今後の国民生活の様式の変化により、やがて消失するものであるか、はたまた、変化消滅するのは、現象面のみであり、その本質は不変であるのかということである。法意識の特殊性なるものを、多くの論者が思考しているごとく、血族的地縁的共同体の所産とみなすならば、かかる特殊性は、結局は、日本人の前近代性という言葉をもって、代えることができ、近代化の進行に比例して、漸次その姿を没すると思考せざるを得ない。しかし、その特殊性を、風土その他の諸条件によって、数千年前よりつちかわれ来ったものと断ずるならば、それは都市化現象が、いかに進行しても、長く後の時代に尾をひいていくと予想せざるを得ない。本稿において、筆者は、後者の立場にたって論述を進めたが、右問題は、この種の論題を検討する前提として、つねに留意すべきことであると思う。

とにかく、法における日本的性格という論題は、その結論に到達するまでに、いまだ越えねばならない高い壁が重畳している大問題である。その研究は、いまだ緒についたばかりといっても過言ではなく、「前途程遠し」の観を抱くのは筆者のみではないと考える。

（註）　なお、本項における参照文献の主なものは、法制史に関しては、滝川政次郎「日本法律生活の特色」（「日本法制史研究」有斐閣、一九四一所収）、法社会学については、日本文化会議編「日本人の法意識」（至誠堂　一九七三）、同「日本人にとって法とは何か」（研究社　一九七四）、同「現代日本の法意識」（第一法規　一九八二）等である。また、その他の参照書として、青柳文雄「犯罪とわが国民性」（一粒社　一九六九）、川島武宜「法社会学における法の存在構造」（日本評論社　一九五〇）、木村亀二「法律学に於ける日本的なるもの」（「法と民族」所収）、三浦周行「法制史之研究」（岩波書店　一九一九）等がある。なお、筆者は先に、慶應義塾大学法学教育研究会編「法学新講」（（五、法の遺産、一六、日本法の文化遺産（その一）江戸期以前）において本問題を論じている。本稿はそれに大幅な改訂を加えたものである。

外篇二　大岡裁きと日本法

大岡越前守忠相という人物は、名奉行として、芝居に、テレビにおなじみであって、史上のスターの一人といってよい。このたぐいのスターには、時代により、評価に高低があるのが普通であって、悪玉にされたり、善玉にされたり、足利尊氏のごときはその好例である。ところが忠相には、さしたる悪評がなく、いわば、大きな成長はみこめないが、数少ない安定株の一つとみてよい。彼のこの変らざる人気の源泉は、その下したといわれる判決の数々が、「大川仁政録」、「大岡政談」等々の讀みものにまとめられて、一般にひろめられたからであって、名判官といえば、反射的に彼の名がおもい浮べられる程になっている。

しかし、一般はともかくとして、専門家の目は、そう甘くない。彼等は、大岡裁きなる説話を徹底的に分析し、大岡が果して、そのような裁判に手をそめたかどうかについて検討を進めている。そして、結論はまさに無惨。大岡裁きの中で、彼が名判官たる名声をうるにいたった説話のほぼすべてが、後世附会のものという宣告が下されている。

大岡裁きとよばれる説話を分類すると、それはおおむね次の四つに分けられる。

その一つは、事件そのものの筋書きが波乱万丈、週刊誌記事的興味に富んでいるもので、天一坊事件などがこれに属する。この事件は、享保の頃、江都南品川でおきた源氏天一坊改行事件を脚色したものであって、町奉行とは管轄違いの関東郡代伊奈半左衛門が摘発に当り、評定所が判決を下した。事件そのものは、簡単に底がわれる、けちな詐欺事件であったが、吉宗将軍より与えられた証拠の品々などをもっていたことにし、孔明ばりの山内伊賀亮などという大軍師をしたて上げ、その上、さえない中年男改行は、二十四歳の美男子宝沢と名をかえ、ここに天下を盗む大陰謀にまで、話が拡大され、そこに忠相が、さっそうと登場することにされた。

その手法は、村井長庵、雲切仁左衛門等々みな同じで、実在の犯罪をふくらまし、さらに面白くするために忠相があらわれる。大岡裁きの中では、忠相が名判官として名を不動にした後に、最もおそく附加されたもので、脚色者は、幕末の講釈師と考えられる。

その二は糠味噌裁判、木綿さばき等の一群であり、裁判官が詭計をろうして、犯人のあぶり出しをはかるものであり、大岡は、明智小五郎なみの策士をつとめている。この種の話しは、多分に中国宋代以降の裁判物語りで、江戸文化人の間で広く讀まれた「棠陰比事」、「折獄亀鑑」等々の影響の下に成ったものであり、専門家の用語でいえば、「中国種」である。日本人はこの種の話しは大好きであるが、創作自体は得手ではなく、現在でも、外国の推理小説より、その手法をかりた話しが、多く見出される。

なお、木綿さばきの話しは、瀧川政次郎博士の指摘の如く、「板倉政要」所見の「遠洛捌」にもとづいたものであるが、これが推理小説なみに面白くなったのは、「板倉政要後編」、「本朝藤陰比事」、さらには「大岡政談」の作者が、「中国種」をとり入れたからと考えられる。

その第三は、大岡が、同情にあたいする被告人を、厳罰より救うために、訴訟の一行程である事実の認定を故意に曲げて、結果として法の適用をゆるめるものであり、大岡裁きが国民的支持を得た因由は、このたぐいの人情話しの結果である。

この種の話しの典型は、先学が指摘するごとく「鴨が淵事件」裁判であると考えられるので、その概要を説明しておこう。

当時、幕府は江戸城の警備を厳重にするため、城に向って物を投げることを禁止し、それを徹底せしめるために濠の鴨一羽といえども、これをとらえ、殺せば厳科に処するとしていた。ところが、或る日、商家の年若い丁稚が濠ばたに通りかかり、子ども心にふと石をひろって、鴨に投げかけた。運悪く、その石は鴨にあたり、これを即死せしめ、更に不運にも、これが番人の目にふれて、少年は奉行所につき出される破目にたちいたった。古代法は、律令以来一般に罪刑が固定しており、裁判官の裁量の余地が原則として狭い。厳科、重罪といえば死刑以外はない。

そこで大岡は、もっともらしく鴨にさわり、「これはまだ暖い、思うに被告は過って石につまづき、その石が飛んで鴨に中り、気絶させただけと思われる」といい、被告の主人に鴨をあづけおく故に、よくよく加療せしめよといいつけた。そこで主人は、奉行の心を察し早速市中の鳥屋に飛び、鴨を買い求め、奉行所に出頭して、鴨が生き返った旨を申し立てた。

大岡は、そこで、鴨全快の上は、罪とならずとして、将来をいましめて、被告を釈放したというのである。

石を投げたのが明白なのにつまづいたものといい、更には死亡している鴨を蘇生の見込ありと認定することは、明かに「うそ」である。このたぐいの話しのみそは、「うそ」には、よい「うそ」、悪い「うそ」があり、よい「うそ」はむしろ推奨されるべしとする処にある。

忠相の山田奉行時代の裁判と伝えられる「娘喜代　実母殺害事件」なども、このたぐいであって、重きに従えば尊属殺、軽くみても事実の錯誤による殺人であるのに、実母を殺して、その上これに化けた怪物を退治したに過ぎないという認定は、うそ以外の何物でもない。なお、事実の錯誤に関する条規は江戸期の法律家が参照した唐明清律、並びに日本の大宝、養老律にその規定がある。現行刑法の条文は、律令の条文をとり入れて、その文をなしている。その文が分りにくいのはそのためである。

さて、このたぐいの話よりみると大岡は、いわゆる腹芸に長じた、「わけ知りの人物」であることになるが、忠相についての史料、例えば寺社奉行時代の日記などをみても、かかる性格を立証する材料は片鱗も見出せない。

したがって、この種の裁判を大岡と結びつけることは、証拠不十分であって、恐らくは、同じ職を世襲している故に世なれた人物が多く、かつ、奉行にかわって、現実に訴訟をとりさばいていた吟味方与力あたりがとった処置が、その原材料とされたのではないかと推測せられる。

最後の第四は、判官が、あっとおどろくような奇策を用いて、対立する原告、被告を和解させる話しであって「三方一両損」のごときがこれに属する。このたぐいの策略は、平安時代以来、「折中之理」、「道理」などの名の下に、難題解決の手段として用いられてきたものである。「折中之理」、「道理」を定義づけることは、とてもむづかしいが、要するに、訴訟当事者に主観的に公平感を与えて、問題解決をはかる手段と理解すればよいと思う。

主観的とことわったところにみそがあり、かならずしも客観的公平、すなわち衡平の原則に合致する必要はない。三方一両損の如きも、何故に奉行まで、一両損をしなければならないのか、誰も論理的にこれを説明できない。これを公平とするのは、一種の錯覚である。悪くいえば当事者が一応「おそれ入りました」と納得すればそれでよく、後刻「はて、これはおかしい」と分ってもそれはかまわないという便法である。

この話しは、余りにも出来すぎていて、実際の判例ではなく、「一休物語」などと同様に何人かが、創作したものではないかと疑われる。第一、江戸時代の法典「御定書」によれば落しものは、落し主、拾い主で折半することになっており、何も、このような無理な判決をする必要はなかったと思われる。

「八水随筆」には、荻生徂徠が忠相に向って、「君は頓智ありてよく訟をさばき給ふ」といったことがみえているから、忠相の頓智裁判には、多少の根拠があるのかもしれぬが、「八水随筆」自体、作者不詳、成立年代不詳という、甚だたのもしからぬ史料であり、説話の方が逆に随筆作者に影響を与えた可能性が高い。

こう考えて行くと、御白州を前にして、さっそうと事を取さばく名判官大岡の姿は、だんだんとぼやけて、反対に、数十年にわたって奉行職をつとめ上げた実直な官吏としての忠相の姿が、強く浮びでてくる。しかもこの御奉行、上から大いに信頼されている官吏の常にもれず、下々に、圧倒的人気をえていたとは思われぬふしがある。

享保十七年、米相場が暴騰し、各地に「うちこわし」が起った。ところが大岡は、これに対して適切な処置をとらず、遂には、

米高間、壱升弐升はかゆにたき
　　大岡はくわれぬ　たった越前（一ぜん）

という落首が、市中にはり出されたという。

忠相の後世における人気は多分に大岡裁きという、他人のふんどしで相撲をとった結果与えられたものに過ぎない。否定ということが、実証史学の成果とすれば、史学としての論はここで止められるべきであろう。

しかし、われわれは、大岡裁きから、もう少し創造的な論を導き出せないであろうか。法制史の立場よりすれば、それは可能である。

何故ならば、この大岡裁きの数々は、いずれも、国民の間に伝えられてきた日本人好みの判例を集めたものであるからである。

第一、第二の類型は、世界の多くの人々が好むものであり、日本人の特殊性とはいえない。しかし、第三、第四の話しには、法に対する日本人の意識、期待が、明瞭にうかがわれると思われる。

第三の類型に属する手法は、江戸期の他の史料にも散見し、末弘嚴太郎博士によって名附けられた有名な言葉「嘘の効用」を認めることが一般的であったことを示している。

たとえば、「御定書」においては、十両盗は死罪とされていたが、奉行所は、十一両、十二両の盗に、この条文を適用することをきらい、被害額九両三分二朱としない限り、訴状を受理しなかったという。盗みをうけ腹だたしいが、

どうしてくりょう（九両）、三分二朱

という言は、ここより生れたという。

第四の類型の話しについても、これに符合する史料があり、高瀬学山が忠相に対して、裁判官の心得として、

審理に当っては、「知識敏通」、「古今の法令条規に拘泥すべき」ではないといった話しなどは有名である。

以上のことは、いずれも、裁判に際して、具体的妥当性――この場合には、当事者の錯覚に基づいた問題解決策をも含めて――を追求し、法的安定性を軽んずべしとする考えであり、現在の法律学者の神経をさかなでする処、多大である。

それは、彼等が学んだ西洋の法律思想史においては、うそは原則として罪であり、公平は、あくまでも客観的公平であって、名裁判といえば、いかなる圧力にもたえて、法を守り、公平の女神を満足させたという話しが大半であるからである。法に従って、わが子に死刑を宣告し、刑吏が息子を笞うち、さらに首をはねるのを冷然として見とどけたという「プルターク英雄伝」ルキウス、ブルータスの行為などは、まさに公平にして、守法の権化であって、事実を故意にまげて認識し、被告を助けることなどは、それ自体犯罪を構成するおそれがあり、頓智などにたよって、事を裁くことは、ごまかし以外の何物でもない。論者、或いは、ローマにみられたMonstrum の法理を以て、裁判官のついたうその一種とみなし、西洋においても、大岡裁きは存在したとするかもしれないが、鬼子を以て、人間にあらずとする認定は、古代人が広く有した思想であり、それは極度の尊敬、或いは恐怖を生んでいる。かかる現象は、日本においても、「書紀」、神代紀より推古紀にいたるまで、しばしばこれを見出すことができる。それは古代人にとっては、うそではなく、真実と確信せられていたはずである。法律の文面通りに行うことは、正直は正直でも、上に馬鹿がつき、大人の思案ではないということは、やはりわが国において特に顕著な法意識の如くである。それならば、このような思考は、どのような背景より生れたのであろうか。

日本においては、奈良期以来、律令格式、貞永式目、各種新制、御定書と次々と成文法典が作られたが、ある時代の初期に法が作られると、それが固定化して、改正作業が思うにまかせない傾向がみられる。その理由は、後世の人々が、不磨の法典とか、祖宗の法とか称して、法改正に熱意をもたないからである。一方、社会の方は、法律におかまいなしに、どんどん変化し、ここに法が正しいとする処と、「時宜」すなわち社会が正しいとする処とが大きく乖離する現象が起ってくる。その上、日本の為政者は、必要以上に法を厳格に作りたがるくせがある。前にのべた鴨事件の如きも、本来は、江戸城防備を目的とする条文なのに、鴨一羽殺しても重罪という如き、威嚇を行うのである。収穫の50%をとり上げるという五公五民の税率のごときも同じである。それならば、彼等はそれをそのままに実行にうつす気があるのかというと、かならずしもそうではない。彼等は、その時その時において、法の運用を弾力的に行い、人民を納得せしめればそれでよしとするのであって、上述の税率も、実際は代官が大いに手心を加え、幕府領では、大体三〇パーセント程度であったといわれている。

大岡裁きの成立時期については、何段階にも分れ、次第に説話が累積されたと思われる故に明かになしえないが、その大半は幕末期と思われる。とすれば、それは法と社会との乖離がどうにもならなくなった時代であって、それ故にこそ、これがまとめられる時代的要望が生じたのであろう。

さて、日本独自の法運用の特殊性は、今日なお、意義を持ちつづけている。現行法の大部分は、明治初年に、条約改正というきわめて政治的な必要より採用された西洋よりの継受法であって、法と社会との乖離は、はじめから存在していた。しかも為政者の厳刑ぐせも、依然としてうけつがれ、中国人より、日本人は、「法匪」であるとの悪名を頂戴している。

したがって、大岡的法意識は、今日なお生き残り、しばしば新聞誌上をにぎあわす名裁判にはこのたぐいのものが多く見出だされる。

やや旧聞に属するが、その代表例をあげておこう。なお、裁判史料としては、当然に判決を重視すべきであるが、法意識論の視角よりすると、かかる意識が、明瞭にうかがわれるのは、むしろ上告理由書であるので、先ずそれより論じてゆこう。

明治四十年の頃、ある煙草耕作人が、葉煙草七分ばかりをきざみとして、これを消費した。ところが、これが専売法四十八条一項に違反するというので起訴されたが、同四十三年上告審である大審院に対する上告理由書の要旨は次の如くである。

葉煙草七分の価格は、一厘程度にすぎず、しかもこれによって生ずる国家の利益は四毛を越えるものではない。したがって四毛程度の金は、「善用シテ益スル所数ナラズ、之ヲ悪用シテ毒スル所看ルヲ得ズ」、法の制裁の範囲に入らない金額である。したがって、被告は無罪とすべきである。

しかし、法律上は、一厘であろうと、四毛であろうと金は金であり、これをゼロとみなすことは出来ない。上告理由のいう「金四毛ハ四捨五入ノ法則ニ則リ、之ヲ切捨ルベキモノナリ」などという論理は、まことに乱暴である。そもそも金額の大小により法益の侵害の有無を論ずるとすれば、ことはどうしても主観にたよることとなろう。しかも理由書は、その論を正当化するために、「四捨五入」などという、頓智じみた言を連ねており、明かに事実の認定を故意に曲げることを求めているといわざるをえない。

これに対して、大審院裁判官は、事実認定論に近い理由書を、法律論たる可罰的違法性の論理にかえてはいるが、結局のところ理由書の結論を認めて、被告無罪をいい渡している。

したがって、「一厘事件」とよばれるこの判例を名裁判とする以上、大岡裁きの精神は、いまだ脈々として生きつづけているといわざるをえない。

現代の裁判官たちは、このたぐいの法の運用に弾力性をもたせる理由を多く「社会的需要のため」ということに求めている。「社会的需要」とは何かというと、それは結局のところ、日本人の伝統的法意識ということに帰せざるをえないと思う。大岡裁きの如き説話の数々は、まさにこの抽象的文言に具体性をもたらすものとして意義を有するわけである。本文でのべた如く、裁判官が一流の社会人であり、社会に対する充分なる知見を有する限り、脱法に近いこの種の判決も、名裁判となる余地が残されているのである。

故野村湖堂氏の「銭形平次」にも、大岡裁き的な頓智話、人情話、たとえば、殺人事件を「かまいたち」であるとして見逃すという話しが多く採用されている。同書が、いまなお、多くの愛読者を保持している因由は、ここにあると思う。史学者としては、この書には、多くの疑点がある。とくに、江戸期目あかしの中で、最も質が悪いときらわれている調査費用、生活費の出どころが不たしかな平次を、英雄にまつり上げている処などは、その最たるものである。十九世紀の英国社会を背景とするシャイロック・ホームズの構想を、江戸期におきかえることは、所詮無理である。ベーカー・ストリートと、神田御玉池とは、余りにもはなれすぎている。

しかし、この書は、かかる疑義を越えて法制史の学習のために大いに有用である。

私が、法制史研究を志す若き秀才諸彦に対して「律」よりも、「令集解」よりも「法曹至要抄」よりも、「徳川禁令考」よりも先に、同書を読むことをすすめる理由はここにあるわけである。

（後記）

大岡裁判については、小山松吉氏の「名判官物語」が特に詳細である。また、説話の出典、その性格については、瀧川政次郎氏の随筆集「裁判史話」が特にすぐれている。また、裁判における「嘘」を最初にとりあげた末弘嚴太郎氏の「嘘の効用」（「末弘著作集Ⅳ」）も、日本法を論ずるに必ず参照さるべき書である。読者は就いで、右記の諸書を参照されたい。

外篇三　判例研究

法律学の学習に於て、裁判所が具体的ケースでいかなる判断を示すかが所謂「判例の予測可能性」という視点からも重要であることについては総論および各論での説明からも明かである。

本外篇では、最高裁判所で判断された具体的事例を取りあげ判例研究の在り方を考えてみたい。

刑事裁判は、最高裁判所での最終的判断までのプロセスが三審制度としてその前提とされている。とりわけ、控訴審判決に不服がある時は、刑事訴訟法四〇五条、四〇六条及び四一一条を根拠に上告することができる。

判例研究では、一審判決、控訴審判決（原審判決）、上告趣意、最高裁判決のそれぞれの検討が不可欠となる。それ故、先づかかる判決文等を資料として掲げた上で、判例研究を展開してみよう。

〔資料〕

一・一審判決

通貨及証券模造取締法違反被告事件

（五六（わ）第一二〇三号・一二〇四号　五九・九・三　札幌地裁刑事第一部判決）　被告人・弁護人控訴

被告人　花本徳美　ほか一人

参　照　一につき　通貨及証券模造取締法一条
二につき　刑法三八条三項

主　文

1　被告人花本を懲役三月に処する。
同被告人に対し、この裁判の確定した日から一年間右刑の執行を猶予する。
2　被告人那珂川を懲役一月に処する。
同被告人に対し、この裁判の確定した日から一年間右刑の執行を猶予する。
3　訴訟費用中、国選弁護人に関する分及び証人牧口寅雄に関する分は被告人中川の負担とし、その余はその二分の一ずつを各被告人の負担とする。

理　由

(罪となるべき事実)
被告人花本は、札幌市中央区北五条西一五丁目所在の飲食店「五十三次」を経営していたもの、被告人中川は、牧口寅雄が経営する同区南二一条西一一丁目所在の飲食店「大黒家」の営業に関与していたものであって、被告人両名は、かねてより知人の間柄にあったものであるが、
第一　被告人花本は、昭和五六年七月一日開店の「五十三次」店の宣伝のため、日本銀行発行の百円紙幣(板垣退助像のB百円券)を模した広告物を印刷して領布しようと企て、札幌市中央区北七条西一一丁目一番地所在の株式会社サン写真製版所の経営者吉田昭子らと共謀の上、
一　昭和五六年六月二二日ころ、前記サン写真製版所において、表面は、四色写真製版の方法により日本銀行発行の百円紙幣を同寸大、同図案かつほぼ同色に擬したデザインとした上、その上下二か所に小さく「サービス券」と赤い文字で記載し、裏面は、白地に「五十三次」店の店名、その所在を示す地図及びメニューなどの広告を記載したサービ

ス券の写真原版を作成し、同月二九日ころ、同市西区発寒三条五丁目三九五番地有限会社明治印刷において、同社代表取締役福田茂行をして右写真原版に基づきサラシクラフト紙を使用して右サービス券約一万枚を印刷させ、もって、日本銀行券に紛らわしい外観を有するものを製造し、

二　同年七月一三日ころ、前記サン写真製版所において、表面は、四色写真製版の方法により日本銀行発行の百円紙幣を同寸大、同図案かつほぼ同色に擬したデザインとした上、その上下二か所にある紙幣番号を「五十三次」店の電話番号に、中央上部にある「日本銀行券」の表示を「五十三次券」の表示にそれぞれさりげなく変えるなどして記載し、裏面は、ほぼ前同様の広告を記載したサービス券の写真原版を作成し、同月一七日ころ、前記明治印刷において、前記福田をして右写真原版に基づき上質紙を使用して右サービス券約一万枚を印刷させ、もって、日本銀行券に紛らわしい外観を有するものを製造し、

第二　被告人中川は、「大黒家」店の宣伝のため、被告人花本の製造に係る前記サービス券と類似の広告物を印刷して頒布しようと企て、前記牧口及び吉田らと共謀の上、昭和五六年七月一四日ころ、前記サン写真製版所において、表面は、四色写真製版の方法により日本銀行発行の百円紙幣を同寸大、同図案かつほぼ同色に擬したデザインとした上、その上下二か所にある紙幣番号を「大黒家」店の電話番号に、中央上部にある「日本銀行券」の表示を「大黒家券」の表示にそれぞれさりげなく変えるなどして記載し、裏面は、白地に「大黒家」店の店名、その所在を示す地図及び宣伝文句などの広告を記載したサービス券の写真原版を作成し、同年七月一五日ころ、札幌市中央区南六条西一二丁目一二九九番地展文社総合印刷株式会社において、同社代表取締役谷口武雄をして右写真原版に基づき上質紙を使用して右サービス券約一万枚を印刷させ、もって、日本銀行券に紛らわしい外観を有するものを製造したものである。

（証拠の標目）（略）

（法令の適用）

被告人花本の判示第一の一、二、被告人中川の判示第二の各所為は、いずれも刑法六〇条、通貨及証券模造取締法二

条、一条、刑法施行法一九条、二条に該当するが、被告人花本の右各所為は刑法四五条前段の併合罪であるから同法四七条本文、一〇条により犯情の重い判示第一の一の罪の刑に法定の加重をし、同被告人については右加重をした刑期の範囲内でこれを懲役三月に処し、被告人中川についてはその所定刑期の範囲内でこれを懲役一月に処し、被告人両名に対し、情状により同法二五条一項を適用してこの裁判の確定した日からそれぞれ一年間右各刑の執行を猶予することとし、訴訟費用については、刑事訴訟法一八一条一項本文を適用して、被告人中川のみに係る国選弁護人に関する分及び証人牧口寅雄に関する分は同被告人の負担とし、その余の被告人両名に係る分はその二分の一ずつを各被告人の負担とする。

（弁護人の主張に対する判断）

各弁護人の主張は、多岐にわたるが、その内容には共通する部分が多く、証拠関係も一部を除きほぼ共通であるので、便宜一括して論ずることとする。

一　憲法違反の主張について

弁護人は、通貨及証券模造取締法は、銀行紙幣に紛らわしい外観を有するものの製造等を処罰することとしているが、同法一条の「紛ハシキ外観ヲ有スルモノ」なる文言は、犯罪構成要件としては、余りにも広汎かつ漠然としており、無限定であるから、憲法三一条に違反し、無効である旨主張する。

しかしながら、右文言は、真正な銀行紙幣等と誤認される危険のあるものを規制しようとする通貨及証券模造取締法の立法趣旨等に照らし、社会通念に従ってこれを合理的に解釈することが十分可能であり、既に同旨の判例も存在するところであって、所論は、前提を欠き、採用することができない。

二　構成要件不該当の主張について

弁護人は、本件で問題となって百円紙幣は、既に実質的な強制通用力を失っており、同法一条にいう「銀行紙幣」には該当しない、また、本件サービス券は、いずれも、裏面がすべて広告であって、表面にも百円紙幣とは異なった文言が記載されている上、紙質も異なっており、百円紙幣と「紛ハシキ外観ヲ有スルモノ」には該当しない旨主張する。

しかしながら、（証拠略）によれば、本件で問題となった百円紙幣は、昭和二八年一二月一日に発行され、その後昭和四九年八月一日に支払（発行）停止措置がとられたものの、これまでに通用停止措置がとられたことはなく、今なお通用力を有する日本銀行券のひとつであることが認められ、右百円紙幣が同法一条にいう「銀行紙幣」に該当するとの点は動かし難い。

次に、（証拠略）によれば、本件各百円模造紙幣は、判示認定のとおり、いずれもその表面（片面）全部が四色写真製版の方法により真券を同寸大、同図案かつほぼ同色に擬したデザインとなっていること、その同じ面には「サービス券」の文字が追加して記載され、あるいは紙幣番号が店の電話番号に、「日本銀行券」の表示中「日本銀行」の部分が店名にそれぞれ変更して記載されている事情はあるが、これらの修正は、追加された文字が小さめであったり、変更後の文字等の色調が目立たないものであったりするため、一見してそれらが真正な百円紙幣でないことを識別させるほどはっきりした体裁にはなっていないこと、裏面の図柄が百円紙幣とは全く無縁のものであり、また紙の質も紙幣とは相当異なっているというような事情はあるが、少なくとも多少の距離をおいて表面を見る限りにおいては、これらの事情は、それらが真券でないことを識別させるのに格別資するものではないことなどの事実が認められのであって、以上によれば、本件各百円模造紙幣は、その用い方いかんによっては通常人をして真正な百円紙幣と誤認させる危険を有する程度に真券と紛らわしいものであったと見るのが相当であり、近時百円紙幣が必ずしも一般に流通しておらず、むしろ稀少価値を持っていることや、本件各百円模造紙幣を悪用した詐欺事犯等が現実には全く発生していないことも、本件各百円模造紙幣自体の前記形状等にかんがみ、真券との紛らわしさに関する右判断に消長を及ぼすものではなく、本件各百円模造紙幣が百円紙幣と「紛ハシキ外観ヲ有スルモノ」に該当することも、やはり動かし難いというべきである。

したがって、構成要件不該当の主張は、いずれも採用することができない。

三　可罰的違法性欠如の主張について

弁護人は、被告人らの本件各行為は、いずれも、その動機が非犯罪的なものであったこと、欺罔手段として悪用される等の実害がなかったことなどに徴し、可罰的違法性を欠いている旨主張する。

なるほど、関係各証拠によれば、被告人らが本件各行為に及んだ動機は、店の宣伝効果が上がるようなサービス券を作成するという点にあり、これを欺罔手段などとして悪用する意図は全くなかったこと、そして前記のとおり本件各百円模造紙幣を悪用した詐欺事犯が現実にも発生していないことを認めることができるが、しかし、本件各百円模造紙幣が真券とはなはだ紛らわしいこと、製造された枚数が一万枚単位の多数に及んでいること、製造後その相当部分が実際に領布されていること等本件証拠上明らかな具体的諸事情に照らし、なんら可罰的違法性に欠けるところはないと言うべきであるから、所論は理由がない。

四　違法性の錯誤の主張について

1　弁護人らは、被告人らは、通貨及証券模造取締法の特殊性、百円紙幣の流通状況、警察署及び銀行と事前に相談した際に得た感触などから、本件行為が違法であるとの認識を欠いていたものであり、かつそのような認識を欠いていたことにつき相当の理由が存在したと言うべきであるから、犯罪の故意を欠き罪とならない旨主張する。

2　そこで、まず被告人らの本件各犯行を巡る前後の事情について検討することとする。

関係各証拠によれば、概略次の事実を認めることができる。

（一）　被告人花本は、自ら経営する飲食店「五十三次」の開店を昭和五六年七月一日に控え、宣伝効果の上がるようなサービス券の作成を考えていたところ、近時百円紙幣が一般にほとんど流通しておらず巷間で珍重されていることに着眼し、片面を百円紙幣にそっくり似せたサービス券であれば十分な宣伝効果を上げられるのではないかと思いつき、同年六月中旬ころ、自分が他に経営するラーメン店の得意先としてかねてから知っていたサン写真製版所の経営者吉田昭子らに対し、その意図を打ち明けて右サービス券の印刷作成を依頼した。ところが、サン写真製版所側では、同社が行っている写真製版の方法によれば、同被告人の言うサービス券は、紙質、すかし等は別にしても、片面が真券とほぼそっくり同じものになってしまうことに不安を感じ、具体的にいかなる法律に違反するかについてまでは確信が持てなかったものの、そのようなものを作成するのはまずいのではないかなどと述べ、依頼に応ずるのに消極的な姿勢を示した。そこで、同被告人は、そのようなサービス券を作成しても問題はない旨の確認を札幌方面西警察署に行って取ってくると述べ、同日の話は、それまでとなった。

（二）　同被告人は、その後まもなく西警察署を訪れ、かねてより銃の所持に関する許可事務を通じて顔見知りとなっていた防犯課保安係の野崎肇巡査に対し、前記サービス券を作成することに何か警察との関係で問題があるかどうか尋ねたところ、同巡査のほか、その場に居合わせた上司の中山弘防犯係長も相談に応じ、同係長らは、六法全書を開いて通貨及証券模造取締法の部分を同被告人に示し、そのような法律があって紙幣と紛らわしいものを作ってはいけないことになっている、同寸大で片面が真券と同じであればこの法律に違反する、サービス券の寸法を真券より大きくしたり「見本」「サービス券」などの文字を入れたりしてだれが見ても紛らわしくないようにすればよいのではないかなどと助言したところ、同被告人は、一応納得した様子で退去した。

（三）　また、同被告人は、そのころ、自らの取引銀行である北海道相互銀行札幌駅前支店の支店長代理梅津孝秋に対し、前記サービス券を作成して領布する計画があることを打ち明け、その際には百円札に似せた演出効果を高めるためサービス券に同銀行の帯封を巻いて欲しい旨依頼したところ、同人は、広告物たるサービス券であれば、帯封を巻いても特に支障はないものと考え、格別上司等に相談することもなく、これを了解した。

（四）　同被告人は、西警察署で前記のような助言を得たことから、問題を避けるためには、寸法を変えるか百円札を模した面に文字を追加するかして真券と紛らわしくないような措置を講ずる必要があると知ったが、しかし、そのような措置を講ずれば、百円紙幣そっくりのサービス券を作成して人目をひき、それによって宣伝効果を上げようという当初の意図からはかなり隔たってしまうことになるため、直ちにそうする気にもなれず、思案するうち、西警察署で助言してくれた警察官の対応が極めて友好的であったことや、サービス券のことぐらいで現実に深刻な問題が生ずるとも思えなかったことなどから、右の措置を講ずることなく、当初の計画どおり同寸大で片面が真券と同じサービス券を作成しても、もしかしたら大丈夫ではないかとの考えを生ずるに至った。そこで、同被告人は、サン写真製版所に赴き、西警察署で特に問題はない旨の確認を取ってきたと自らの希望的観測によって脚色した話を述べ、また、サービス券ができ上がった際には銀行に帯封をしてもらえるようその内諾を得ている旨も告げた。その結果、サン写真製版所側では、同被告人の話を信じ、その依頼に応じてサービス券を作成することとした。なお、サン写真製版所側は、サービス券の注文を受けた後、自らの取引銀行を通じてそのような印刷物を作成することの可否を調べたが、これを否とする結果は得られず、また、自ら西警察署と連絡をとって同被告人の話を確かめるということはしなかった。

（五）　サン写真製版所は、同被告人の注文どおり、百円紙幣と同寸大で片面を四色写真製版の方法により同紙幣にそっくり似せたサービス券の写真原版を作成したが、そのまま印刷すれば余りにも真券とそっくりのサービス券ができ上がってしまうことにやはり不安を感じ、同被告人に対し、百円紙幣に似せた面に「サービス券」の文字を追加するよう提案したところ、同被告人も、西警察署でその旨の助言を得ていたこともあり、渋々これを了承して右文字の追加をサン写真製版所に任せ、かくして、判示第一の一のとおり、同記載のサービス券約一万枚が作成されるに至った。

（六）　同被告人は、右サービス券ができ上がると、これを北海道相互銀行札幌駅前支店に持ち込み、同支店の前記梅津は、かねての了解に基づき、部下の行員若干名をして同支店内において約一万枚のサービス券の一部につき適当な枚数ごとに同銀行名の入った帯封をかけさせた上、同被告人に引き渡した。

（七）　同被告人は、そのころ、右帯封をかけたサービス券一束約一〇〇枚を格別の予告なしに西警察署防犯課保安係に持参し、前記助言を受けた中山係長及び野崎巡査に対し、主に署員の来店を促す宣伝活動の一環としてこれを交付した。中山係長らは、一見して右サービス券の片面が百円紙幣に酷似していたため、先の助言に沿っているとは言い難いものがいきなり作成されてしまったことに少なからぬ驚きと戸惑いを感じたが、さればといって、余りなじみのない通貨及証券模造取締法に関することでもあり、既に刷り上がってしまっている右サービス券が直ちに同法違反の物件であると断定するほどの確信が持てなかったので、その場では、右サービス券を作成したことをあからさまに非難したりその領布を禁止したりすることなく、一応これを受け取るとともに、野崎巡査において、珍しいサービス券があるとして防犯課の同室者らに分けて配付した。その際、右サービス券を見た同室者らからは、違法物件の疑いがある旨の話は特に出ず、その後、中山係長らは、他の事務に忙殺されて過ごすうち、右サービス券に関しては格別の検討を行わないままに経過することとなった。

（八）　同被告人は、でき上がった右サービス券につき中山係長らから格別の警告も受けなかった上、右サービス券が一般に好評で所期の宣伝効果を上げることができたと感ぜられたので、これを増刷しようと考え、今回は、更に工夫を凝らし、「サービス券」の文字を削除し、代わりに「五十三次」店の電話番号や店名をその余の部分と調和する形状、色彩によりさりげなく盛り込むこととして、サン写真製版所に依頼し、かくして判示第一の二のとおり、同記載のサービス券約一万枚が作成されるに至った。

（九）　被告人中川は、牧口寅雄が経営する「大黒家」店の営業に関与していたが、同年六月末ころ、被告人花本が作成した前記サービス券を見て牧口ともどもできばえに感心し、その後、同人と相談の上、同様のサービス券を「大黒家」店についても作成したいと考え、同被告人に話を持ちかけたところ、同被告人から、サン写真製版所にある原版を使って同じようなサービス券を作ってよい、このサービス券は百円札に似ているが警察では問題ないと言っており、現に警察に配付してから相当日時が経過しているが別に何の話もない、帯封は銀行で巻いてもらったなどと聞かされ、近時一般にほとんど流通していない百円紙幣に関することでもあり、これらの話を全面的に信頼し、格別の不安を感ずることなく、右サービス券を作成することとし、サン写真製版所にこれを発注したところ、サン写真製版所も気軽にこれに応じ、かくして、判示第二のとおり、同記載のサービス券約一万枚が作成されるに至った。

（一〇）　牧口は、サービス券ができ上がると、まもなく客寄せのためこれを「大黒家」店の近くにある札幌方面南警察署にも領布しようと考え、同年七月中旬ころ、自ら南警察署を訪れて佐々木栄一副署長と面談し、署員の来店を促して封筒入りの右サービス券若干を交付した。佐々木副所長は、右サービス券が百円紙幣に酷似していることに注意をひかれたものの、その他の事務に忙殺されていたため、その点については格別の話をすることなく短時分で面談を終え、その後右サービス券については気にとめることもなく手元に置いて時を経過するうち、いつしか右サービス券はすべて散逸してしまった。

（一一）　本件各サービス券については、右のような次第で特にいわゆる警察沙汰になることなく推移したが、当初のサービス券ができ上がってから約一か月経過した後の同年七月二七日、南警察署員が喫煙していた少年を補導しその所持品を調べたところ、判示第二のサービス券二枚が発見されたことを契機として、通貨及証券模造取締法違反事件としての捜査が開始され、結局本件各公訴が提起されるに至った。

以上の事実を認めることができる。なお、これらのうち、被告人花本と西警察署の中山係長らとのやりとりに関する部分については、双方の言い分に若干食違いの存在する点があり、同被告人は、警察側の助言がややあいまいであったことなどを供述し、他方、中山係長らは、必ず大きさを二倍ないし三倍にするよう助言したこと、サービス券を持ち込まれた際それが法に触れるおそれがある旨警告的な話もしたことなどを供述しているところ、本件がいわば大事となった後の段階においては、それぞれの置かれた立場上、実際以上にそのような点が強調されやすい傾向にあることは容易に了解し得るところであって、現在双方に置かれている立場に十分留意しつつ、各供述の信用性を争いのない四囲の状況事実と対比して検討すれば、既述のとおり認定するのが相当であると言うことができる。

3

ところで、仮に、違法性の錯誤につき相当の理由があるときは犯罪が成立しない旨の見解を是認するとしても、違法性の錯誤につき相当の理由があると言い得るためには、確定した判例や所管官庁の指示に従って行動した場合ないしこれに準ずる場合のように、自己の行為が適法であると誤信したことについて行為者を非難することができないと認められる特段の事情が存在することが必要であると解されるところ、前記の認定事実によれば、本件においては、いまだそのような特段の事情が存在したとは言うことができない。

すなわち、まず、被告人花本の判示第一の一の事実について見ると、同被告人は、西警察署の中山係長らから、六法全書の該当部分を示された上、通貨及証券模造取締法により銀行紙幣に紛らわしいものの製造が禁止されていることを明瞭に指摘されるとともに、同寸大で片面が真券と同じものは同法に触れるおそれがあるので、サービス券の寸法を真券より大きくしたり「見本」「サービス券」などの文字を入れたりしてだれが見ても紛らわしくないようにすればよいのではないかなどと、ある程度具体的な助言まで得たにもかかわらず、サービス券の宣伝効果の追求に急であったことに、自らの希望的観測も加わって、当初右助言を全く無視し、サン写真製版所に対しては、西警察署で問題はない旨の確認を取ってきたなどと虚偽を述べ、あえて片面が真券と同じサービス券の作成を依頼しているのであり、また、その後サン写真製版所側から、せめて「サービス券」の文字を入れたほうがよいのではないかとの申し出を受けた際にも、これに同意こそしたものの、真券との紛らわしさを避けるに足る「サービス券」の文字の配置や大きさなどに関して格別の指示を与えることもなく、中山係長らの助言に無関心な態度をとり続けたものと言わざるを得ないのである。なお、同被告人の供述中には、中山係長らの助言はややあいまいなところがあり、裏面が広告であれば表面は真券と同じでも問題はないとの趣旨にも理解できたなどと弁明する部分があるが、中山係長らの助言が裏面を広告とすることを前提にした上で大きさを変えたり文字を追加したりすべき旨を指摘していることは、当初のいきさつから明白であり、同被告人自身も、結局のところ、片面が真券と同じであるのは警察で受けた助言と符号していないことを認めているのであって、右弁明的供述は、到底信用し難いと言うべきであるのみならず、仮に、警察で受けた助言になお理解し切れないものが真にあったのであれば、既に六法全書の該当部分を示されて法的規制の存在を教えられていたのであるから、遅くとも印刷原稿の段階ないしは試作品の段階など修正を容れる余地があるような時点で再度中山係長らに相談することを考慮するのが当然であり、かつそうすることに格別の障害があったわけでもないのに、同被告人は、あえていきなり本件サービス券を大量に作成してしまう道を選んだものにほかならないと言うべきであり、いずれにしても、同被告人が中山係長らの助言を無視し、あるいはこれに無関心であったとの評価を免れることはできない。また、右サービス券につき銀行関係者が格別の不安を感ずることなく帯封をかけることを約束し実行するなどして積極的に協力していることは、金銭を取り扱う専門家としてはいささか軽率のそしりを免れないところであるとともに、このことが同被告人の希望的観測を助長したことも否定できないと思われるが、とりわけ前記のような助言の存在した本件にあっては、銀行関係者の右の程度の言動が違法性の錯誤に関する相当の理由となり得ないことは明らかである。

次に同被告人の判示第一の二の事実について見ると、同被告人は、判示第一の一のサービス券を西警察署に持参した際、中山係長らからそれが法に触れたものである旨の指摘が特になく、その後も格別のことがなく約二週間が経過したため、右サービス券は既に警察によって許容されたものと理解していたというのであるが、本件は、警察側に対して確認してできた上がったサービス券の可否を真摯に尋ね、警察側の明確な了解を得た上で次の製造行為に及んだというような場合とは、おのずから事案を異にし、違法性の錯誤に関する相当の理由ありとするには、いかにしても足りないものが残る。すなわち、同被告人が右サービス券を西警察署に持参した時期は、単に若干の試作品を作ってみたというような準備段階ではなく、既に一万枚にも及ぶ大量のサービス券を作成し帯封も終えた後であって、持参の趣旨は、でき上がった現物を示して警察側の判断を更に仰ぐという色彩は極めて薄く、むしろ、警察側から文句を言われることはまずあるまいと楽観した上、同被告人も自認するように、これを配付して署員の来店を促す宣伝活動の点に主眼があったものと見られるのであり、それゆえに、同被告人から中山係長らに対し改めてサービス券の可否につき判断を求める具体的な相談はされていない。そして、中山係長らが、先に、六法全書を開いた上ある程度具体的にほぼ適切な助言を与え、同被告人に対し、この種のサービス券が通貨及証券模造取締法との関係で微妙な問題をはらんでいることをかなり明瞭な形で告げていたことは、前記のとおりである。そうしてみると、既に刷り上がってしまっている右サービス券の現物を突然客寄せのために持ち込まれた形の西警察署が、そのころ明示の警告をしなかったという一事をもって、同警察署が同被告人に対し事実上右サービス券を許容するいわゆるお墨付きを与えたものであるなどと評価することはできない。もとより、同被告人が判示第一の一のサービス券を西警察署に持参した際ないしはこれに近接した時期に、中山係長らが右サービス券はかねての助言に反しており法に触れているおそれがある旨強く警告していれば、それ以降の犯行は防止できたのではないかということは考えられないではなく、同係長らとしては、そうすることが望ましかったと言うことはできるが、通貨及証券模造取締法に不慣れで右サービス券が違法物件であるとの確信までは持てなかったことから、そのような警告をするに至らなかったという事情も、それなりに理解し得ないわけではなく、いずれにせよ、本件においては、中山係長らが同被告人に対し誤って積極的に右サービス券を許可容認したというような事情は全く存在しないのであって、単に積極的な警告を発するに至らなかったというのにとどまるものであるから、右のような警告がなかったことをもって直ちに警察の了承をとりつけたものとは言い難いのみならず、とりわけ当初の段階においてあらかじめほぼ適切な助言が現に行われていた事実関係の下にあっては、黙示的にせよ警察の許しを得たものなどと見ることはできないと言うべきである。

結局、被告人花本は、判示第一の一の犯行に際し、違法性の意識がやや希薄であり、判示第一の二の犯行に際しては、違法性の意識が一層希薄となり、これを欠いていたとも見得るような状態にあったものとは認められるが、前記特段の事情の存在を認めることはできず、違法性の意識の可能性を有していたことはそれぞれ明らかであって、違法性の錯誤に関する相当の理由はないものと言わざるを得ない。

また、被告人中川の判示第二の事実について見ると、同被告人としては、自ら作成しようとするサービス券が問題のないものであるか否かにつき独自に調査検討したことはなく、専ら先行していた被告人花本の話を全面的に信頼していたものであるところ、既に述べたとおり、同被告人の関係において違法性の錯誤につき相当の理由が認められず、他に被告人中川が被告人花本の話を信頼するのも無理からぬものがあると思わせるような格別の事情の存在もうかがわれないから、被告人中川についても右相当の理由を認める余地はないものと考えられる。近時百円紙幣が一般に流通していないことや、サン写真製版所が被告人中川の注文にたやすく応じたこと等も、右判断に消長を及ぼす性質の事情とは認め難い。なお、牧口が判示第二のサービス券を南警察署に持参した際、佐々木副署長から格別警告的な話が出なかったことは事実であるが、突然客寄せのため右サービス券を持って来訪してきた牧口に対し、同副署長が多忙なさなか短時分のうちにそのような警告をするに至らなかったとしても、ある程度やむを得ないものと言うべきである上、そもそも、右の事実は、「製造」という犯罪行為が終了した後の事情に過ぎないから、いずれにせよ違法性の錯誤に関する相当の理由の基礎となし得る性質のものではない。

結局、被告人中川は判示第二の犯行に際し、違法性の意識を欠いていたものとは認められるが、前記特段の事情の存在を認めることはできず、違法性の意識の可能性を有していたことは明らかであって、違法性の錯誤に関する相当の理由はないものと言わざるを得ない。

4　以上の次第であるから、被告人の判示各犯行は、いずれも違法性の錯誤につき相当な理由を有する場合ではなく、所論は、前提を欠き、採用することができない。

五　公訴権濫用の主張について

被告人中川の弁護人は、本件は、警察官が警告すべき機会を具体的に得ていたにもかかわらず、漫然これを黙認した結果引き起こされた事案であるから、このような事案について公訴を提起することは、市民をわなにかけることになりかねないと言うべきであり、また、判示第二の事実につき同被告人のみを起訴し、「大黒家」店の経営者である共犯者の牧口を起訴していないのは、著しく不公平であって、同被告人に対する本件公訴の提起は、公訴権を濫用してなされたものである旨主張する。

しかしながら、本件が市民をわなにかけたというような実体の事案でないことは、これまでに説示したところから明らかであり、また、同被告人のみを起訴し、共犯者の牧口を起訴していない点も、証拠によって認められる両者の具体的な関与の態様等にかんがみ、なお検察官の裁量の範囲内にあるものと認められるのであって、公訴権濫用の主張は、理由がない。

(量刑の理由)

本件の各サービス券は、その片面が写真製版によって百円紙幣と酷似した体裁に作成されており、特に大量のそれをまのあたりにするとき、見る者をして一種の不安感、危険感を感じさせることは否定し難く、まさに通貨及証券模造取締法による規制の対象物件と目されるものであって、これらを大量に作成領布した被告人らの行為が責められるのは、やむを得ないものと言うべきである。なかでも、被告人花本は、当初警察官から同法による規制の存在を知らされた上、同法違反になることを避けるための方途まで助言を受け、犯行を思いとどまる機会を与えられたにもかかわらず、百円紙幣にそっくりのものを作って人目をひきたいというアイディアに執着し、せっかくの助言をあえて軽視し、その独断で犯行に進んで行ったものであって、この点は、まことに遺憾であり、また、同被告人の犯行が被告人中川の犯行を誘発したということを否定できず、犯行が二回にわたり、製造されたサービス券の枚数が多いことをも併せ考慮すれば、その責任は、被告人中川のそれに比して、一段と看過し難いものがあると言わなければならない。

しかしながら、本件各犯行については、被告人のために酌むべき情状も少なからず存在する。すなわち、通貨及証券模造取締法が一般になじみの薄い特殊な法律であって、その犯罪構成要件の一部に一見したところやや難解と言えなくもないような点が存在すること、百円紙幣が今日においては一般にほとんど流通しておらず、しかも昨今の貨幣価値に照らしてその券面額が少額であり、これを模したサービス券を作成しても悪用されるおそれは比較的小さいものと考えられ、実際にも本券サービス券が悪用されるような事態は生じていないこと、西警察署の中山係長らによる当初の助言とサン写真製版所が一時示した若干のためらいを除けば、本件サービス券の作成領布に関する警告めいた話は、これに関与した警察官、銀行員、製版業者などのだれからも被告人らに対して出されておらず、この種の問題にある程度通じていると思われるこれらの者が周辺に存在していながら、被告人らの犯行に途中で強いブレーキをかける者がいなかったこと、本件サービス券の領布を受けた警察官らからは格別これを違法視するような具体的な動きはなく、被告人らとしてもいわば問題は解決済みであると考えていた矢先に、突然予想外の経過から別の警察官らによって本件が摘発されるに至ったこと、被告人らが本件各サービス券を作成したのは、ひとえに宣伝効果をあげて営業の向上を図りたいというそれ自体としては何ら問題のない動機に出たものであり、全く他意はなかったこと等々の事実が認められるのであって、これらは、全体として本件が極めて特殊かつ異例の事案であることを如実に示しているとともに、そのひとつひとつが被告人らのために酌むべき重要な情状であると言うことができる。とりわけ、被告人らの違法性の意識が前判示のとおりの事情から希薄化ないしは欠如していたと見られる点については、本件における刑の量定上、十分留意する必要があるものと考えられる。更に、被告人らは、いずれもこれまでに全く前科がなく、また前歴もないに等しく、まじめな社会人として生活してきた様子が認められるのであり、そうしてみると、この種のサービス券が法律上なお許容されないものであることが明らかとなった以上、元来犯罪傾向のない被告人らが今後同種犯行に及ぶような事態はにわかに想定し難く、再犯のおそれはないと考えられるのみならず、先に指摘した数々の具体的事情に照らすと、ひたすら被告人らの責任のみを強く追求するのは、必ずしも当を得たものとは言い難いと考えられるのであって、現時点において被告人らに対し重い刑罰を科することは、刑政上もその必要があるとは思われない。

そこで、被告人らに対する処罰は、それぞれの責任の程度に応じて必要最小限度にとどめるべきこととし、主文記載の各刑をもって相当と判断した次第である。（求刑被告人花本につき懲役六月、同中川につき懲役四月）

よって、主文のとおり判決する。

（裁判官　永井敏雄）

（刑事裁判月報第一六巻九・一〇号七〇一頁以下）

二．原審判決

第二審判決の主文及び理由

主　文

本件各控訴を棄却する。

理　由

被告人花本に関する控訴の趣意は、弁護人山口均、同上口利男提出の控訴趣意書、被告人中川に関する控訴の趣意は、弁護人村松弘康提出の控訴趣意書（ただし、同趣意書の第一の六は陳述しない。）にそれぞれ記載されたとおりであるから、これらを引用する。

弁護人山口、同上口提出の控訴趣意書第二、一について

所論は原判示第一の一、二の各サービス券は、いずれも一見して真券と異なるものであり、特に今日の百円紙幣の流通状況の下では誤認混同の危険性は考えられないから、右サービス券は通貨及証券模造取締法一条にいう「紛ハシキ外観ヲ有スルモノ」に該当しないのに、これに該当するとした原判決には法令の適用の誤りがある、というのである。

そこで、関係証拠に照らして検討すると、原判決が適切に指摘しているとおり、原判決第一の一、二の本件各サービス券の表面は、真正の日本銀行発行の百円紙幣を基にして、四色写真製版の方法により、これと同寸大、同図柄かつほぼ同色にしてオフセット印刷した精巧なものであり、紙質も類似する上質紙を用いており、ただ、注意して見ると、紙面の上下二か所に「サービス券」の文字が付加され、あるいは紙幣番号を電話番号にしたり、「日本銀行券」との表示部分を店名

に変えたりしているが、それらの文字又は数字はいずれも小さく、しかも真正の紙幣の該当部分の色彩に似ているため、全体としてこれを見ると、際立った相異点といえるものではなく、右印刷面をみる限り、本件サービス券は真正の百円紙幣に十分近似する外観を備えているものである。また、右百円紙幣については、昭和四九年八月一日に支払（発行）停止措置がとられているが、それまで約二〇年間にわたって発行され、現時における実際の流通は皆無に近いが、法的には今なお通用力を有し、かつ多くの人々の認識においても通用力を有するものと信じられていることは否定できないから、その用い方いかんによっては、相手方をして真正の百円紙幣と誤認させるおそれがあるとみるべきである。もっとも、その裏面には広告の文言などが印刷されており、真正の百円紙幣と誤認される余地はないが、通貨及証券模造取締法一条が禁止しようとする対象物は要するに模造品であって、刑法の通貨偽造罪の禁止する対象物ほど高度の外観近似性を必要とするものではなく、判例上も「紛ハシキ外観」かどうかを決定するに際し表裏を一体としてみることは必要とされていないのであるから、本件サービス券が百円紙幣に「紛ハシキ外観ヲ有スルモノ」に該当すると解すべきことは明らかである。

論旨は理由がない。

前記控訴趣意書第二、二について

所論は、原判示第一の一、二の各行為は、その動機、態様、結果からして全く非犯罪的なものであり、通貨及証券模造取締法が予定する自由刑をもって規制する程度の実質的違法性はないから、本件について可罰的違法性を認めた原判決には法令の解釈適用を誤った違法がある、というのである。

しかしながら、原判決が指摘するとおり、本件模造紙幣が真券とはなはだ紛らわしいこと、製造及び領布した枚数の多いことなどに徴すると、被告人花本の本件各行為が可罰的違法性を欠いているなどとは到底いえず、この点に関する原判断は相当であり、論旨は理由がない。

前記控訴趣意書第一及び第二、三について

所論は、要するに、被告人花本は原判示第一、一、二の各サービス券の作成について違法の意識を欠き、これを欠くことについて相当な理由があったのに、原判決が原判示第一、一についてについて違法性の意識があり、また原判示第一、二について違法性の意識はないといえる程度であったが、その点について相当な理由があったとはいえないなどとして、同被告人を有罪としたのは、事実を誤認し法令の解釈適用を誤ったものであるといい、その事由を詳論するものである。

そこで検討すると、関係各証拠を総合すると、この点に関して、原判決が「弁護人の主張に対する判断」四、2、(一)ないし(八)において認定している事実はすべて当裁判所においても肯認することができ、かつそこで示されている法律上の判断もおおむね正当としてこれを是認することができるが、所論にかんがみ、更に若干補足して述べると、次のとおりである。

まず、関係各証拠によると、被告人花本が原判示のサン写真製版所に依頼して原判示第一、一、二の各サービス券を印刷させて製造したこと、原判示第一、一のサービス券の製造前に、同製版所側から百円紙幣の表面とほぼそっくり同じ印刷のサービス券を作成することはまずいのではないかなどといわれたため、札幌方面西警察署防犯課保安係に勤務している知合いの野崎巡査を訪ね、同人及びその場にいた中山係長に相談したところ、同人らから通貨及証券模造取締法の条文を示されたうえ、百円紙幣と紛らわしいものを印刷することは右条文に違反することを告げられ、印刷紙面の大きさを変えるとか、「見本」、「サービス券」などの文字を入れなければいけないなどと助言されたこと、しかし、同被告人は、その際の同警察官らの態度が好意的であり、右助言も必ずそうしなければいけないというような断言的なものとは受けとれなかったことや、当時同被告人としては右百円紙幣が市中に流通することは全くないと考えており、そのうえ、表面の印刷が百円紙幣と紛らわしいものであるとしても、裏面には広告文言を印刷するのであるから、表裏を全体としてみるならば百円紙幣と紛らわしいものとはいえないと即断し、なお、その後、写真原版の製作後、製版所側からの忠告により、「サービス券」の文字を入れたこともあり、百円紙幣と同寸法の原判示第一、一のサービス券を作成しても処罰されるようなことはないと考えていたこと、次いで、原判示第一、一のサービス券の製造後、再び西警察署の野崎巡査らを訪れ、これを示したところ、同巡査らから、「ずい分似ているなあ」ということを言われただけで、なんの注意も警告も受けず、かえって同巡査らが同室の他の警察官らに右サービス券を配付してくれたりしたので、ますます安心し、その後更に印刷内容に若干の工夫を加え、原判示第一、二のサービス券の印刷を依頼しこれを製造したことなどが明らかであり、なお、右製造にかかる各サービス券が通貨及証券模造取締法一条にいう銀行紙幣に紛らわしい外観を有するものに当たると解すべきことは既に説明したとおりである。

そこで、このような場合、同被告人の右サービス券の製造行為について、同条違反の罪の成立を肯定すべきかどうかであるが、一般に、ある行為者の行為が客観的に一定の刑罰法規の構成要件に該当するとともに、行為者がその行為の全ぼうについて意識していた場合には、たとえ行為者において自己の行為が特定の刑罰法規に触れるものであることについて法的認識がないだけでなく、なんらかの事情により、自己の行為が法的に許されたもので処罰などされることはないと信じていたとしても、そのことから直ちに犯罪の成立が否定されるものではないと解すべきである。そうでなければ、各行為者個人の主観的な考え方、信念、知識等の違いにより、ある人については犯罪が成立し、他の人については犯罪が成立しないというはなはだ不規則で、不均衡な事態が生じ、法秩序は個人の主観的な価値基準などによって左右されてしまうからである。多くの判例上も、たまたまその行為者がある刑罰法規について詳しい知識がないか又は誤った知識をもち或いは軽率な判断をしたため若しくは他人の意見を安易に信用したりした結果、自己の行為がその刑罰法規に触れないと考え又はそのように信じたからといって、処罰を免れるものではないとしており、当裁判所も基本的にはこのような解釈が正当であると考える。しかしながら、特別の事情が存在し、その行為者においてその行為が許されたものであると信じ、かつそのように信ずるについて全く無理もないと考えられるような場合には、刑法の責任主義の原則に従い、もはや法的非難の可能性はないとして、例外的に犯罪の成立が否定されると解すべきである。それでは、どのような特別の事情が存在した場合、この例外的な判断を下すべきかが問題であるが、本件についていうならば、本件の刑罰法規に関し確立していると考えられる判例や所管官庁の公式の見解又は刑罰法規の解釈運用の職責のある公務員の公の言明などに従って行動した場合ないしこれに準ずる場合などに限られると解するのが相当である。そうすると、本件において、被告人花本が、原判示第一、一のサービス券の製造前に西警察署を訪ね、知人の警察官やその場にいた警察官に相談し、種々助言を受け、その際の助言内容や警察官の言動、態度などから考え、原判示第一、一のようなサービス券を作成しても処罰されることになることはないと考えたとか、また、それを製造した後、その一部を持参して再び右警察官らに会い、警察官らにこれを示したが格別の注意、警告を受けなかったので安心して原判示第一、二のサービス券を作成することにしたとか、あるいは、同被告人が日頃から百円紙幣が市中に流通することがなく、また原判示第一、一、二程度の模造紙幣が領布されているのに警察問題にされることなく放任されているので、このようなサービス券を作成しても問題にならないであろうと考えたというような事情だけでは、前記の例外的な判断を下すべき特別の事情が存在するというに足りない、というべきである。

したがって、原判決が、被告人花本の各行為について違法性の意識を欠きかつそれを欠くことについて相当な理由があるとはいえず、犯罪の成立が否定される場合にあたらないと判断したことは相当であり、原判決に所論の事実誤認ないし法令の解釈適用の誤りがあるとはいえない。論旨は理由がない。

弁護人村松の控訴趣意について

所論は、要するに、被告人中川の原判示第二の犯行について、同被告人には違法性の意識がなく、かつこれを欠くことについて相当な理由があったのに、原判決が同被告人には違法性の意識はなかったが、これを欠くことについて相当な理由があったとはいえないとして、通貨及証券模造取締法違反の罪の成立を認めたのは、事実を誤認し、法令の解釈適用を誤ったものである、として、その具体的事由を詳論するものである。

しかしながら、原判決挙示の関係各証拠を総合すると、この点に関して、原判決が「弁護人の主張に対する判断」四、2、(二)ないし(二)において認定している事実は、すべて当裁判所においてもこれを肯認することができ、かつそこで示されている原判決の法律上の判断もこれを是認することができる。被告人中川は、原判決が指摘しているとおり、被告人花本の話を信頼したほか、近時百円紙幣が一般に流通していないことや、サン写真製版所において被告人中川の注文にたやすく応じてくれたことなどから、原判示第二のサービス券を製造しても処罰されることはないと考え、違法性の意識を欠いていたことは認められるが、このような事情だけでは、同被告人について前記の刑罰法規違反の罪の成立を否定すべき例外的場合に当たるということはできず、その他所論指摘の事情を参酌し本件各証拠に現われた一切の事情を考慮しても、同被告人において原判示第二のサービス券を製造することが許されたものであると考えたことについて無理からぬ事情があり、法的非難を加えることができない場合に当たるということはできない。同被告人が違法性の意識を欠くことについて相当な理由があったとはいえず、違法性の意識の可能性があり、前記違反の罪の成立を否定できないとした原判決に所論指摘の事実誤認あるいは法令の解釈適用の誤りはない。論旨は理由がない。

（なお、原判決に「紙弊」とあるのは、「紙幣」の誤記と認められる。）

よって、刑事訴訟法三九六条により本件各控訴を棄却することとし、主文のとおり判決する。

（昭和六〇年三月一二日札幌高等裁判所第三部判決）　　　　（刑集四一巻五号二四七頁以下）

三．上告趣意

弁護人上口利男、同山口均の上告趣意

原判決には判決に影響を及ぼすべき法令の違反及び判決に影響を及ぼすべき重大な事実の誤認があって、これを破棄しなければ著しく正義に反するので、その破棄を求める。

一、原判決は「前記控訴趣意書第一及び第二、三について」の項において、違法性の錯誤について「一般に、ある行為者の行為が客観的に一定の刑罰法規の構成要件に該当するとともに、行為者がその行為の全ぼうについて認識していた場合には、たとえ行為者において自己の行為が特定の刑罰法規に触れるものであることについて法的認識がないだけでなく、なんらかの事情により、自己の行為が法的に許されたもので処罰などされることはないと信じていたとしても、そのことから直ちに犯罪の成立が否定されるものではないと解すべきである」とし、「しかしながら、特別の事情が存在し、その行為者においてその行為が許されたものであると信じ、かつ、そのように信ずるについて全く無理もないと考えられるような場合には、刑法の責任主義の原則に従い、もはや法的非難の可能性はないとして、例外的に犯罪の成立が否定されると解すべきである」との解釈を行っている。

右解釈は例外的扱いを認めている点において、従来からの大審院判例（大判昭和九年九月二八日刑集一三巻一二三〇頁）、最高裁判例（最判昭和二三年七月一四日刑集二巻八号八八九頁等）と異なり刑法の責任主義を貫徹したもので近時の下級審判例（東京高判昭和四四年九月一七日高刑集二二巻四号五九五頁、東京高判昭和五一年六月一日高刑集二九巻二号三〇一頁、東京高判昭和五五年九月二六日判例タイムス四三四号八六頁等）及び学説の大勢に合致し、法令の解釈においては正当なものであり、最高裁判所においても従来の判例を変更されることを希望する（改正刑法草案二一条二項）。

二、ところで、原判決は右のとおり正当な法解釈をし、さらに特別の事情の具体例として「刑罰法規の解釈運用の職責のある公務員の公の言明などに従って行動した場合ないしこれに準ずる場合」を掲げながら「被告人花本が原判決第一のサービス券の製造前に西警察署を訪ね、知人の警察官やその場にいた警察官に相談し、種々の助言を受け、その際助言内容や警察官の言動、態度などから考え、原判示第一、一のようなサービス券を作成しても処罰されることになることはないと考えたとか、また、それを製造した後、その一部を持参して再び右警察官らに会い、警察官らにこれを示したが格別の注意、警告を受けなかったので安心して原判示第一、二のサービス券を作成することにしたとか、あるいは、同被告人が日頃から百円紙幣が市中に流通することがなく、また原判示第一、一、二程度の模造紙幣が領布されているのに警察問題にされることなく放任されているので、このようなサービス券を作成しても問題にならないであろうと考えたというような事情だけでは、前記の例外的な判断を下すべき特別の事情が存在するというに足りない」と判断している。

しかしながら、右原判決の認定した各事情は原判決の掲げた「刑罰法規の解釈運用の職責のある公務員（西署の防犯係長と巡査の二名）の公の言明（本件は二度に亘り、西警察署の内部で指導助言がなされており、単に何らかの機会に外部で個人的に接触したという類のものではない。一般市民が警察署を訪ね指導助言を受けたとき、それを警察官個人の私的な言明とするならば、市民はどのようにして公の言明を受けられるのであろうか）に従って行動した場合、（被告人の一回目の製造も警察官の助言どおりの工作を加えているし、二回目の製造は製造物を現に示し、原判決の認定によっても「同巡査らから、「ずい分似ているなあ」ということを言われただけでなんの注意も受けず、かえって同巡査らが同室の他の警察官らに右サービス券を配布してくれたりしたので、ますます安心し」たという状況であった）にまさに該当するものである。仮に、百歩譲って考えたとしても「これに準ずる場合」に該当することは明らかである。原判決は判示各事情では何故その掲げた具体例に合致せず、違法性の錯誤について相当な理由とはいえないのかを明らかにしておらず、到底納得しえない。

以上のとおり、原判決は正当なる法解釈をしながら、その判断に誤りがあり、判決に影響を及ぼすべき法令の違反及び重大な事実誤認がある。

三、本件は、すでに流通されておらず実質的には死幣とも言うべき百円札であるという特殊性があり、被告人も百円札だからこそ行ったものであり、百円札に似せたところで悪用のおそれはないことは明らかであり、その証拠に、本件に関与した警察官（佐々木南署副署長、西署の同室者を含む）、銀行員（帯封を巻いた行員、支店長代理及び支店長、サン写真からの照会を受けた行員）、製版業者、印刷業者の如き、一般人より、数段通貨の偽造、模造に神経質である者らにおいても一様に違法性の意識は持っていなかったのである。

以上の状況の下で、本件は、しかも警察署を訪ね、その指導助言を仰ぎ、助言どおりに製造し、さらにそれを示し警察の了解を取ったうえで再度製造したというものであって、このような全く非犯罪的意図及び行動を通じてなされた行為について、刑事責任を問うことは結果的に被告人をワナにかけたことになる。

よって、原判決を維持することは被告人のみならず、一般市民の警察に対する信頼を完全に裏切ることになり、著しく正義に反することになると思料する。

弁護人村松弘康の上告趣意

原判決には判決に影響を及ぼすべき法令の違反及び判決に影響を及ぼすべき重大な事実の誤認があって、これを破棄しなければ正義に反するので、その破棄を求める。

一、原判決は、被告人中川が違法性の意識を欠いていたことは認められるが、被告人中川が原判示第二のサービス券を製造することが行《ママ》されたものであると考えたことについて無理からぬ事情があり法的非難を加えることができない場合にあたるということはできないとして、同被告人が違法性の意識を欠くことについて相当な理由があったとはいえない旨判示した。

二、更に、原判決は、違法性の意識を欠くことについて相当の理由が存在する場合について、「本件の刑罰法規に関し確立していると考えられる判例か所管官庁の公式の見解い又は刑罰法規の解釈運用の職責のある公務員の公の言明などに従って行動した場合ないしはこれに準ずる場合」であると判示した。しかし、原判決の右判例枠はあまりに狭すぎるというべきである。被告人中川のみが偶に違法性の意識を欠いたものにすぎず、他の通常人であれば違法性の意識を欠かなかったものと認められる事情の存在する場合ならば原判決判示のように「各行為者個人の主観的な考え方、信念、知識等の違いによりある人については犯罪が成立し、他の人については犯罪が成立しないというはなはだ不規則で不均衡な事態が生じ」てしまうことを認めることもできるが、本件の場合は被告人中川の立場にあれば、通常人、一般人であれば誰もが中川と同じように違法性の意識を欠くに至ったであろうことは明白である。かかる事情の存する場合は違法性の意識を欠いたことについて特別の事情があった場合に該当するというべきである。

三、被告人中川はサービス券を作成するまでに、単に被告人花本の話だけではなく、被告人花本がサービス券を製造しかつ販布してから相当日時が経過しているにもかかわらず警察は何らの行動をおこしていなかったこと、被告人花本から銀行で巻いてもらった帯封を現に見せてもらっていることなどの客観的事実を花本から確認しており、更に、サービス券の注文段階で、サン写真製版所でも注文に気軽に応じてくれたことなどの事情からすると、作成前にサービス券を作成することについて法的に何らかの問題が存在するとの疑問をいだく余地は全くなかったといえる。又被告人中川にとっては、花本が信頼できる友人であったというだけでなく、現実に花本の話しを裏付ける配布の事実、帯封の事実、警察官から何らの注意を受けていない事実を確認し、且つ印刷の専門家であり、紙幣にまぎらわしい印刷物を作成することについては、専門的知識と経験を有している製版所が何らの疑問や躊躇を示さず心よく注文を受けてくれたことは、サービス券の作成が疑問の余地なく違法で《ママ》あると信ずるに足る特段の事情があったというべきである。

更に被告人中川が一〇〇円紙幣は法的な通用力はともかく現実には紙幣としての社会、経済的な効用を喪失していると信じていたことも、サービス券にあたって違法性の意識を欠いた理由となっていることも注意されるべきである。

四、親しい友人から実際にほとんど通用していない一〇〇円札に似せたサービス券を現に作成している事実を聞かされ、配布後も何らの問題がおきておらず、警察はおろか銀行も印刷業者さえも全く問題にしていないことを判断の前提に据えた場合、日本に居住する通常人のうち何人がサービス券作成について違法性を意識しうるであろうか、大多数の者が違法性を意識しないままにサービス券を製造することは多言を要しない。

現に本件に関与した銀行員も、印刷業者などのその道の専門家ばかりでなく、警察官さえも違法性を意識しなかったのであるから、まして一般の通常人であればなおさらのこと違法性を意識することは困難ないし不可能というべき事案である。

五、原判決は、特別な事情が認められる場合として刑罰法規の解釈運用の職責のある公務員の公の言明ないしこれに準ずる場合をあげているが、右公務員に警察官が該当することは争いがないであろう。そして警察官がほかならぬ警察署の中で市民に対し、刑罰法規に触れるか否かについて説明することはまさに公の言明に該当することも明らかであろう。原判決は被告人花本が再び西署を訪れサービス券を示したところ野崎巡査らから「ずいぶん似ているなあ」ということを言われただけでなんの注意も警告も受けずかえって同巡査らが他の警察官らに右サービス券を配布してくれたりしたので、被告人花本はますます安心してサービス券の製造行為に着手したことを認定している。右野崎巡査らの行為は署内でおこなわれ、刑罰法規に触れないことを間接的に言明した行為にほかならない。したがって右野崎巡査らの行為を介して違法性の意識を欠いたことはまさに特別の事情が認められる場合に該当するというべきである。

六、被告人中川は、かかる花本の適法性についての確信に直接接しており、花本の行為が適法であれば自らの製造行為も又適法であることについてほとんど花本と同様の確信に達していたものである。その意味では、被告人中川も警察官の関与の影響を間接的に受けている立場にあったというべきであるからこのような場合も特別の事情が認められて然るべきである。

以上原判決には看過しえない法令違反、重大な事実の誤認があるため破棄を免れない。

（刑集四一巻五号二四一頁以下）

四・最高裁決定

○通貨及証券模造取締法違反被告事件（昭和六〇年(あ)第四五七号　同六二年七月一六日第一小法廷決定棄却）

【上告申立人】　被告人

【被告人】花本徳美外一名　弁護人　上口利男外二名

【参照】　刑法三八条三項　法律ヲ知ラサルヲ以テ罪ヲ犯ス意ナシト為スコトヲ得ス但情状ニ因リ其刑ヲ減軽スルコトヲ得

通貨及証券模造取締法一条　貨幣、政府発行紙幣、銀行紙幣、兌換銀行券、国債証券及地方債証券ニ紛ハシキ外観ヲ有スルモノヲ製造シ又ハ販売スルコトヲ得ス

○主　文

本件各上告を棄却する。

○理　由

被告人花本徳美の弁護人上口利男、同山口均の上告趣意及び被告人中川一の弁護人村松弘康の上告趣意は、いずれも単なる法令違反、事実誤認の主張であつて、刑訴法四〇五条の上告理由に当たらない。

【要旨】　なお、第一審判決及び原判決の認定によれば、本件の事実関係は、以下のとおりである。すなわち、被告人花本は、自己の経営する飲食店「五十三次」の宣伝に供するため、写真製版所に依頼し、まず、表面は、写真製版の方法により日本銀行発行の百円紙幣と同寸大、同図案かつほぼ同色のデザインとしたうえ、上下二か所に小さく「サービス券」と赤い文字で記載し、裏面は広告を記載したサービス券（第一審判示第一、一のサービス券）を印刷させ、次いで、表面は、右と同じデザインとしたうえ、上下二か所にある紙幣番号を「五十三次」の電話番号に、中央上部にある「日本銀行券」の表示を「五十三次券」の表示に変え、裏面は広告を記載したサービス券（同第一、二のサービス券）を印刷させて、それぞれ百円紙幣に紛らわしい外観を有するものを作成した。ところで、同被告人は、右第一、一のサービス券の作成前に、製版所側から片面が百円紙幣の表面とほぼ同一のサービス券を作成することはまずいのではないかなどと言われたため、北海道警察本部札幌方面西警察署防犯課保安係に勤務している知合いの巡査を訪ね、同人及びその場にいた同課防犯係長に相談したところ、同人らから通貨及証券模造取締法の条文を示されたうえ、紙幣と紛らわしいものを作ることは同法に違反することを告げられ、サービス券の寸法を真券より大きくしたり、「見本」、「サービス券」などの文字を入れたりして誰が見ても

紛らわしくないようにすればよいのではないかなどと助言された。しかし、同被告人としては、その際の警察官の態度が好意的であり、右助言も必ずそうしなければいけないというような断言的なものとは受け取れなかつたことや、取引銀行の支店長代理に前記サービス券の頒布計画を打ち明け、サービス券に銀行の帯封を巻いてほしい旨を依頼したのに対し、支店長代理が簡単にこれを承諾したということもあつてか、右助言を重大視せず、当時百円紙幣が市中に流通することは全くないし、表面の印刷が百円紙幣と紛らわしいものであるとしても、裏面には広告文言を印刷するのであるから、表裏を全体として見るならば問題にならないのではないかと考え、なお、写真原版の製作後、製版所側からの忠告により、表面に「サービス券」の文字を入れたこともあり、第一、一のサービス券を作成しても処罰されるようなことはあるまいと楽観し、前記警察官らの助言に従わずに第一、一のサービス券の作成に及んだ。次いで、同被告人は、取引銀行でこれに銀行名の入つた帯封をかけてもらつたうえ、そのころ、右帯封をかけたサービス券一束約一〇〇枚を西警察署に持参し、助言を受けた前記防犯係長らに差し出したところ、格別の注意も警告も受けず、かえつて前記巡査が珍しいものがあるとして同室者らに右サービス券を配付してくれたりしたので、ますます安心し、更に、第一、二のサービス券の印刷を依頼してこれを作成した。しかし、右サービス券の警察署への持参行為は、署員の来店を促す宣伝活動の点に主たる狙いがあり、サービス券の適否について改めて判断を仰いだ趣旨のものではなかつた。一方、被告人中川は、被告人花本が作成した前記第一、一のサービス券を見て、自分が営業に関与している飲食店「大黒家」でも、同様のサービス券を作成したいと考え、被告人花本に話を持ちかけ、その承諾を得て、前記写真製版所に依頼し、表面は、第一の各サービス券と同じデザインとしたうえ、上下二か所にある紙幣番号を「大黒家」の電話番号に、中央上部にある「日本銀行券」の表示を「大黒家券」の表示に変え、裏面は広告を記載したサービス券（第一審判示第二のサービス券）を印刷させて百円紙幣に紛らわしい外観を有するものを作成した。右作成に当たつては、被告人中川は、被告人花本から、このサービス券は百円札に似ているが警察では問題ないと言つており、現に警察に配付してから相当日時が経過しているが別になんの話もない、帯封は銀行で巻いてもらつたなどと聞かされ、近時一般にほとんど流通していない百円紙幣に関することでもあり、格別の不安を感ずることもなく、サービス券の作成に及んだ。しかし、被告人中川としては、自ら作成しようとするサービス券が問題のないものであるか否かにつき独自に調査検討をしたことは全くなく、専ら先行する被告人花本の話を全面的に信頼したにすぎなかつた。

このような事実関係の下においては、被告人花本が第一審判示第一の各行為の、また、被告人中川が同第二の行為の各違法性の意識を欠いていたとしても、それにつきいずれも相当の理由がある場合には当たらないとした原判決の判断は、これを是認することができるから、この際、行為の違法性の意識を欠くにつき相当の理由があれば犯罪は成立しないとの見解の採否についての立ち入つた検討をまつまでもなく、本件各行為を有罪とした原判決の結論に誤りはない。

よつて、刑訴法四一四条、三八六条一項三号により、裁判官全員一致の意見で、主文のとおり決定する。

（裁判長裁判官　角田禮次郎　裁判官　高島益郎　裁判官　大内恒夫　裁判官　佐藤哲郎　裁判官　四ツ谷巖）

（刑集四一巻五号二三七頁以下）

百円紙幣を模造する行為につき違法性の意識の欠如に相当の理由があるとはいえないとされた事例

（昭和六〇年(あ)第四五七号、通貨及証券模造取締法違反被告事件、昭和六二年七月一六日最高裁第一小法廷決定（上告棄却）刑集四一巻五号二三七頁）

【事実の概要】

一　被告人Hは、自己の経営する飲食店開店の宣伝のため、日本銀行発行の百円紙幣（板垣退助像のB百円券）を模した広告物を印刷して頒布しようと企て写真製版所経営者らと共謀のうえ、(1)　同写真製版所において、表面は、四色写真製版の方法により日本銀行発行の百円紙幣を同寸大、同図案かつほぼ同色に擬したデザインとしたうえ、その上下二か所に小さく「サービス券」と赤い文字で記載し、裏面は、白地に「五十三次」店の店名、その所在地を示す地図及びメニューなどの広告を記載したサービス券の写真原版を作成し、それに基づきサラシクラフト紙を使用して、印刷所にてサービス券約一万枚を印刷させた。

(2)　その後、同写真製版所にて同様のデザインとしたうえ、上下二か所にある紙幣番号を「五十三次」店の電話番号に、中央上部にある「日本銀行券」の表示を「五十三次券」の表示にそれぞれさりげなく変えるなどして記載し、裏面は、ほぼ(1)と同様の広告を記載したサービス券の写真原版を作成し、(1)と同様にサービス券約一万枚を印刷させた。

(3)　被告人Nは、自己が営業に関与していた飲食店の宣伝のため、知人の間柄にある被告人Hの製造に係る前記サービス券と類似の広告物を印刷して頒布しようと企て、自己の飲食店の経営者及び前記写真製版所経営者らと共謀のうえ、(2)と同様のデザインとし、紙幣番号を「大黒家」店の電話番号に、「日本銀行券」の表示を「大黒家券」の表示に変えるなどして記載し、裏面は、白地に「大黒家」店の店名、その所在を示す地図及び宣伝文句など広告を記載したサービス券の写真原版を作成し、それに基づいて上質紙を使用して、印刷所においてサービス券約一万枚を印刷させた。

二　右行為に対して、第一審（昭和五九年九月三日札幌地裁判決）は、本件各百円模造紙幣が百円紙幣と「紛ハシキ概観ヲ有スルモノ」にあたるとして、通貨及証券模造取締法一条に該当すると判示した。

第一審判決は、弁護人からなされた違法性の錯誤の主張に対して、詳細な事実認定を行った後、被告人Hに対し第一の行為（事実の概要(1)）に際し、違法性の意識がやや希薄であり、第二の行為（事実の概要(2)）に際しては、違法性の意識は一層希薄となり、これを欠いたとも見得るような状態にあったとも認められるが、違法性の意識の可能性は有していたと判断した。更に、被告人Nに対しては、行為の際に、違法性の意識を欠いていたが、違法性の意識の可能性は有していたと判断した。以上の判断に基づき、被告人H、N両名に対し、違法性の錯誤について相当な理由はない旨を判示した。

三　原審（昭和六〇年三月一二日札幌高裁判決）は、事実誤認ないし法令の解釈適用の誤まりを主張する控訴を以下の理由により棄却した。(1)本件各サービス券が通貨及証券模造取締法一条にいう百円紙幣に「紛ハシキ概観ヲ有スルモノ」に該当するとの一審判決を法令の適用の誤りとする控訴に対し、通貨及証券模造取締法と刑法の通貨偽造罪の禁止する対象物との相違を指摘のうえ、判例上も、「紛ハシキ概観」か否かを決定するのに表裏を一体としてみることは不要とし、「紛ハシキ概観ヲ有スルモノ」である。(2)、本件各行為は、動機、態様、結果からして非犯罪的なものであり、通貨及証券模造取締法の予定する実質的違法性がなく可罰的違法性を欠き、法令の解釈適用の誤まりとする控訴に対し、真券とははなはだ紛らわしいこと、製造及び頒布した枚数が多いこと等、可罰的違法性を有する。(3)、各サービス券作成について違法性の意識を欠き、これを欠くことについて相当の理由があり事実誤認であるとする控訴に対し、一審判決の認定している事実を肯認し、一審判決の法律上の判断も是認できる。以上の判断に従い控訴を棄却した。

四　被告人は、法令違反、事実誤認を理由に、とりわけ、違法性の錯誤に関して相当の理由なしとした原審の判断は、その理由を十分示していないとして上告した。

【判　旨】　上告棄却。

最高裁判所第一小法廷は、被告人の主張は単なる法令違反、事実誤認の主張で、刑訴法四〇五条の上告理由にあたらないとして上告棄却の決定を下した。

その上で、なお書きにおいて、職権判断をもって以下のように判示した。第一小法廷は、第一審判決、及び原審の認定した事実関係を詳細に引用した上で、「このような事実関係の下においては、被告人Hが第一審判示第一の各行為の（＝筆者註＝事実の概要(1)、また、被告人Nが同第二の行為の（＝筆者註＝事実の概要(3)）各違法性の意識を欠いていたとしても、それにつきいずれも相当の理由がある場合には当たらないとした原判決の判断は、これを是認することができるから、この際、行為の違法性の意識を欠くにつき相当の理由があれば犯罪は成立しないとの見解の採否についての立ち入った検討をまつまでもなく、本件各行為を有罪とした原判決の結論に誤りはない」と判示する。

【研　究】

一　本決定は、所謂、相当な理由に基づく違法性の錯誤に関する原審の「相当な理由にあたらない」との判断を是認したものである。即ち、本決定は、相当な理由に基づく違法性の錯誤の事例について、相当な理由の有無について最高裁が判断した事例判決と私は解する。

相当な理由にあたらないとの原審判決に対し、被告人が上告審で争点とし得るのは、行為に際し、自らの行為の違法性を欠いたことについて相当な理由が有ったとの点に限定される。それ故、原審の事実認定に対する判断について、刑訴法四一一条三号の職権判断を求めることとなる。

最高裁は、本決定において、一審及び原審の行った事実認定を詳細に検討のうえ、原審の判断を是認したものである。この意味で違法性の錯誤について相当な理由が有る場合は、「刑法の責任主義の原則に従いもはや法的非難の可能性はないとして、例外的に犯罪の成立が否定されると解すべきである」として、相当な理由の有無について検討を加えた原判決に対し、「相当な理由有り」として上告した被告弁護人の主張に対し、本決定は、相当な理由に基づく違法性の錯誤という理論の採否を争点の核心に登場させえないことは訴訟法上明らかである。そこで次に、本決定が職権判断において、何故このように詳細に事実関係を改めて展開しているかについて検討したい。

なお、本決定の意義について、最高裁の立場は、従前通り、違法性の意識不要説を堅持するものであり、本決定は、単に故意についての事実認定をしているのみで判例上、何等新たなものを加えるものではないとの指摘が研究会の報告に際し会員からなされたことを付言しておく。

二　違法性の意識をめぐる判例について概観する。違法性の意識について、判例はわずかな例外を除き、その理由を示すことなく違法性の意識全面的不要説を採用している。(1)

最高裁大法廷昭和二三年七月一四日判決は、「『メチルアルコール』であることを知って之を飲用に供する目的で所持し又は譲渡した以上は、仮令『メチルアルコール』が法律上その所持又は譲渡を禁ぜられている『メタノール』と同一のものであることを知らなかったとしても、それは単なる法の不知に過ぎないのであって、犯罪構成要件に必要な事実の認識に何等欠くところがないから、犯意があったものと認むるに妨げない」（刑集二巻八号八八九頁）と判示するに過ぎない。

このような判例の傾向の中で、「相当な理由に基づく違法性の錯誤」という系譜の判決が大審院判決の中に散見される。(1)森林法についての大審院第一刑事部昭和七年八月四日判決（刑集一一巻一一五三頁）、(2)漁業法についての大審院第三刑事部昭和九年二月一〇日判決（刑集一三巻七六頁）、(3)住居侵入罪についての大審院第四刑事部昭和九年九月二八日判決（刑集一三巻一二三〇頁）、(4)背任罪についての大審院第三刑事部昭和一三年一〇月二五日判決（刑集一七巻七三五頁）等がそれである。

戦後は、「相当な理由に基づく違法性の錯誤」について言及する事案が、下級審判決においてみられる。逮捕致傷罪についての東京高裁昭和二七年一二月二六日判決（高刑五巻一三号二六四五頁）、虚偽公文書作成行使、業務上横領罪についての高松高裁昭和二九年八月三一日判決（裁特一巻五号一八二頁）、医療法についての広島高裁岡山支部昭和三二年八月二〇日判決（裁特四巻一八号四五六頁）等がある。とりわけ、(5)猥褻図画公然陳列罪についての東京高裁昭和四四年九月一七日判決（高刑二二巻四号六一二頁、いわゆる「黒い雪」事件）を契機として、(6)昭和二五年東京都条例第四四号集会、集団行進及び集団示威運動に関する条例についての東京高裁昭和五一年六月一日判決（高刑二九巻二号三〇一頁、いわゆる「羽田空港ロビー」事件第二次控訴審）、(7)私的独占の禁止及び公正取引の確保に関する法律についての東京高裁昭和五五年九月二六日判決（高刑三三巻五号三五九頁、いわゆる「石油カルテル生産調整」事件）等において、「相当な理由に基づく違法性の錯誤」が重要な争点の一つとなった。

このような下級審判決の動向の中で、最高裁判所も、違法性の意識について言及するに至っている。(8)最高裁第一小法廷昭和五三年六月二九日判決（刑集三二巻四号九六七頁。前記(6)事件の第二次上告審）、及び、(9)私的独占の禁止及び公正取引の確保に関する法律についての最高裁第二小法廷昭和五九年二月二四日判決（刑集三八巻四号一三一六頁、いわゆる「石油カルテル価格協定」事件）において、違法性の意識の有無を判断している。

このような判例の現状の中で、最高裁判所の対応を前記(8)「羽田空港ロビー」事件第二次上告審判決の検討を通し、本決定へ至る過程を考察する。

(8)の事案では、検察官は原審（前記(6)）に対し、判例違反及び違法性の錯誤に関する刑法三八条の解釈適用に重大な誤りがあるとして、刑訴法四〇五条二号、四一〇条一項及び四一一条一号に基づき上告した。第一小法廷は、「所論の第一点は（＝著者註＝判例違反）、故意と法律の錯誤に関する刑法三八条の解釈適用につき所論引用の当裁判所の各判例と相反する判断をしたというものであるが、右にみたように、原判決の前示法律判断は被告人に違法性の意識が欠けていたことを前提とするものであるところ、職権により調査すると、原判決には右の前提事実につき事実の誤認があると認められるから、所論について判断するまでもなく、原判決中被告人Sに関する部分は、刑訴法四一一条三号により破棄を免れない」として、破棄差戻した。(2)

判例の立脚する違法性の意識全面的不要説からすれば、判例違反を主張する検察官の上告を採用し、違法性の意識について検討をするまでもないと思われる。この点において、従来の判例の傾向とは若干異なったものがみられる。更に、本(8)判決が刑訴法四〇五条の判断に優先させて刑訴法四一一条三号に基づいて原判決を破棄した点について佐藤文哉調査官は二つの点を指摘する。㈠、「判例違反と事実誤認との間に、事実誤認が是正されると判例違反の問題も解消するという構造上の関係がある」、㈡、「判例違反の判断を示すについて、合理的な政策的配慮から慎重さが要求される」と分析した上で、「原判決の法律判断は、なるほど、判例に違反しているけれども、学説の大勢が示している違法性の錯誤の問題が将来進むべき方向と合致しており、もし当小法廷が判例には再検討の余地がありうると考えているとすれば、適切な事案がくるまで現在の判例を更に固めてしまうことがないように配慮することには、合理性があると思われる」とされ、第二の考え方が加味されている可能性も否定できないとされる。(3)

最高裁判所は、その後、前記(9)「石油カルテル価格協定」事件判決においても、原審の違法性の意識があったとの認定に対する被告人からの刑訴法四一一条三号に基づく上告を単なる事実誤認の主張であって適法な上告理由にあたらないとしたうえで、職権判断により違法性の意識があったと判示した。

三　本決定は、このような中で示されたものであり最高裁が違法性の意識について言及した事例判決である。

最高裁判所が、違法性の意識について自らの立場を明言すること、換言すれば、「相当な理由に基づく違

法性の錯誤」の採否について詳細な検討をする場合として、どのようなケースが考えられるかを検討する。(4)

(1) 原審が相当な理由有りとの判断をし、検察官が判例違反を理由に上告した場合。

（1―1） 最高裁が上告をいれ判例違反を理由に破棄を言い渡す。この場合は、違法性の意識全面的不要説を維持することとなる。

（1―2） 最高裁が刑訴法四一〇条二項、裁判所法一〇条三号により、判例変更についての判断を含むため大法廷に回付し、判例変更の後、原審の判断を維持し上告棄却を言い渡す。この場合は、厳格故意説、制限故意説、責任説いずれの見解も可能であるが、判例の流れから考えると制限故意説を採用するものと思われる。

（1―3） 刑訴法四一一条三号により破棄する。前記(8)「羽田空港ロビー」事件第二次上告審判決がこれにあたる。

(2) 原審が相当の理由無しとの判断をし、被告人が刑訴法四一一条三号の職権判断を求め上告した場合。

（2―1） 原審の判断を維持し、上告棄却を言い渡す。前記(9)「石油カルテル価格協定」事件及び、本決定の事案がこれにあたる。

（2―2） 刑訴法四一一条三号の事由があるとして原判決を破棄する。この場合、理論的には、第二次上告審(2')では、（1―2）の類型の展開が可能となる。

(3) 刑訴法四〇六条により最高裁が判断する場合。

以上、最高裁が違法性の意識について詳細な検討を加える可能性のあるケースについて概観した。

このことから、最高裁が、「相当な理由に基づく違法性の錯誤」という見解の採否について言及するのは、（1―2）、（2′―2）、(3)のケースが考えられる。

本決定は、（2―1）のケースにあたり、違法性の意識ありとの判断を示した前記(8)、(9)の事例に更に、あらたに一つの事例を加えるものである。

四　本決定について、川端博教授は、職権判断で示された「相当の理由がある場合には当らないとした原判決の判断は、これを是認することができる」とした部分と、「相当の理由があれば犯罪は成立しないとの見解の採否」について態度決定を保留するのは、論理的に見て辻褄が合わないことになると批判される。[5] この点について、私は、川端教授とは若干見解を異にする。上告趣意書によれば、本件上告趣意の実質は、違法性の意識を欠いたことにつき相当の理由がないとした原審の判断を争点とするものである（前記、類型（2―1）のケースにあたる）。即ち、相当な理由に基づく違法性の錯誤という見解の採否そのものを直接の争点とするものではない。更に、「原審の判断を是認する」とは、控訴棄却を言い渡した原審の判断そのものを是認するとの意味であると私は解する。勿論、本決定の表現から最高裁内部で何らかの議論がなされたのではないかとの推測は可能であるかもしれない。[6] しかし、最高裁の前記(8)、(9)判決との対比の中で考える時、事例判決としての本決定は、一審及び原審の事実認定を検討することを通して、相当な理由の有無の判断過程を示した点で重要な意義を有するものである。しかし、その限りでの言及をしているにすぎないものと解する。

五　本決定は、原審及び第一審の事実関係を詳細に引用するが、この点について、「相当な理由に基づく違法性の錯誤」における相当な理由の有無の判断基準という視点から第一審の判断過程及び本決定の判断メルクマールを検討する。(7) 第一審は被告人Hについて以下の点を指摘する。(1)サービス券として効果的なものを作成しようとして、巷間で珍重されている百円紙幣に着眼し、片面を百円紙幣にそっくり似せたサービス券を思いついた。その意図を写真製版所の経営者に打ち明け依頼したところ、同人は、写真製版の方法により当該サービス券を作成すれば、紙質、すかし等は別にしても、片面が真券とほぼそっくり同じものになるため依頼に消極的な姿勢を示した。そこで被告人は、札幌方面西警察署に行って、作成について問題はない旨の確認をとることとした。(2)被告人は、西警察署を訪れ、防犯課保安係の顔見知りの巡査に、サービス券の作成に問題があるか否かを尋ねたところ、その場にいた係長も相談に応じ、六法全書を開いて、通貨及び証券模造取締法を示し、寸法を真券より大きくするとか、「見本」「サービス券」などの文字を入れ、誰が見ても紛らわしくないようにすればよいとの助言を受けた。(3)被告人は、自己の取引銀行の支店長代理に、サービス券を作成し頒布する計画を打ち明け、その際には演出効果を高めるためサービス券に同銀行の帯封を巻いて欲しい旨依頼し、了解を得た。(4)被告人は、前記写真製版所に赴き、西警察署での助言を伝えず、自らの希望的観測によって話をし、また銀行の帯封をしてもらえるとの内諾を得ている旨を告げ、当初の計画どおりサービス券の作成を依頼した。同写真製版所は、注文を受けた後、自らの取引銀行を通じてそのような印刷物を作成する可否を調べたが否なる結果は得られなかった。(5)同写真製版所は、被告人の注文どおりサービス券の写真原版を作成したが、そのまま印刷すれば余りにも真券とそっくりのサービス券となってしまうことに不安を感じ、被告人に対し、百円紙幣に似せた面に「サービス券」の文字を追加するように提案した。被告人は、この提案を了解した。(6)サービス券が出来上がってから、約一万枚のサービス券の一部につき前記銀行にて適当な枚数ごとに銀行名の入った帯封をかけてもらう。(7)帯封をかけたサービス券一束約一〇〇枚を西警察署防犯課保安係に持参し、前記係長及び巡査に対し宣伝活動の一環として交付する。(8)その後、警察で格別の警告を受けなかったことと、同サービス券が一般に好評で所期の宣伝効果をあげたので、第二のサービス券作成を依頼する。次に、被告人Nについて、第一審は、以下の点を指摘する。(1)被告人Nは、Hの作成したサービス券の出来ばえに感心し、Hが、警察では問題ないと言っており、配布後相当日時が経過しているが別に何の話もないとの言葉を全面的に信頼し、格別の不安を感ずることなく写真製版所に発注しサービス券約一万枚の印刷を依頼した。(2)Nの店の経営者は、出来上ったサービス券を店の近くにある札幌方面南警察署にも配布しようと考え、副署長と面談した折、署員の来店を促し、封筒入りのサービス券若干枚を交付した。

第一審は、以上の事実から被告人両名は違法性の意識の可能性を有していたと判断した。

本決定は、㈠警察署の助言に十分な配慮をしなかった、㈡行為の適否につき第三者の言葉を信じ独自の調査検討を欠いた、との二つのメルクマールにより、被告人両名が違法性の意識を欠いていたとしてもその点について相当な理由はないとした原審の判断を是認した。

本事案での被告人H及びNに対しての本決定の示した判断は妥当である。

本決定は、原審及び第一審の詳細な事実認定を改めて検討することを通して判断基準として二つのメルクマールを抽出している点においても重要な意義を有する。

六　最後に、判例の今後の展望について若干の検討を加えたい。

違法性の意識全面的不要説を採る判例の態度に対しては、違法性の意識必要説、違法性の意識可能性説を採る下級審判決、及び責任原理を遵守するため再考を促す学説等から多くの批判がなされてきた。[8] また、前述のように、最高裁自らが適切な事案まちの状況にあるとの佐藤調査官の指摘もある。では、判例変更がなされ得るのであろうか。「相当な理由に基づく違法性の錯誤」という論点を重要な論点の一つとする確定した事案としては、前記(5)、(7)が代表的なものである。これらの事案は、刑訴法四〇五条二号により上告しうる余地があるにも拘らず、何故、検察官は上告を断念したのであろうか。勿論、それぞれの事案には固有の問題が包含されており、公判維持等、様々な考慮がなされることも十分理解できる。

ここで、若干視点を変えて考えてみたい。相当な理由の有無の判断がボーダーライン上のもので、上告審で原審の判断が維持された上で、かかる見解の採否についての検討がなされることは（前記類型（1－2）のケース）、検察官にとり望ましくなく、しかも前記両事案はかかる事案と判断されたのではなかろうか。このような理解が可能であるならば、違法性の意識をめぐる判例変更の余地は非常に狭いものとなる。

以上、これまでの判例の動向についての検討からも明らかなように、最高裁判所が、違法性の意識全面的不要説から離れ、違法性の意識可能性説の方向に静かな胎動を始めているものと解される。しかし、責任原理を根底に置いた新たなる判例の確立にはまだあまりにも弱いものである。[9]

このような状況であるにも拘らず、ここで強調されねばならないことは、「羽田空港ロビー」事件第二次上告審判決で最高裁が違法性の意識の存在を認定したことの持つ意味である。この点について東京高裁は、「石油カルテル生産調整」事件において、行為者が行為の違法性を意識せず、しかもそのことについて相当の理由があって行為者を非難することができないような特殊な場合には、行為者は故意を欠き、責任が阻却されると解する理解に支持を与えるものと解して、同上告審判決を位置づけている。[10]

今後、判例を含め、「相当な理由に基づく違法性の錯誤」の見解の採否についての「立ち入った検討」をすることが、最高裁にはまたれているのである。

（1）最高裁判例の中で、この点に言及するきわめて例外的なものとして、物価統制令違反事件における斉藤悠輔裁判官の補足意見が、違法性の意識全面的不要説を採用する理由にふれる（最判昭和二六年二月一五日刑集五巻二号二三五七頁）。

（2）刑集三二巻四号九七〇頁参照。

（3）佐藤文哉、『最高裁判例解説刑事編』昭和五三年度、二八一頁参照。同旨、曾根威彦、「羽田空港デモ事件第二次上告審判決の検討」判例タイムズ三六五号二一頁参照。曾根教授は、本判決のこのような破棄自判については批判される。

（4）

原審	上告趣意	最高裁の判断
1　相当な理由有	検察官　判例違反 事実誤認	（1−1）判例違反・原審破棄 （1−2）原審の判断維持 （1−3）原審破棄(8)の事案)
2　相当な理由無	被告人　事実誤認	（2−1）原審の判断維持(9)の事案、本決定) （2−2）原審破棄
2′　相当な理由有	検察官　判例違反	（2′−1）原審破棄 （2′−2）原審の判断維持
3		刑訴法406条

（5）川端博、「百円札の模造ちらしの作成と違法性の錯誤に関する相当の理由の有無」法学教室六七号八七頁参照。

（6）法律時報五九巻一三号二一二頁参照。

（7）西ドイツの判例状況については、拙稿「西ドイツの判例における『禁止の錯誤の回避可能性の判断基準』について」中央大学大学院研究年報九号六三頁以下参照。最近のわが国の判例については、第六五回日本刑法学会でのワークショップ㈠、違法性の意識）報告に基づいて別稿を予定。

（8）　代表的なものとして、川端博、『判例刑法研究三』一四四頁参照。

（9）　類型(2)の事案として、東京高裁昭和六〇年八月三〇日判決（判例時報一一六六号四一頁、いわゆる「武蔵野市長給水拒否」事件）が、現在、最高裁第二小法廷に係属中である。

（10）　高刑三三巻五号四九二頁参照。

〔追記〕本決定について仙波厚調査官による解説がある。『最高裁判例解説刑事編』昭和六二年度、一四七頁参照。

註（7）補、拙稿「違法性の意識－わが国の近時の判例における「相当な理由に基づく違法性の錯誤」の判断基準について－」刑法雑誌三〇巻一号一一三頁以下参照。

参考文献

本書を記述するに際し、再言するが、きわめて多くの先学の著書を参照したが概説書という性質上、所説の負うところをあらわす注記を大部分省略した。

ひとえに先学諸彦、並びに読者の諒察を乞う次第である。以下注記にかえて、参照書の中、前掲のものを除き、主要なる著書（順不同）のみを挙げておきたい。

美濃部達吉「日本国憲法原論」（宮沢補訂）有斐閣　一九五二年

田中誠二「新版・法学通論（全訂版）」千倉書房　一九六四年

峯村光郎「新版法学概論」勁草書房　一九五七年

団藤重光「法学入門」（増補）筑摩書房　一九八五年

ラートブルフ　碧海純一訳「法学入門」東京大学出版会　一九六一年

瀧川政次郎「日本法制史」上・下　講談社　一九八五年

利光三津夫「裁判の歴史」至文堂　一九六四年

渥美東洋「罪と罰を考える」有斐閣　一九九三年

「新法律学辞典（第三版）」有斐閣　一九八九年

あとがき

本書成立の経緯は、「須磨源氏の弁」に示される通りであり、これまで何度か一冊に纏めようとしながら今日に至った。この度、上桜しえた原動力の一つは、執筆者両名の何としても陽の目をみせたいとの切望と出版社との出会いによるものである。

それゆえ、昨年尾から今年首にかけ累日の原稿の交換となった次第である。

本書の特徴の第一は、随所に鏤められた「律令屋さん」の生き生きとした視点である。この意味で本書は、法学入門の書であるとともに、専門科目である法制史入門の書でもある。

特徴の第二は、法制史を常に現行法との対比でとらえる私たちにとり、現行法及び判例の状況を視野に入れることは不可欠であり、多くの判例を引用検討したことである。詳言すれば、判例要旨を例挙して事足れりとする立場ではなく、個々の具体的事例が当該具体的事実関係を前提として事案の解決をはかっているがゆえ、事実関係をも可能な限り視野に入れ判例を考察したのである。この意味で本書は、判例研究入門の書でもある。

本書は、法制史とりわけ律令制の研究者である利光教授と刑事法の研究者である私とのそれぞれの専門的知見を反映した『法学』であり、読者諸氏に専門科目を履修するに際して示唆を提供するものと筆者としてささやかな自負を抱くものである。

学問は、先学によって提示された知見に多くのものを負うことを常とする。本書もその構成において先学の優れた学識に負うところ大である。

しかし、私たちは若干の新らたな着想を本書の構成において試みた。それは、外篇として、日本的法意識を探究せんとの視点から三編の既発表の論稿を収めたことである。それぞれの執筆は、「法と国民性」（『日本古代法制史』外篇）、「大岡裁きと日本法」（『常葉学園富士短期大学研究紀要二号』）の二篇は利光が既に発表したものであり、「判例研究」は林が『法学新報九五巻一・二号』（昭和六三年）に発表したものである。

なお、本書の総論各論においては利光、林両名は互いに責任を負いうるように執筆を共にしたが、例外として、各論第一章、憲法の性格とその評価の部分は、かつて利光が『目で見る大世界史』（国際情報社、昭和四四年）及び『憲法の性格とその評価』（現代史研究所、昭和三九年）に発表したものに修正を加えたものである。更に、各論第二章第六節の「新しい人権」の部分は、林が執筆したものである。

脱稿するにあたり、執筆者両名は、いまだ議論に議論を重ねながら、浅学の結果未解決の分野の広大なるを痛感している。とりわけ、基本的人権については、その根抵から再検討の必要なるを感ずる。学問が、常に「疑問」を抱くところからスタートすることを再確認した次第である。

学問の進歩、深化には、絶えざるものがある。執筆者として、その成果を今後とも本書に反映すべく稿を改めてゆくのが責務であると考えている。

最後に私事にわたるが、本書上梓にあたり利光先生に心よりの感謝を申し上げたい。

一九七四年四月より一年間、中央大学大学院法学研究科刑事法専攻修士課程で受講者三名出席者一名の日本法制

史の講義が先生との初めての遭会であった。

当時の先生の年齢に達した現今、自らにどれ程の進歩があったかは覚束無い。ただ〲先生の存在の大きなるものを痛感するのみである。

本書出版にあたっては、成文堂の土子三男氏に御尽力頂くこと大であった。心より謝意を申し上げたい。

一九九四年一月

林　弘　正

第二刷発行にあたって

本書第一刷について、真田芳憲教授の書評（『法学研究六八巻八号』）を得、過分の称揚を賜わった。第二刷においては、同教授の疑点に充分に答えていないが、今後版を重ねる毎にその解明に努めたいと考えている。

なお、姦通罪についての昭和一〇年改正案は、刑法改正の歴史的経緯を検討するうえからも、更には、刑法学説史における新旧両派の争い、とりわけ牧野英一・小野清一郎両博士の論争を検討するうえにも有意義な資料であり、今後研究を深化したいと思慮するものである。

追補版あとがき

二〇〇九年九月一三日、共同執筆者である利光三津夫先生を突然に失ってしまった。不肖の弟子は、御元気な先生の平生の御姿に安心していて未だ共同研究の時間が残されているものと不覚にも軽信して景刻を徒過してしまった。

先生との未完の共同研究のひとつは、固有法についての実証的研究であった。先生との研究の構想は、卓越した法制史家である先生と刑事法研究者である筆者とのバックグランドを生かした研究として、先学の小野清一郎博士の固有法研究とは異なった法制史学と刑事法学からのアプローチによる視点のものであった。

二〇一〇年三月一〇日

八三回目の利光三津夫先生の迎える予定の誕生日に

林　弘　正

追補第二版あとがき

本書は、「律令屋」さんの利光三津夫先生が慶應義塾大学法学部での講義ノートを基に基本的人権の章を新たに加筆構成した。追補版は、「法律学と医療関連領域の諸問題」を追補し、第二版では更に医学系受講者の便宜を図り「専門職の倫理」の講と「医療と社会保障」の章を加筆したものである。

医療過誤判例などを充実させるべく書き上げた原稿は、四〇〇頁相当となり充足するには新たな教科書の刊行とならざるを得ない状況に追い込まれた。

本書は、法制史的視点から考察された類書のない貴重な教科書であり、利光先生の法制史研究のエッセンスが随所に鏤められ是非次世代に継受したいと考え、最小限度の加筆に留めた。

共同執筆者の林は、利光三津夫先生喜壽に捧呈した『改正刑法假案成立過程の研究』（成文堂、二〇〇三年）の各論研究として「横領罪と背任罪の連関性についての法制史的一考察―改正刑法假案の視座―」を今なお執筆中である。

一二年間三六五日学長職にある利光先生との集積された時空の中での御指導の成果を本書に結実できたことは望外の慶びである。

二〇二〇年一一月三日

林　弘　正

判例索引

大審院・最高裁判所

高等裁判所

地方裁判所

追　補

第１章　法律学と医療関連領域の諸問題

第１講　Child Abuse

児童虐待は，行為類型により身体的虐待(Physical Abuse)，心理的虐待(Emotional/Psychological Abuse)，児童期性的虐待(Childhood Sexual Abuse)，ネグレクト(Neglect)の４類型に分類される。児童期性的虐待は，潜在化し気付かれ難い類型である。

刑法は，平成29年(2017年)性犯罪規定を改正し監護者わいせつ及び監護者性交等(刑法179条)を新設し，不十分ながらも児童期性的虐待に一定の対応をするに至った。

Ⅰは，裁判事例で第１審裁判所が認定した具体的事実です。

Ⅱは，児童期性的虐待の被害者自身の言葉(narrative)です。

Ⅲは，精神科医による児童期性的虐待事例の紹介です。

Ⅳは，個人の人権の尊重という視点から性的自己決定権(die sexuelle Selbstbestimmung)を理解する時，その侵害がどのような被害を齎すかについて紹介するものです。

Ⅰ．裁判事例

被告人は昭和14年１月31日，父武雄(大正４年５月３日生)母リカ(同年２月28日生)の二女として肩書本籍地において出生し，昭和28年頃までは，長男康治外５名の弟妹らとともに同地において父母の膝下で養育された。

被告人の父武雄は肩書本籍地において，農業を営む政一の長男として生育したが，農業を好まず，昭和12年１月26日右リカと婚姻したのち居町旧佐久山町役場に吏員として勤務し，間もなくリカを伴い，同女の兄伊藤市郎を頼って北海道千島方面に出稼ぎしたりしたが，その後相携えて本籍地に帰来した。

そして戦時中同人は二回にわたり召集を受けて陸軍の兵役に服し，終戦直前召集解除となって帰郷し，一時農業などに従事していたが，昭和28年頃家業を弟源三に譲り，みずからは妻子とともに宇都宮市に出て，同市中河原町において食料品等の小売業を営むに至った。

ところが，武雄が同市に移って間もない同年３月頃，同人は，当時まだ満

14才になったばかりの被告人がひとり就寝中の隣室に忍び入り，非道にも母リカの目をぬすんで被告人を無理に姦淫し，以来，被告人が恐怖と羞恥のあまり声もたてられず，母リカに訴えることもためらっているのを奇貨として屢々これを反覆した。

こうして約一年過ぎた頃，堪えきれなくなった被告人がようやくリカに武雄の右仕打ちを打明けたので，リカは驚いて武雄を詰問し，同人に対しその不倫行為を強く諫止したが，同人は全くこれをききいれず，リカが強いてこれを阻止しようとすると，武雄は逆上し，刃物を持ち出して「殺してやる」とリカを脅迫し，同女が被告人を伴ない他へ逃げると，武雄は執拗に被告人の行方を捜し求めてつれ戻し，あくまで被告人に前記不倫行為を強要してやまず，リカに対しては「おまえなんか，どこの男とでも，どっかで住め，どんな亭主をもとうが勝手にしろ，俺は乙子とは離れないぞ」などと放言し，暴行まで加えるので，思い余ったリカは他の子供達をつれて家出をしたり，鉄道自殺を思いたつたことも屢々あつた。

こうして武雄の家庭には同人の前記不倫行為に基因する風波が絶えず，営業も不振に陥ったため，同人は店を人手に渡し，同市内に間借生活を始めたが，武雄は相変らず右不倫行為を継続するので，リカはついに武雄との同居に堪えなくなり，昭和30年頃，被告人とその妹弘子らを武雄の許に残したまま，康治らをつれて，一時北海道の兄市郎の許に難を避けたが，翌31年前記佐久山町の実父の許に帰ると，このことを知った武雄は同地に赴いて同町内に小屋を建て，被告人らを伴って同所において再びリカと同居し，食料品の行商などをしながら生活した。

同地においても武雄はその非を改めないので，同人の醜行を知った実父政一をはじめ周囲の親族らは武雄に対し屢々忠告を繰り返したにもかかわらず，武雄はさらに意に介せず，リカに対する暴状はむしろ募る有様だった。

そしてその間，被告人みずからも，当時たまたま知り合った人見某と手を携えて出奔して行方をくらましたり，親戚へ手伝いに行ってそのまま帰宅しないなどの手段を講じて，極力武雄の魔手からのがれようと努めたが，いずれもその都度捜し求める武雄に発見されて同人の許につれ帰された。そして同年中に武雄は被告人とその妹洋子をつれてリカの許を去り，矢板市内に転居し，植木職を営んで生計を立てるに至り，同地において被告人は同年11月24日武雄の子恵子を出産した。

ここに至って被告人は右恵子のためやむなく武雄の許から逃れ去ることを断念して同人の意に屈従し，父に犯される汚辱の身をはばかつて近隣親族ら

との交際を避け，親族もまた武雄の醜行を忌んで近づかないため，ひたすら家庭内にあって恵子らの世話に明け暮れ，他方武雄においても被告人を遇すること妻妾のごとく，一見夫婦と異なるところのない生活を営むうち，昭和34年3月22日武雄の子民子，同35年11月7日同じく和枝，同37年7月8日同じく由子(同38年3月24日死亡)，同39年2月2日同じく本子(同年6月27日死亡)を相ついで懐妊，出産した。

こうして昭和39年に至ると，すでに妹洋子は中学を終えて千葉県下に住み込みで就職して被告人の許を離れ，恵子ら三人の子も被告人の手を煩わすことも少なくなったため，被告人は生計の一助にと武雄の紹介で同年8月頃から矢板市本町所在の福田印刷所に文選工として通勤するようになった。

同印刷所では被告人は上役や同僚からの気受けもよく，職場の生活に欝屈する心の遣り場を見出しながら蔭日向なく働くうち，年若い同僚達が休憩時間などに何気なく取り交わす恋愛や結婚を話題とするありふれた雑談も，今更のように武雄のため忌わしい父子相姦の生活を余儀なくされている暗澹たる自己の境遇に気付くとともに，同人のため自己の青春を奪われた苦痛を強く自覚し，その非運を悲しむ一方，久しく諦めていた正常な結婚相手を得て世間並みの家庭を持ちたいとの願望を抑えることができなかつた。

こうして被告人が右福田印刷所に入所して二年余を経過した昭和42年4月同印刷所に郡司好偉(同21年9月23日生)が印刷工として入所し，被告人と同じ職場で働くこととなったが，同人は，被告人の誠実で明るく振舞う態度に並々ならぬ好意をもち，進んで被告人の仕事を手伝ったりしたことから，被告人もまた右郡司の人柄に愛情を覚えて，帰宅の途を共にするなどして語り合う機会を重ねた末，昭和43年8月下旬頃被告人よりその心中を打ち明けたことから忽ち相思の仲となり，被告人と父武雄との前記不倫の関係を知らない郡司は真面目に被告人との結婚を望み，その決意を固めて，熱心に，反対する両親を説得してこれを動かそうと努めるとともに，被告人においても早急にその父親の承諾を得てくれるようにと催促した。

このようにして郡司の真情を知るに至った被告人は，ここに初めて暗澹たる生活に光明を見出し，内心父の子をなした身をためらいながらも，郡司の愛情を頼みとして，父武雄のため一方的に強いられたことに始まった同人との不倫の関係を断ち切って，現在の忌むべき境遇から脱却するためにも，この際父武雄に郡司との間柄を打ち明けて，その諒解のもとに円満に郡司との結婚を成就したいと熱望するに至った。

そこで同年9月25日意を決して同日中に右の意図を武雄に打ち明けること

とし，勤め先で郡司にその旨告げたうえ，同夜午後８時過ぎ頃，飲酒して寝床に入っていた父武雄に対し，「今からでも私を嫁にもらってくれるという人があつたら，やってくれるかい」と婉曲に切り出したところ，同人は「お前が幸せになれるのなら行つてもよい」と答えて，はじめは被告人の結婚を承諾するかのような口吻を示しながら，被告人がすでに意中の結婚相手を有することを聞くや，にわかに態度を一変して怒り出し，種々口実を構え被告人の結婚の申出に難癖をつけるばかりか，寝床から起き出してさらに飲酒したうえ，「若い男ができたというので，出てゆくのなら，出てゆけ，お前らが幸せになれないようにしてやる。一生苦しめてやる」，「今から相手の家に行って話をつけてくる，ぶっ殺してやる」などと怒鳴りだしたので被告人は怖れて同人をなだめて，就寝させたが，翌26日早朝武雄は再び前夜同様に怒りだし暴力を振いかねない気勢を示したため，被告人は恐怖にかられて寝巻姿のまま家を逃げ出し一時近隣の家に避難した。このような武雄の態度から，被告人は，武雄の承諾はとうてい得られないことを知って，同日午前８時半頃，ひそかに近隣の電話で前記印刷所に出勤していた郡司と面会の打ち合わせをしたうえ同人に右の顛末を告げたり，武雄の父政一にも相談するため，ひそかに外出しようとして近隣の館脇営徳方で衣服を着替えていたところ，武雄は忽ちこれを発見し，抵抗する被告人を暴力を用いて自宅に連れ戻してしまい，その後は近隣への用足し以外には被告人が外出することを許さず，勤め先へも出勤させず，みずから仕事も休んで昼夜の別なく被告人の行動を監視することが多かつた。そしてその間，武雄は連日のように昼間から飲酒しては前記のような脅迫的言辞を弄して被告人を怯えさせ，夜は疲労に苦しむ被告人に仮借することなく性交を強要して安眠させなかつた。

被告人は昭和43年10月５日午後９時30分過ぎ頃，当時の居宅であつた矢板市中150番地の44所在市営住宅13号六畳の間において就寝中，被告人の傍に就寝していた武雄が，突然目をさまして寝床から起き出し，茶箪笥にあつた焼酎をコツプに二，三杯たてつづけに飲んだうえ，寝床の上に仰向けになったまま被告人に対し，大声で，「俺は赤ん坊のとき親に捨てられ，17才のとき上京して苦労した，そんな苦労をして育てたのに，お前は10何年間も，俺をもてあそんできて，このばいた女」といわれのない暴言を吐いて被告人をののしった。被告人も目をさまして，「小さい時のことは私の責任ではないでしよう，佐久山（武雄の父方の意）にでも行って，そんなことは言つたらよいのに」と反駁した。すると，武雄は，益々怒り出し，「男と出て行くのなら出て行け，どこまでものろってやる」「ばいた女，出てくんだら出てけ，どこまでも追って

ゆくからな，俺は頭にきているんだ，三人の子供位は始末してやるから，おめえはどこまでものろい殺してやる」などと怒号し，半身を起こして突然武雄の左脇に座っている被告人の両肩を両手でつかもうとする体勢で被告人に襲いかかつてきた。被告人は，これを見てとっさに，前記９月25日以来被告人が嘗めてきた幾多の苦悩を想起し，父武雄がこのように，執拗に被告人を自己の支配下に留めてその獣欲の犠牲とし，あくまで被告人の幸福を踏み躙って省みない態度に憤激し，同人の在る限り同人との忌わしい関係を断つことも世間並みの結婚をする自由を得ることもとうてい不可能であると思い，この窮境から脱出して父武雄より前記の自由を得るためには，もはや，武雄を殺害するよりほか，すべはないものと考え，とっさに，両手で被告人の両肩にしがみ付いてきた武雄の同腕をほどいて同人の上半身を仰向けに押し倒したうえ，寝床の上に中腰で起き上ったまま左手で武雄の左側からその上体を押さえ，枕元にあつた同人の股引きの紐を右手につかみ，これを同人の頭の下にまわしてその頚部にひと回わりするように紐を巻きつけたうえ，その両端を左右の手に別々に持って同人の前頚部付近で左右に交差させ，自己の左足の膝で武雄の左胸部付近を押さえて，紐の両端を持った前記両手を強く引き絞って同人の首を締めつけ，同人をしてその場で窒息死するに至らしめて，これを殺害したものである。

【参照条文】

刑法200条：削除　自己又ハ配偶者ノ直系尊属ヲ殺シタ者ハ，死刑又ハ無期懲役ニ処スル。

最高裁大法廷昭和48年４月４日判決　　懲役２年６月執行猶予３年
刑集27巻３号265頁

原審　東京高裁昭和45年５月12日判決　　懲役３年６月

原原審　宇都宮地裁昭和44年５月29日判決　　刑の免除

II．児童期性的虐待(Childhood Sexual Abuse)被害者自身の言葉(narrative)

最初の２ケースは，児童期性的虐待の被害者自らが公開の場(1999年11月19，20日栃木県宇都宮市で開催された日本子どもの虐待防止研究会第５回学術集会，斎藤 学企画)で語った言葉です(narrative)。第３のケースは，被害者が想起しながら綴った文章です。

II-ｉ．【大谷みどり(21)】

幼稚園の頃から父親と一緒に入浴しており，その際にバスタブのふたの上

に，仰向けに横にされ，性器に唇をあてられ，指で愛撫された。父親の膝の上に乗せられると勃起した性器があった。

小学校4年生の時，友達と入浴について話した時，自分と父親の入浴が全く違うことに気付く（それまで，そのような行動・行為は皆同じ様に受けていたものと信じていた様子）。小学校4年生で生理が始まり，父親が身体を求めるようになり暴力が伴う。

小学校5年生で初めて性交を強いられる。その後，継続し，中学2年生の時には月1回，高校2年生の時には週2回の頻度でsexual intercourseを強要される。その際に暴力が伴っていた（この間の事情について母親の存在・介入について全く触れていない）。中学生から高校生にかけて自殺願望が恒常的なものとなる。辛い性交から逃れる為，家出を考えるが決心がつかぬままに過ぎ，性交のその時間だけを我慢すればと自らに言いきかせる。

平成8年5月，高校2年生の時，家出をし児童相談所に駆け込み養護施設に入所する。大学進学を希望し，担当の男性職員に相談するが相手にされず，しかし勉強を続け，大学に入学と同時に施設を出て自活する。入学後パートナーができ共同生活を続けるが，彼からの暴力に耐えられず別れたばかりで，現在一人で暮らす為に住居探しに腐心している。

幼稚園から17歳に至るまでに受けたchildhood sexual abuseで父親を許すことができず，弁護士と相談し，刑事告発しようと思い弁護士同道のもと警察を訪ね被害を訴えるが，担当警察官から性交を受けた証拠（膣内の父親の精液の存在）の有無を尋ねられた。

父親を訴えたいとの強い思いがある（話しながら，途中で何度となく声がつまり，声が出なかった）。

本ケースの刑事裁判について，拙著『児童虐待II 問題解決への刑事法的アプローチ［増補版］』，成文堂，2011年，127頁以下参照。

II－ii．【水沢さゆり（35）】

小学校の養護教諭として児童虐待（主に身体的虐待，ネグレクト）に係わり，児童相談所や精神科医とのコンタクトをとり解決のために尽力する中で，或る日，自らが児童期性的虐待を受けていたことに朝登校した保健室で気付き腰を抜かした（身体のふるえ等の症状）。さいとうクリニックに電話をし，自分の状態を話し，受診の予約をする。さいとうクリニックの電話番号は，たまたま傍らにあったという。この状況を子供達に見られなかったのが不幸中の幸いであったという。当時31歳で2度目の流産直後であった。

画家であった父親から受けた児童期性的虐待は，以下の通りである。

小学校高学年の頃から，父親により胸に触られたり性器への愛撫を受ける。更に父親のマスタベーションの手伝いをする。これらのabuseは，父親の暴力・強制によるものではなく，何となくそうなっていたという。そうすれば父親が喜ぶと思っていたという。中学生になってから，父親の油絵のヌードモデルとなる。その頃，性器への愛撫を受け快感を伴ったという。

中学校2年生の頃，右腕が全く動かず，医師の診断や投薬によっても全く改善されず1年間その状態が継続した。その原因として，本人の分析(児童期性的虐待を受容し治療の経緯の中で)によると，横になると(寝る時)父親が常に自分の右側にいて，右腕が父親の身体に接しており，左手は父親のマスタベーションの為に使われた。性交(sexual intercourse)にまでは至らなかったことと，父親による暴力が伴うことなく，何となくそのように仕向けられていたという。

高校受験を前に，父親のsexual abuseは止まり，児童期性的虐待は中学校2年生までで終わった。なお幼児期から父親が卑猥な言葉を用いていたという。

17，18歳の頃，大学進学(多分東京)に伴い家を出る。大学入学後，中学時代の同級生と同棲し卒業後結婚した。夫は，借金を多く作り，自分がその返済にあたっていたが暴力も伴っていた(夫の暴力は受容していた)。

昨年，父親の謝罪を求める為，帰省し，両親を前にして，自分が受けたchildhood sexual abuseについて話し父親の謝罪を求めたところ，父親は「自分は覚えていないが，さゆりがその様に思っているのならすまない」と語ったという。この帰省には，主治医である精神科医の斎藤 学氏が同行した。

帰宅後，父親に済まないことをしたとの思いにかられ，実家に電話をしたところ，母親が受話器を取ったので，その旨話すと，父親は娘が帰った後，妻に対し「あの場では，さゆりを落着かせる為，ああ言う他はなかった。自分はそのようなことはしていない」と話したという。それを聞き，一切，父親との関係が切れると同時に精神的バランスを崩し，自傷行為等も繰り返され，夫婦関係も破綻し1年前に離婚した。夫は自分の借金を自力で返すためといって離婚を申し出たというが，彼女の精神的状態に不安をもって去っていったと本人は認識している。現在，休職中である。

－拙著『児童虐待 その現況と刑事法的介入』，成文堂，2000年，161頁以下参照－

II-iii．Anonymous

「うだるように暑い8月のある日の昼下がり，8歳の私は習字の稽古を終え，ひとり帰宅の途についた。習字の稽古場の隣は小学校で小学校の校庭をつっ切って行けば近道である。

私は校舎の脇を抜け，体育館の前に出て，校庭に歩を進めた。夏休みの暑い昼下がり，校庭には人っ子ひとりなく静まり返っていた。埃っぽく雑草が所々に生い茂るだだっ広い校庭に，陽は容赦なく照りつけ，熱気が波打って立ち登っていた。油蟬の鳴き声だけが，あたりの白っぽい静寂を大胆に破っていた。

体育館の方から男の声で呼び止められた。

「お譲ちゃん。」

振り返ると，30代前半ぐらいの男がひとり，体育館の脇に笑顔で立っていた。

「体育館の裏にきれいなチョウチョがいるから見に行かない？」

男はあたかもたまたま通りかかった近所のおじさんという風情で，穏やかな話しぶりといい，笑顔といい，こちらに警戒心を呼び起こさせるようなところは全くなかった。しかもこちらは8歳で，見知らぬ男の誘いを怖いと思う知恵もなかった。

私はただ純粋に「きれいなチョウチョ」見たさに男の後をついて行った。
体育館の裏側にはすぐそこまで山が迫っていて，足下にはうっそうと草が生い茂っている。男は腰丈ぐらいまである草の中に入って行き，チョウを探した。

しばらく真剣な顔で探したあと，男は，「さっきまでここにいたんだけどいなくなっちゃったみたい。ごめんね。」と言った。そして笑顔でこう続けた。

「おしっこしたくなっちゃったから，お譲ちゃん，見てて。」

そしていきなり男は自分のペニスをズボンの下から出した。大きく垂れ下がっていた。私はここで初めて，ちょっと変だな，と思い，そしてとまどった。

男はすかさず私の手を握り，「ちょっとさわってごらん。」と言って，自分のペニスに私の手を持っていこうとした。私は「ヤダ。」と小声で言い，自分の手を男の手から引き抜いた。男は私をつかまえ，すぐ後ろにあった，地面から約50cmの高さのコンクリートのマンホールに，今度は私を優しく座らせた。

「ちょっと寝てごらん。」と言って，私の上体をそのコンクリートの上に優しくたおした。その後の事はもう何が何だかわからなかった。男は突然人が変

わったように私の上に覆いかぶさってきて，私の口を自分の口でふさいだ。突然の生々しさに驚いた私は起き上がろうとしたが，重くて起き上がれなかった。口をふさがれて声も出せなった。男は私のパンツをおろし，自分のペニスを私の膣の入口に当てがった。痛みは全く感じなかったので当てがっていただけで入れてはいない(と思う)。

何秒経ったのだろう。私は生々しい恐怖の底で見た，気持ちの悪い程の青い空と，そして，かぶっていた麦わら帽子のつばが折れ曲がってしまうことを気にかけていたことを記憶している。

やっと，心底「逃げなければ」と思った。顔を左右に振り，足をバタバタして，手で男を下から押した。男は退いた。私はすかさず立ち上がって逃げようとした。男は私の手を捕まえた。私は今度は渾身の力で手を引っ張った。男は私の手を放した。

その後どんな風に家に帰り着いたのか全く覚えていない。記憶が再開するのは，家にたどり着いた直後の居間だ。母も姉もいる。私はガムをかんでいた。母の目をなるべく見ないようにしていた。なぜか，絶対に気づかれてはいけないと思った。平静を装い，何事もなかったかのように振る舞った。口の中だけは必死にガムをかんでいた。さわやかな甘みが頼りなく，泣き出したかった。けれど我慢した。

以後，この事はただの一度も誰にも話さなかった。その後の断片的な記憶で，小学校時代，何度かこの事を思い出して暗く重い気分になり，必死で忘れ去ろうと努力したことを覚えている。最近ではすっかり忘れ去っていた。」

－拙著『児童虐待　その現況と刑事法的介入』，87頁以下参照－

III．精神科医による児童期性的虐待事例の紹介

「今年の５月18日から，児童虐待防止センターという組織が発足し，同月20日から児童虐待110番と称するホットラインがスタートした。力不足ながら，私が事務局長を引き受け，小児科医や弁護士の方々と一緒に組織を運営している。ホットラインによる相談は現在まで300件を超え，順調に機能している。

最も悲惨であったのは，父親が自分の長女を４歳の時から現在の７歳まで性的に犯し続け，妻がそれを知りながら，夫の酒乱，暴力が怖くて阻止できずにいたというケースである。こうした緊急ケースについては私たちのセンターは各地の児童相談所に連絡したり，時には母親と子どもの緊急保護の場所を確保したりして，事態の推移を見守っている。」

－斎藤　学「女の心模様－“聖母”への期待と児童虐待－」日経新聞1991年８月13日夕刊13面より－

Ⅳ．性的自己決定権(die sexuelle Selbstbestimmung)

個人の存立の基礎は，各人の基本的人権が尊重されるところにある(憲法11条，13条)。このことは，男性と女性の関係においても自明である。

特に，性的関係においては，相互の間でどのような関係を構築するかについて互いの自立した自己の意思に基づく決定が基本である。

このような性的自己決定権侵害の典型は，一方的な意思による相手の尊厳を踏みにじる強制わいせつや強制性交等の性犯罪である(刑法176条ないし181条)。

Ⅴ．性犯罪被害者の二次的被害(second rape)について

抗　議

拝　啓

耐えきれない暑さが続いたと思うと，いつの間にか秋の涼しさを感じさせる今日この頃，板谷様はいかがお過ごしでいらっしゃいますか。
突然の手紙，お忙しいなか大変恐縮ですが，ご面倒でも最後まで読んでいただけたらと思います。

私は今年の４月に神奈川で逮捕された連続レイプ犯の被害者の一人です。どうしてもお話しておきたいことがありまして筆を執りました。

私は26歳，独身で，現在ある大手企業に勤務しております。高校卒業後富山から上京し，都内で一人暮しをしています。

今年の３月，仕事帰りに見知らぬ男性二人からレイプされました。

会社がさまざまな事情で揺れていること，そのため私事で休んではいられないこと，その事件のことが公になったら，どんな騒ぎが起こるのか想像もつかなかったこともあり，告訴には踏み切れませんでした。

田舎にいる両親のことも心配でした。田舎ゆえの世間体もあり，私自身は結婚前でもあり，両親は静かに暮らすことを望んでいましたので。
事件のあと，乱れた洋服をようやくの思いで直し，自分のものとも思えないほど重い身体を引きずるようにして自分の部屋までやっとの思いでたどり着きました。

部屋に戻り，茫然としたまましゃがみこみたいような気持を必死の思いで奮い起こしシャワーの栓をひねったものの，ふつふつと込み上げてくる怒りの炎はどんな冷たいシャワーでも消せそうにありませんでした。
なぜ，なぜこの私なの。

答えは出ないとわかっていても，何に向けてなのか，こんな質問を発せずにはいられません。これまで感じたことのないほどの大きな怒りは，胃を圧迫し吐き気を催します。トイレに駆け込む気力もないまま，その場でなかのものを吐き出そうとしますが，夕食さえとっていない空っぽの胃は，いやな臭いの液をまき散らすばかりです。

このまま窒息してしまうのではないか，それならそれでいいとの投げやりな感情さえ起こってきます。すべての力を奪われてしまった無力感を発作のような怒りが払拭し，その神経的な発作だけで日常的な動作をどうにかこなしています。

眠ってしまえばいいとの気持と，身体中を駆けめぐる屈辱をどこかにぶちまけたいとの気持とが交互に現れながらも，気がつくと私は，洋服を着がえていました。すでに事件から3時間たち，真夜中になっています。
それは理性的な判断というより，だれかにこの怒りを抑えてほしいとの思いのほうが大きかったような気がします。一人暮らしの私には，そのときの怒りを鎮めてくれる家族はいませんでした。

いま，とにかくいま，だれかこの理不尽な怒りを聞いてくれる，助けてくれる人がほしい。事件は起こってしまったけれど，どうにかして，いまだけでもこの気持を受けとめてくれる人がほしい。もう二度と夜道には出たくないとの恐怖よりも強く，そのときの私は，だれかを求めていたのです。

タクシーを呼び，近くの警察署の名称を告げたときの運転手の，その無表情な返事さえ，事件を知っていてわざとそうしているのではないかとの被害妄想的な屈辱感にとらえられたものです。

それでも，暗い道の向こうに，警察署の赤い常夜灯を目にしたときの安心感はたとえようもありませんでした。

けれど，緊張と躊躇，怒りと恐れと安堵の気持と理性で抑えながら入った場所は，望ものを与えてはくれませんでした。溺れそうになって必死で伸ばした手をだれかつかんでくれた，ああ，これで助かったと思ったのもつかの間，その手は再び，邪険に振り払われたのです。

事件のあらましを知らせたとき，最初の警察官は私にこう言いました。
「あなたは26歳でもう処女でもないんだからいいじゃないか」
なんのことを言っているのか一瞬，理解できませんでした。私は3時間ほど前に二人の男に無理やり犯され，このまま殺されるかもしれないと思ったほどの恐怖にさらされたというのに。

「処女でもないんだからいいじゃないか」

声を飲み，色を失い，身体中の力が抜けていく思いでした。私はまったく場違いな場所に来て，とんでもないことを言ってしまったのだろうか。警官の私を見る目が変化して，さっき私を襲った男たちと同じように危害を加える怪物に変わって行くような気がします。

夜の病院の寒さと冷たさをも思いだします。警察に通報したあと私は，検査を受けるために私服の刑事さん二人に付き添われて病院に行きました。
夜中とはいえ病院には看護婦さんや医者をはじめ，急患の方々が待合室のソファーのそばで，ある人はじっと腕を組んで座り，ある人はなかで診てもらっている家族を心配しているのでしょう，白い廊下を行ったり来たりしています。どこからか子どもの泣き声が聞こえ，待合室にいる人々の不安を増幅させているようでした。

そんな光景の中，私服とはいえ，二人の眼光鋭い，屈強な男性に連れられて現れた私は，彼らの好奇心を大いに刺激したのでしょう，順番を待つためにソファーに座っていても，人々の視線が針のように突き刺さってきます。悪いことをしたのはほかでもない私であるかのように身をすくめるしかない状態です。」

―板谷利加子『御直披』，角川書店，1998年，13－17ページより引用―

第2講　専門職の倫理

Ⅰ．序　言

社会生活は，多くの専門職の献身的努力に支えられて営まれていることはCOVID-19の例を見るまでもない。

専門職は，職務遂行にあたりそれぞれの職域で高度の倫理性を要求される。

法律の世界では，裁判官は憲法第76条第3項で「すべて裁判官は，その良心に従ひ独立してその職務を行ひ，この憲法及び法律にのみ拘束される」として裁判官の独立が規定され，更に，同法第78条で「裁判官は，裁判により，心身の故障のために職務を執ることができないと決定された場合を除いては，公の弾劾によらなければ罷免されない。裁判官の懲戒処分は，行政機関がこれを行ふことはできない。」として身分を保障されている。検察官は，検察庁法第4条で「検察官は，刑事について，公訴を行い，裁判所に法の正当な適用を請求し，且つ，裁判の執行を監督し，又，裁判所の権限に属するその他の事項についても職務上必要と認めるときは，裁判所に，通知を求め，又は意見を述べ，又，公益の代表者として他の法令がその権限に属させた事務を行

う。」として公益の代表者としての職務執行を求められる。弁護士は，弁護士法第１条第１項で「弁護士は，基本的人権を擁護し，社会正義を実現することを使命とする。」，同条第２項で「弁護士は，前項の使命に基き，誠実にその職務を行い，社会秩序の維持及び法律制度の改善に努力しなければならない。」とし弁護士の使命を規定する。同法第２条は，「弁護士は，常に，深い教養の保持と高い品性の陶やに努め，法令及び法律事務に精通しなければならない。」として弁護士の職責の根本基準を規定する。

医療従事者の世界では，医師は医師法第１条で「医師は，医療及び保健指導を掌ることによって公衆衛生の向上及び増進に寄与し，もって国民の健康な生活を確保するものとする。」として国民の健康な生活の確保を任務とする。医師は，「ヒポクラテスの誓い(The Hippocratic Oath)」を基本に自らの倫理的基盤を構築し，世界医師会(The World Medical Association)は1948年９月「ジュネーブ宣言」(Declaration of Geneva；DoG)，1981年９月「患者の権利に関するリスボン宣言」(Declaration of Lisbon on the Rights of the Patient)を採択した。「ヒポクラテスの誓い」は，「医療は医師の施す慈善の行為」との見解を広めたが，医療技術の進展とパターナリズムを超克して医療従事者と患者との対等な関係性に視点をおいた「インフォームド・コンセント(informed consent；IC)」が共有され，①患者の自立性(autonomy)の尊重，②善行(beneficence)，③公正性(fairness)が重視されるに至った(森岡恭彦「医の倫理―その考え方の変遷」(http://www.med.or.jp/doctor/rinri/i_rinri/a04.html))。

保健師・助産師・看護師は，保健師助産師看護師法第１条で「この法律は，保健師，助産師及び看護師の資質を向上し，もって医療及び公衆衛生の普及向上を図ることを目的とする。」として医療及び公衆衛生の普及向上を任務とする。

看護師は，「ナイチンゲール誓詞(Nightingale Pledge)」を自らの倫理的基盤として活動する。国際看護協会(International Council of Nurses)は，1953年看護師の倫理について THE ICN CODE OF ETHICS FOR NURSES (revised 2012)を規定する。

II．ヒポクラテスの誓い(The Hippocratic Oath)

医神アポロン，アスクレピオス，ヒュギエイア，パナケイア，およびすべての男神・女神たちの御照覧をあおぎ，つぎの誓いと師弟契約書の履行を，私は自分の能力と判断の及ぶかぎり全うすることを誓います。

この術を私に授けていただいた先生に対するときは，両親に対すると同様にし，共同生活者となり，何かが必要であれば私のものを分け，また先生の子息たちは兄弟同様に扱い，彼らが学習することを望むならば，報酬も師弟契約書もとることなく教えます。また医師の心得，講義そのほかすべての学習事項を伝授する対象は，私の息子と，先生の息子と，医師の掟てに従い師弟誓約書を書き誓いを立てた門下生に限ることにし，彼ら以外の誰にも伝授はいたしません。

養生治療を施すに当たっては，能力と判断の及ぶ限り患者の利益になることを考え，危害を加えたり不正を行う目的で治療することはいたしません。

また求められても，致死薬を与えることはせず，そういう助言も致しません。同様に婦人に対し堕胎用のペッサリーを与えることもいたしません。私の生活と術ともに清浄かつ敬虔に守りとおします。

結石の患者に対しては，決して切開手術は行わず，それを専門の業とする人に任せます。

また，どの家にはいって行くにせよ，すべては患者の利益になることを考え，どんな意図的不正も害悪も加えません。とくに，男と女，自由人と奴隷のいかんをとわず，彼らの肉体に対して情欲をみたすことはいたしません。

治療の時，または治療しないときも，人々の生活に関して見聞きすることで，およそ口外すべきでないものは，それを秘密事項と考え，口を閉ざすことに致します。

以上の誓いを私が全うしこれを犯すことがないならば，すべての人々から永く名声を博し，生活と術のうえでの実りが得られますように。しかし誓いから道を踏み外し偽誓などをすることがあれば，逆の報いをうけますように。

(大槻マミ太郎訳：誓い．小川鼎三編，ヒポクラテス全集，第1巻，エンタプライズ，1985；580-582より引用)

III．WMAジュネーブ宣言(WMA Declaration of Geneva)1948年

医師の誓い

医師の一人として，

私は，人類への奉仕に自分の人生を捧げることを厳粛に誓う。

私の患者の健康と安寧を私の第一の関心事とする。

私は，私の患者のオートノミーと尊厳を尊重する。

私は，人命を最大限に尊重し続ける。

私は，私の医師としての職責と患者との間に，年齢，疾病もしくは障害，信

条，民族的起源，ジェンダー，国籍，所属政治団体，人種，性的志向，社会的地位あるいはその他いかなる要因でも，そのようなことに対する配慮が介在することを容認しない。

私は，私への信頼のゆえに知り得た患者の秘密を，たとえその死後においても尊重する。

私は，良心と尊厳をもって，そしてgood medical practiceに従って，私の専門職を実践する。

私は，医師の名誉と高貴なる伝統を育む。

私は，私の教師，同僚，および学生に，当然受けるべきである尊敬と感謝の念を捧げる。

私は，患者の利益と医療の進歩のため私の医学的知識を共有する。

私は，最高水準の医療を提供するために，私自身の健康，安寧および能力に専心する。

私は，たとえ脅迫の下であっても，人権や国民の自由を犯すために，自分の医学的知識を利用することはしない。

私は，自由と名誉にかけてこれらのことを厳粛に誓う。


(日本医師会訳)http://www.med.or.jp/doctor/international/wma/geneva.html

IV. ナイチンゲール誓詞(Nightingale Pledge)

我は此処(ここ)に集ひたる人々の前に厳かに神に誓はん，我が生涯を清く過ごし，我が任務(つとめ)を忠実に尽くさんことを。

我は総て毒あるもの害あるものを絶ち，悪(あ)しき薬を用ゐることなく，また知りつつこれをすすめざるべし。

我は我が力の限り我が任務(つとめ)の標準(しるし)を高くせんことを努むべし。我が任務(つとめ)にあたりて取り扱へる人々の私事(しじ)のすべて，我が知り得たる一家の内事(ないじ)のすべて，我は人に洩らさざるべし。

我は心より医師を助け，我が手に託されたる人々の幸(さち)のために身を捧げん。

＊ナイチンゲール誓詞とは，ナイチンゲールの看護に対する精神を基とし，医学に携わる看護師としての必要な考え方，心構えを示したもので，ナイチンゲールの偉業をたたえ，その教えを基として1893年，アメリカ，デトロイトの看護婦学校長夫人を委員長とする委員会が，「ヒポクラテスの誓い」にならって作成したものです。

V．ICN看護師の倫理綱領(THE ICN CODE OF ETHICS FOR NURSES)
1953年，2012年版

前　文

看護師には4つの基本的責任がある。すなわち，健康を増進し，疾病を予防し，健康を回復し，苦痛を緩和することである。看護のニーズはあらゆる人々に普遍的である。

看護には，文化的権利，生存と選択の権利，尊厳を保つ権利，そして敬意のこもった対応を受ける権利などの人権を尊重することが，その本質として備わっている。看護ケアは，年齢，皮膚の色，信条，文化，障害や疾病，ジェンダー，性的指向，国籍，政治，人種，社会的地位を尊重するものであり，これらを理由に制約されるものではない。

看護師は，個人，家族，地域社会にヘルスサービスを提供し，自己が提供するサービスと関連グループが提供するサービスの調整をはかる。

倫理綱領

「ICN看護師の倫理綱領」には，4つの基本領域が設けられており，それぞれにおいて倫理的行為の基準が示されている。

倫理綱領の基本領域

1．看護師と人々

・看護師の専門職としての第一義的な責任は，看護を必要とする人々に対して存在する。

・看護師は，看護を提供するに際し，個人，家族および地域社会の人権，価値観，習慣および信仰が尊重されるような環境の実現を促す。

・看護師は，個人がケアや治療に同意する上で，正確で十分な情報を，最適な時期に，文化に適した方法で確実に得られるようにする。

・看護師は，個人情報を守秘し，これを共有する場合には適切な判断に基づいて行う。

・看護師は，一般社会の人々，とくに弱い立場にある人々の健康上のニーズおよび社会的ニーズを満たすための行動を起こし，支援する責任を社会と分かち合う。

・看護師は，資源配分および保健医療，社会的・経済的サービスへのアクセスにおいて，公平性と社会正義を擁護する。

・看護師は，尊敬の念をもって人々に応え，思いやりや信頼性，高潔さを示し，専門職としての価値を自ら体現する。

２．看護師と実践

・看護師は，看護実践および，継続的学習による能力の維持に関して，個人として責任と責務を有する。

・看護師は，自己の健康を維持し，ケアを提供する能力が損なわれないようにする。

・看護師は，責任を引き受け，または他へ委譲する場合，自己および相手の能力を正しく判断する。

・看護師はいかなるときも，看護専門職の信望を高めて社会の信頼を得るように，個人としての品行を常に高く維持する。

・看護師は，ケアを提供する際に，テクノロジーと科学の進歩が人々の安全，尊厳および権利を脅かすことなく，これらと共存することを保証する。

・看護師は，倫理的行動と率直な対話の促進につながる実践文化を育み，守る。

３．看護師と看護専門職

・看護師は，看護実践，看護管理，看護研究および看護教育の望ましい基準を設定し実施することに主要な役割を果たす。

・看護師は，エビデンスに基づく看護の実践を支援するよう，研究に基づく知識の構築に努める。

・看護師は，専門職の価値の中核を発展させ維持することに，積極的に取り組む。

・看護師は，その専門職組織を通じて活動することにより，看護の領域で，働きやすい労働環境をつくり出し，安全で正当な社会的経済的労働条件を維持する。

・看護師は，自然環境が健康に及ぼす影響を認識し，実践において自然環境の保護と維持を図る。

・看護師は，倫理的な組織環境に貢献し，非倫理的な実践や状況に対して異議を唱える。

４．看護師と協働者

・看護師は，看護および他分野の協働者と協力的で相互を尊重する関係を維持する。

・看護師は，個人，家族および地域社会の健康が協働者あるいは他の者によって危険にさらされているときは，それらの人々や地域社会を安全に保護するために適切な対応を図る。

・看護師は，協働者がより倫理的な行動をとることができるように支援し，

適切な対応を図る。

日本看護協会訳(https://www.nurse.or.jp/nursing/international/icn/document/ethics/index.html)

第３講　臓器移植－生体肝移植

Ⅰ．従来，角膜移植等の方法で失われた視力の回復が図られてきたが，更に，生命を持続させるために病態となった臓器を移植することが，許容されるかが問題となった。心臓移植は，その典型例である。世界最初の心臓移植手術は，1967年12月３日ケープタウンのフローテ・スフール病院(Groote Schuur Hospital)でバーナード博士(Dr. Christiaan N. Barnard)により頭部外傷で死亡(心臓死)した女性(24歳)のドナー(donor)からレシピエント(recipient)の男性(54歳)に実施し，術後18日目に肺炎で死亡した。バーナード博士は，自己の執刀した手術術式等の詳細を同月末に専門誌に発表し，情報公開している(Barnard CN. The operation. A human cardiac transplant: an interim report of a successful operation performed at Groote Schuur Hospital, Cape Town. South Africa Medical Journal. 1967; 41(48): 1271-1274.)。

日本では，1968年８月８日札幌医科大学の和田寿郎教授により実施された。

和田教授による移植手術は，摘出医と移植医が和田教授一人であったことからドナーからの心臓摘出が死亡前になされたのではないかとの疑念がもたれ，殺人罪で告発された。わが国の臓器移植手術は，和田移植手術によってタブーとなった歴史的背景がある。

臓器移植については，広汎な問題を包含し様々な立場からの賛否両論がある。そのような中で，脳死臨時調査会が設置され論議が重ねられ，臓器移植に関する法律(臓器移植法)が平成９年(1997年)７月16日成立し，同年10月16日より施行されるに至り一定の解決が図られた。

問題の第１は，脳死という概念が導入されたことにより死の判断基準が従来経験的に採用されてきた三徴候説(呼吸停止，心拍停止，瞳孔散大)と脳死(脳幹を含む全脳髄が不可逆性に機能消失した状態・見えない死)とのダブルスタンダードになったことである。第２は，脳死に基づく臓器移植手術数が極端に少ないことであり，施行後12年を経ても86余例に過ぎない情況である。臓器提供の促進のため改正された臓器の移植に関する法律の一部を改正する法律(平成21年法律第83号)は，本人の書面による意思表示がなく家族の書面による承諾に基づく提供，親族への優先提供の意思表示及び脳死した15歳未

満の小児の身体からの臓器提供が可能となった。改正法施行後(2010年7月17日～2019年12月31日)，臓器提供は490例となりトータル576例となった。又，2019年3月31日時点で15歳未満の小児の身体からの臓器提供は27例である。第3は，臓器移植手術によってレシピエントの生命の持続が可能となった「光」の部分に脚光が向けられる中で，ドナーの術後の後遺症という「影」の部分にも注目されるようになってきた。

本講では，生体肝移植を中心に臓器移植の問題を考察する。なお，Informed Consent の実施が，ハイリスクな手術の前提である。

臓器移植法第1条

この法律は，臓器の移植についての基本的理念を定めるとともに，臓器の機能に障害がある者に対し臓器の機能の回復又は付与を目的として行われる臓器の移植術(以下単に「移植術」という。)に使用されるための臓器を死体から摘出すること，臓器売買等を禁止すること等につき必要な事項を規定することにより，移植医療の適正な実施に資することを目的とする。

同法第6条の2

移植術に使用されるための臓器を死亡した後に提供する意思を書面により表示している者又は表示しようとする者は，その意思の表示に併せて，親族に対し当該臓器を優先的に提供する意思を書面により表示することができる。

臓器移植法附則5

政府は，虐待を受けた児童が死亡した場合に当該児童から臓器(臓器の移植に関する法律第5条に規定する臓器をいう。)が提供されることのないよう，移植医療に係る業務に従事する者がその業務に係る児童について虐待が行われた疑いがあるかどうかを確認し，及びその疑いがある場合に適切に対応するための方策に関し検討を加え，その結果に基づいて必要な措置を講ずるものとする。

II．生体肝移植の問題点

Ⅰ．重篤の肝臓疾患(胆道閉鎖症，肝臓癌，劇症肝炎，原発性胆汁性肝硬変等)に対する治療行為として，肝臓移植手術がある。

移植手術としては，1997年7月16日成立し，同年10月16日施行された「臓器の移植に関する法律」に基づく脳死者からの肝臓移植手術が最善であるが，現実には脳死判定後の移植手術が極端に少なく提供される肝臓が慢性的に不足している。そこで，次善の策として生体肝移植手術が実施されるに至った。

生体肝移植手術は，切除した肝臓が2ヶ月で再生し元の大きさに戻ること

を利用したものである。この手術は，当初，親から子どもへの移植手術として実施されていたが，1994年，成人(18歳以上)間の移植手術が京都大学付属病院で実施された。最近では，小児の症例数を上回っている。
II．1989年11月13日，世界で4例目，わが国では初めての生体肝移植手術が島根医科大学(現島根大学医学部)で永末直文第2外科助教授の執刀で実施された。臓器移植が認められていない状況のなか，胆道閉鎖症の1歳の男児に対し，父親がドナー(donor)として肝臓を提供した。レシピエント(recipient)の杉本裕弥君は，術後285日目に亡くなった。

この手術に対しては，日本初の手術ということもあり執刀医の売名行為との批判がなされた。この点について執刀医の永末直文第2外科助教授は，「患者のご家族の強い意志に基づく，緊急避難的手術」であったと述べている。
III．生体肝移植手術は，レシピエント，ドナー双方にとってハイリスクな手術を実施することの倫理的妥当性，および移植の拒絶反応を軽減させるため肉親からの臓器提供が要請されがちであり，とりわけ親から子どもへの臓器提供が暗黙のうちにプレッシャーとなる危険性(道徳的・倫理的)が内在している(拙稿「法の生成と発展」松村 格編著『法学・憲法』，1990年，八千代出版，50頁参照)。この点について，同様の危惧のもとより建設的論議として，星野一正教授は，「親からの生体肝移植の場合で，手術後もし拒絶反応が起こって再手術が必要になったときには，最初の生体肝移植の時に肝臓を提供しなかったほうの親が次のドナーになることが期待されがちである。しかしそれでは，再移植が必要になった時に，親の立場として，自主的な判断でドナーになろうと決めることが難しくなるばかりか，周囲からの強制や精神的圧力に屈する場合すら想定されよう。これは，本人の意思を尊重することが基本的に重要であるとする現代のバイオエシックスの立場からは到底許されることではなかろう。そこで，当時私が委員長をしていた京都大学医学部医の倫理委員会では，小澤教授のいわれるように「最初の一回きりの生体肝移植に，両親のすべての愛情をその子に注いでもらい，再移植はしない」という条件付きでインフォームド・コンセントをとり，それでもよいという場合にのみ生体肝移植を行うことにした。また，この場合に，親の責任として，患児以外の子供たちのことも考えなければならない点も考慮されたのであった」と指摘する(星野一正『医療の倫理』，1991年，岩波新書，190頁以下参照)。

III．事例研究

生体肝移植は，今日では京都大学医学部付属病院移植外科田中紘一教授を

中心としたチーム医療をはじめ，幾つかの大学付属病院で，成人同士の間で実施されておりドナーにとり肉体的負担が増加している（後藤正治『生体肝移植－京大チームの挑戦－』，岩波新書，2002年）。

子どもへの生体肝移植では，ドナーの肝臓の３分の１にあたる左葉を切除する。これに対し，成人間の生体肝移植では，ドナーの肝臓の３分の２にあたる右葉を切除しリスクが高まる。

京都大学医学部付属病院では，生体肝移植が唯一の治療法であるとされた成人間の生体肝移植はこの９年間に465例であり，１年後生存率は82％である。実施に先立ち，移植外科情報室において，ドナーの家族及びレシピエントの家族に対し個別にインフォームド・コンセントが実施される。拒絶反応，感染症などの危険及びドナーに対しては，提供後の死亡例が海外で２例あることも伝える。

京都大学医学部付属病院移植外科田中紘一教授は，臓器提供に逡巡する「ゆれる家族」からの手紙に対し，“自分の気持ちに一番忠実であるように”とのアドバイスをするという。

［実施例１］
佐古田利文（38歳）肝臓癌
ドナー：兄
癌の転移の有無をチェックの後，生体肝移植手術を実施

［実施例２］
40代男性　劇症肝炎でヘリコプターで搬送され，同日中に移植手術が必要
ドナー：姉
インフォームド・コンセントが1時間に亘りなされた。姉は，一家の経済的支柱であり，３分の１ないし４分の１の切除と考えていたので決断できず，家族と１時間相談しドナーとなることを決意

［実施例３］
柏原季恵（47歳）原発性胆汁性肝硬変
ドナー：妹　田中和子（45歳）学校に通う子どもがおり，仕事をもっている。
姉　山本誠代（50歳）２人の子どもが独立し，老人ホームでボランティアとして働く。夫と２人の生活，不適合との結果
レシピエントの夫はＢ型肝炎，長女は18歳で未成年のためドナーには不適格。
1998.3.12.am.10：00～am.13.2：00 16時間の手術

［実施例４］

田中千恵（59歳）劇症肝炎　高知県内で治療
ドナー：次女　詠子（26歳）

移植手術の際，傷跡が残るかを医師に尋ね，最悪の場合はケロイド状態であると知らされる。

インフォームド・コンセントの際，母親は，子どもの身体に傷をつけてまで移植を望まないので，兄・元康とともに母親には，自分がドナーであることを秘密にしておいてほしいと医師に依頼

医師は，本人に秘密にすることなくドナーの意思を伝えるべきであるとし，兄と次女をはじめ家族で母親を説得する。

“もう，それしかないんだね。”

移植手術の直後，集中治療室での母親との会話

詠子“怖くなっかたよ。がんばったよ。”

母　“詠子のおかげだね。”

手術後，1ヵ月後に死亡。

京大医学部付属病院での成人間の生体肝移植の実例（NHKスペシャル「命をめぐる決断－生体肝移植・家族の記録－」）

第4講　患者と医療従事者の関係性

病者がどのような思いで自らの病魔と向き合っているかを考察したい。病識のある患者にとり自らの病態を医師に理解してもらえない苦しみは，想像を絶するものである。医師の理解する「病気」は限られたものであり，原因等の判明しない多くの病気が存在する。

柳澤桂子氏は，原因不明の病に30年近く悩まされ，医師からは検査結果に現れぬ故に精神的なものと言われ，科学者として痛みについてデータを取り原因の特定にあたった。絶望の余り尊厳死をも考え，家族の反対で思いとどまり，科学者である夫が世界中の医学誌の丹念な検索により鎮痛効果のある薬剤を探し，家庭医に処方してもらい奇跡的な回復を果した。

柳澤桂子氏は，自らの体験を多くの著作で語っている（『癒されて生きる』，『いのちのことば』，『認められぬ病』）。以下に，柳澤桂子氏が30有余年の患者体験で獲得した珠玉の言葉を紹介する。

○「医師が病気として認めないということは，病人としての権利をあたえられないばかりではありません。苦痛を訴え，愚痴をこぼす人間として，その

品性までもが疑われることになります。」(柳澤桂子『いのちのことば』集英社，2006年，12頁参照)。

○「医学にできることはほんの少ししかない。目の前の病人になすべきことをし尽してしまい，もはや何の手段ももたなくなったときにはじめて，医師も看護師もその他のひとびとも死にゆくひとと同じ地平に立てるのではなかろうか。」(同書，34頁参照)。

医療従事者は，患者と呼ばれる病者の声に真摯に耳を傾け(傾聴)そこから多くを学ぶという謙虚な姿勢が必要である。

本講では，乳癌患者であるジャーナリスト本田麻由美記者の記事を参考に患者の声に目を向け考察したい。病者は，時に病に絶望して安楽死を切望することがある。安楽死についての代表的判例を検討する。

第5講　医療過誤

医療は，人の生命と身体の安全と言う最も根源的な権利と常に向き合っている専門領域である。医療行為は，患者の身体に対する侵襲的行為が治療としてなされる。それ故，医療従事者の過誤は，直接患者の生命の危険を惹起する。

医療過誤とは，医療従事者が専門職として要請される注意義務を充足せずに患者に対して一定の結果を惹起した場合にその責任を問われるものである。

人は，行動において過誤を完全に排除することは不可能である。この現実を厳粛に受容することが，肝要である。

「人は，ミスを犯すものである(human error)。」・「専門職である医療従事者は，ミスを犯すはずはない。」といういずれのphilosophyに立脚するかは，医療過誤が発生した時の対応において決定的な差異を齎す。前者は，惹起したミスを公表し患者及びその家族に真摯な対応をするとともに再発の防止に全力を傾注する。他方，後者は，惹起したミスの隠蔽に終始し患者及びその家族との対立を齎し，その解決を司法の場に委ねることもある。

後者の事例として東京女子医科大学(心房中隔欠損症手術に際して人工心肺装置の操作ミスによる死亡)及び東京医科大学(心臓弁膜症手術に際して同一の執刀医による連続死亡)の2ケースがある。それぞれのケースについて東京女子医科大学のその後の対応(参考資料・NHK Special)，東京慈恵医科大学青戸病院及び投薬ミスの予防策についての厚生労働省の指針を紹介する。

医療従事者の業務執行中に患者に重篤な身体的侵襲が生じた場合は，刑事責任と共に被害回復及び医療行為の過失の有無が問われる。被害者・患者家族の早期の被害回復・支援としては，民事法上の損害賠償請求訴訟と産婦人科領域での産科医療補償制度がある。

医療行為の妥当性については，刑事裁判での過失の有無について業務上過失致死傷罪の成否が問題となる。

更に，医療従事者の行為については，医道審議会の各分科会（医道分科会，保健師助産師看護師分科会看護倫理部会，薬剤師分科会薬剤師倫理部会等）による審査が有り，行政処分として免許の取扱いが検討される。

本講では，医療過誤をめぐる重要判例を取り上げ問題の所在を検討し，再発防止の在り方を考察する。

医療従事者は，その業務の性質から常に患者の生命・身体の安全と対峙しており専門職としての高度の注意義務が要請される。他方，従来の医師と患者との関係は，パターナリズム（paternalism）を基盤に縦の関係であった。

患者の人権保障という視点は，医療従事者と患者及び家族の関係において informed consent の重要性が認識され両者の共通の理解となっている。

このような背景のもとでもなお医療従事者の careless mistakes による重篤な患者の身体的侵襲が生じている。人の行為にはミスが伴いがちであるが，患者の生命と身体の安全を前提とする医療現場では可能な限り排除することが要請される。

検討対象の医療過誤７事例は，各態様のリーディング・ケースである。

【Case1】は，看護師の医療過誤のリーディング・ケースである国立鯖江病院での誤投薬事例である。【Case2】は，医療過誤を組織ぐるみで隠蔽した都立広尾病院事例であり，看護師・院長・東京都衛生局副参事の責任が問われている。【Case3】は，癌告知を怠り informed consent を充分実施せず損害賠償責任を認めた事例である。【Case4】は，医師による医療過誤隠蔽の東京女子医科大学附属病院事例である。【Case5】は，抗がん剤の過剰投与（over dose）の埼玉医科大学総合医療センター事例である。【Case6】は，患者を取違えて手術を実施した横浜市立大学附属病院事例である。【Case7】は，帝王切開手術中の産婦死亡の福島県立大野病院事例である。

【参考文献】

岡井 崇『ノーフォールト（上・下）』，早川書房，2007年，ハヤカワ文庫，2009年，同『トライアングル』，早川書房，2015年，同『デザイナーベイビー（上・下）』，ハヤカワ文庫，2013年，合本・改稿2015年，同『壊れゆく医師たち』（共著），岩波書店，2008年

第6講　人の始期

Ⅰ．人は，いつから法律上人と見なされるのであろうか？　この問題は，人の始期として議論されている。

従来，刑法上一部露出説が支配的見解であった(本書73頁以下)。しかし，胎児性水俣病 case を契機に人の始期について検討がなされ，生命保続可能性という視点から独立生存可能性説も主張されるに至っている。

他方，医学分野においては，生物学的始期との関係から近時の問題意識は，生殖補助医療の視点から代理出産等の問題が論議の的になっている。HIV 感染のパートナーの体外受精妊娠についての問題として，体外受精胚盤胞移植がある。

Ⅱ．人の始期を巡る最新の問題としては，非侵襲的出生前遺伝学的検査(non invasive prenatal genetic testing：NIPT)，着床前遺伝子診断(preimplantation genetic diagnosis：PGD)及び異数性に関する着床前遺伝学的検査(preimplantation genetic testing for aneuploidy：PGT-A)の是非がある。

特に，NIPT は，遺伝カウンセラーによるカウンセリング受診と認定施設での検査を前提に高齢出産や一定の条件を充足する妊娠10週から16週の妊婦の血液20mlを採血し，染色体数的異常(21トリソミー，18トリソミー，13トリソミー)の有無を判定する非確定的検査である。NIPT の問題点は，確定検査である絨毛検査・羊水検査を受検せずに NIPT 陽性結果のみで95%の妊婦が人工妊娠中絶手術を選択し，「生命の選別」が行われている現実である。

日本産科婦人科学会は，2013年 NIPT 導入に際し，NIPT に包摂される優生思想との批判に対し社会的・倫理的・医療的側面から様々な議論を交わし臨床試験との制約のもと非常に限定的に実施した。日本産科婦人科学会は，臨床研究のデータを公表することなく倫理委員会での密室の論議と理事会での論議のみで2019年 NIPT 指針及び指針施行細則を変更し，緩やかな実施を可能とした。日本産科婦人科学会のガイドラインは，会員のみを対象とし会告違反者には除名というペナルティーが最大である。

生命の誕生は，国民の重要関心事であり医学プロフェッションのみの密室での議論で2013年 NIPT 指針を換骨奪胎変更することは国民の同意を得られない。厚生労働省は，日本産科婦人科学会の NIPT 指針及び指針施行細則改正・実施に先立ち，「母体血を用いた出生前遺伝学的検査(NIPT)の調査等に関するワーキンググループ」を立上げ論議を重ねている。

PGT-A は，着床前遺伝子診断であるがゆえに NIPT に伴う人工妊娠中絶という事実を回避することが可能な診断方法である。然しながら，PGT-A の実施対象は，当初非常に限定的であったが，現状では縛りが弛緩している。

【参考論文】

拙著『先端医療と刑事法の交錯』，成文堂，2018年

拙稿「非侵襲的出生前遺伝学的検査の現況と問題」，法政治研究 7 号（2021年）

櫛島次郎「生殖補助医療の倫理と法の動向」(http://www.med.or.jp/doctor/rinri/i_rinri/d02.html)

石井美智子「母体保護法とその問題点」(http://www.med.or.jp/doc tor/rinri/i_rinri/d05.html)

平原史樹「出生前診断」(http://www.med.or.jp/doctor/rinri/i_rinri/d06.html) −

福嶋義光「遺伝子検査・遺伝学的検査」(http://www.med.or.jp/doc tor/rinri/i_rinri/e01.html)

福嶋義光「遺伝子治療と倫理」(http://www.med.or.jp/doctor/rinri/i_ rinri/e01.html) −

第 7 講　人の終期

I．生命維持装置の off

生命維持装置の作動によって生命が維持されている患者の終焉をどのように考えるかと言う問題は，安楽死ないし尊厳死の問題として論議されてきた。裁判実務や臨床現場では，恒常的に生じている問題である。

人の死は，患者個人の死生観としての尊厳死の意思の尊重という側面と家族の死の受容という側面がある。

統一的対応ということから幾つかの提案がなされている。人間らしい尊厳のある死をめざすホスピス運動は，イギリスで展開され，今日わが国の医療現場でもその考えが定着されつつある。更に，患者の疼痛を和らげる緩和ケアという考え方も導入されている。

II．脳死を巡る諸問題

人の終期・死については，従来，心臓死説・三徴候説（呼吸停止・心拍停止・瞳孔拡大）が採用されて死の判定がなされてきた。しかしながら，医学の進歩に伴い臓器移植という方法により機能不全に陥った臓器を交換することも可能になった。臓器移植医療を十全なものにするには，より新鮮なドナー（donor）の臓器の移植を目指すことになる。他方，生命維持治療の進展は，維持装置の作動により延命が可能となった。

新鮮な臓器移植による十全な移植医療の確立という観点からは，新鮮な臓

器の摘出が希求される。また，生命維持装置に繋がれての生存については，「尊厳ある死」という考えからどの段階で生命維持装置を off にするかという問題が生じる。

このような状況の中で，死の概念が変更を余儀なくされ，新たに脳死（全脳死）という概念が登場した。

法的脳死判定は，「臓器移植に関する法律の運用に関する指針（ガイドライン）」第６の１及び臓器の移植に関する法律施行規則第２条によると下記の状態である。

脳の器質的な障害により深昏睡及び自発呼吸を消失した状態と認められ，かつ，器質的脳障害の原因となる疾患が確実に診断されていて，原疾患に対して行い得るすべての適切な治療を行った場合であっても回復の可能性がないと認められる者。

但し，下記１～４の者は除外する。

１．生後12週（在胎週数が40週未満であった者にあっては，出産予定日から起算して12週）未満の者
２．急性薬物中毒により深昏睡及び自発呼吸を消失した状態にあると認められる者
３．直腸温が摂氏32度未満（６歳未満の者にあっては，摂氏35度未満）の状態にある者
４．代謝性障害又は内分泌性障害により深昏睡及び自発呼吸を消失した状態にあると認められる者

かつ，下記の４項目いずれも確認された場合。

１．深昏睡
２．瞳孔が固定し，瞳孔径が左右とも４ミリメートル以上であること
３．脳幹反射（対光反射，角膜反射，毛様脊髄反射，眼球頭反射，前庭反射，咽頭反射及び咳反射）の消失
４．平坦脳波

III. 高齢者との関り

医療従事者は，患者の病態の改善・回復を主たる任務としそれぞれの業務に邁進している。人生100年という新たな状況は，医療従事者にも新たな視点からの業務の在り方の検討を余儀なくさせる。医療従事者は，100年という時間を健康な中で迎える方策を問われ，具体的にはクライアントとどの様に最後の時空を共有するかが問われる。

国立長寿医療研究センターは，「私たちは高齢者の心と体の自立を促進し，健康長寿社会の構築に貢献します。」との理念のもと，基本方針として「•人の尊厳や権利を重視し，病院と研究所が連携して高い倫理性に基づく良質な医療と研究を行います。•病院では高度先駆的医療，新しい機能回復医療，包括的・全人的医療を行います。•研究所では老化と老年病の研究，新しい医療技術の開発，社会科学を含む幅広い研究を行います。•老人保健や福祉とも連携し，高齢者の生活機能の向上をめざします。•成果を世界に発信し，長寿医療の普及に向けた教育・研修を行います。」を掲げる（https://www.ncgg.go.jp/ncgg-overview/index.html）。

地方独立行政法人東京都健康長寿医療センターは，基本理念として「センターは，高齢者の心身の特性に応じた適切な医療の提供，臨床と研究の連携，高齢者の QOL を維持・向上させるための研究を通じて，高齢者の健康増進，健康長寿の実現を目指し，大都市東京における超高齢社会の都市モデルの創造の一翼を担う。」とする（https://www.tmghig.jp/about/philosophy/）。

一人一人にとって「死」は，回避不可能であり死をどの様に受容するか，医療従事者はどの様にクライアントと関われるかを問い続けなければならない。

A・ガワンデは，熟年成人健康センター（老年科）の留意事項として「1. できる限り，疾病による破壊を受けないようにする。2. 社会に積極的に関わっていけるような十分な能力を確保する。」をあげる（Atul Gawande, Being Mortal *Medicine and What Matters in the End*, 2014（原井宏明（訳）『死すべき定め 死にゆく人に何ができるか』，みすず書房，2020年，32頁参照）。

第８講　患者の権利

医療従事者と患者との関係は，従来，パターナリズム（paternalism）による「おまかせ医療」という側面が多大であった。そのような考えのもとでは，医療の一方当事者である患者は医師の指示のまま自ら発言する機会は乏しく治療される単なる客体に過ぎなかった。

Informed Consent という視点は，医療従事者と患者との対等な関係を構築する契機を提供した。患者は，人間としての尊厳のもと権利主体として医療に参加することになった。患者は，自らの身体情報について医師から十分な説明を納得するまで受け，その後に治療方針等について自ら決定することになる（患者の自己決定権）。

欧米で提唱されたInformed Consentは，日本の現状に適う様に修正して各病院等で実施されている。

世界医師会の採択した患者の権利に関するリスボン宣言(WMA Declaration of Lisbon on the Rights of the Patient)1981年を検討する。

序文

医師，患者およびより広い意味での社会との関係は，近年著しく変化してきた。医師は，常に自らの良心に従い，また常に患者の最善の利益のために行動すべきであると同時に，それと同等の努力を患者の自律性と正義を保証するために払わねばならない。以下に掲げる宣言は，医師が是認し推進する患者の主要な権利のいくつかを述べたものである。医師および医療従事者，または医療組織は，この権利を認識し，擁護していくうえで共同の責任を担っている。法律，政府の措置，あるいは他のいかなる行政や慣例であろうとも，患者の権利を否定する場合には，医師はこの権利を保障ないし回復させる適切な手段を講じるべきである。

原則

1．良質の医療を受ける権利

a．すべての人は，差別なしに適切な医療を受ける権利を有する。

b．すべての患者は，いかなる外部干渉も受けずに自由に臨床上および倫理上の判断を行うことを認識している医師から治療を受ける権利を有する。

c．患者は，常にその最善の利益に即して治療を受けるものとする。患者が受ける治療は，一般的に受け入れられた医学的原則に沿って行われるものとする。

d．質の保証は，常に医療のひとつの要素でなければならない。特に医師は，医療の質の擁護者たる責任を担うべきである。

e．供給を限られた特定の治療に関して，それを必要とする患者間で選定を行わなければならない場合は，そのような患者はすべて治療を受けるための公平な選択手続きを受ける権利がある。その選択は，医学的基準に基づき，かつ差別なく行われなければならない。

f．患者は，医療を継続して受ける権利を有する。医師は，医学的に必要とされる治療を行うにあたり，同じ患者の治療にあたっている他の医療提供者と協力する責務を有する。医師は，現在と異なる治療を行うために患者に対して適切な援助と十分な機会を与えることができないならば，今までの治療が医学的に引き続き必要とされる限り，患者の治療を中断してはならない。

2．選択の自由の権利

ａ．患者は，民間，公的部門を問わず，担当の医師，病院，あるいは保健サービス機関を自由に選択し，また変更する権利を有する。

ｂ．患者はいかなる治療段階においても，他の医師の意見を求める権利を有する。

３．自己決定の権利

ａ．患者は，自分自身に関わる自由な決定を行うための自己決定の権利を有する。医師は，患者に対してその決定のもたらす結果を知らせるものとする。

ｂ．精神的に判断能力のある成人患者は，いかなる診断上の手続きないし治療に対しても，同意を与えるかまたは差し控える権利を有する。

患者は自分自身の決定を行ううえで必要とされる情報を得る権利を有する。

患者は，検査ないし治療の目的，その結果が意味すること，そして同意を差し控えることの意味について明確に理解するべきである。

ｃ．患者は医学研究あるいは医学教育に参加することを拒絶する権利を有する。

４．意識のない患者

ａ．患者が意識不明かその他の理由で意思を表明できない場合は，法律上の権限を有する代理人から，可能な限りインフォームド・コンセントを得なければならない。

ｂ．法律上の権限を有する代理人がおらず，患者に対する医学的侵襲が緊急に必要とされる場合は，患者の同意があるものと推定する。ただし，その患者の事前の確固たる意思表示あるいは信念に基づいて，その状況における医学的侵襲に対し同意を拒絶することが明白かつ疑いのない場合を除く。

ｃ．しかしながら，医師は自殺企図により意識を失っている患者の生命を救うよう常に努力すべきである。

５．法的無能力の患者

ａ．患者が未成年者あるいは法的無能力者の場合，法域によっては，法律上の権限を有する代理人の同意が必要とされる。それでもなお，患者の能力が許す限り，患者は意思決定に関与しなければならない。

ｂ．法的無能力の患者が合理的な判断をしうる場合，その意思決定は尊重されねばならず，かつ患者は法律上の権限を有する代理人に対する情報の開示を禁止する権利を有する。

ｃ．患者の代理人で法律上の権限を有する者，あるいは患者から権限を与えられた者が，医師の立場から見て，患者の最善の利益となる治療を禁止する場合，医師はその決定に対して，関係する法的あるいはその他慣例に基づき，

異議を申し立てるべきである。救急を要する場合，医師は患者の最善の利益に即して行動することを要する。

6．患者の意思に反する処置

患者の意思に反する診断上の処置あるいは治療は，特別に法律が認めるか医の倫理の諸原則に合致する場合には，例外的な事例としてのみ行うことができる。

7．情報に対する権利

a．患者は，いかなる医療上の記録であろうと，そこに記載されている自己の情報を受ける権利を有し，また症状についての医学的事実を含む健康状態に関して十分な説明を受ける権利を有する。しかしながら，患者の記録に含まれる第三者についての機密情報は，その者の同意なくしては患者に与えてはならない。

b．例外的に，情報が患者自身の生命あるいは健康に著しい危険をもたらす恐れがあると信ずるべき十分な理由がある場合は，その情報を患者に対して与えなくともよい。

c．情報は，その患者の文化に適した方法で，かつ患者が理解できる方法で与えられなければならない。

d．患者は，他人の生命の保護に必要とされていない場合に限り，その明確な要求に基づき情報を知らされない権利を有する。

e．患者は，必要があれば自分に代わって情報を受ける人を選択する権利を有する。

8．守秘義務に対する権利

a．患者の健康状態，症状，診断，予後および治療について個人を特定しうるあらゆる情報，ならびにその他個人のすべての情報は，患者の死後も秘密が守られなければならない。ただし，患者の子孫には，自らの健康上のリスクに関わる情報を得る権利もありうる。

b．秘密情報は，患者が明確な同意を与えるか，あるいは法律に明確に規定されている場合に限り開示することができる。情報は，患者が明らかに同意を与えていない場合は，厳密に「知る必要性」に基づいてのみ，他の医療提供者に開示することができる。

c．個人を特定しうるあらゆる患者のデータは保護されねばならない。データの保護のために，その保管形態は適切になされなければならない。個人を特定しうるデータが導き出せるようなその人の人体を形成する物質も同様に保護されねばならない。

９．健康教育を受ける権利

すべての人は，個人の健康と保健サービスの利用について，情報を与えられたうえでの選択が可能となるような健康教育を受ける権利がある。この教育には，健康的なライフスタイルや，疾病の予防および早期発見についての手法に関する情報が含まれていなければならない。健康に対するすべての人の自己責任が強調されるべきである。医師は教育的努力に積極的に関わっていく義務がある。

10．尊厳に対する権利

ａ．患者は，その文化および価値観を尊重されるように，その尊厳とプライバシーを守る権利は，医療と医学教育の場において常に尊重されるものとする。

ｂ．患者は，最新の医学知識に基づき苦痛を緩和される権利を有する。

ｃ．患者は，人間的な終末期ケアを受ける権利を有し，またできる限り尊厳を保ち，かつ安楽に死を迎えるためのあらゆる可能な助力を与えられる権利を有する。

11．宗教的支援に対する権利

患者は，信仰する宗教の聖職者による支援を含む，精神的，道徳的慰問を受けるか受けないかを決める権利を有する。

患者の権利に関するリスボン宣言（WMA Declaration of Lisbon on the Rights of the Patient）1981年

（日本医師会訳）https://www.med.or.jp/doctor/international/wma/lisbon.html

第２章　医療と社会保障

Ⅰ．序　言

社会構成員である国民は，憲法25条で「健康で文化的な最低限度の生活を営む権利」を担保され，憲法13条で「生命，自由及び幸福を追する権利」を担保されている。他方，国家は，国民の権利を保障・実現する義務を負っている。

国民の健康維持は，全ての前提であり医療を受ける権利をどのように保障し，実現するかが重大な論点となる。

憲法第25条

すべて国民は，健康で文化的な最低限度の生活を営む権利を有する。

２　国は，すべての生活部面について，社会福祉，社会保障及び公衆衛生の向上及び増進に努めなければならない。

憲法第13条

すべて国民は，個人として尊重される。生命，自由及び幸福追求に対する国民の権利については，公共の福祉に反しない限り，立法その他の国政の上で，最大の尊重を必要とする。

世界人権宣言第25条

１　すべて人は，衣食住，医療及び必要な社会的施設等により，自己及び家族の健康及び福祉に十分な生活水準を保持する権利並びに失業，疾病，心身障害，配偶者の死亡，老齢その他不可抗力による生活不能の場合は，保障を受ける権利を有する。

２　母と子とは，特別の保護及び援助を受ける権利を有する。すべての児童は，嫡出であると否とを問わず，同じ社会的保護を受ける。

生活保護法(昭和25年５月４日)(法律第144号)

第１条　この法律は，日本国憲法第25条に規定する理念に基き，国が生活に困窮するすべての国民に対し，その困窮の程度に応じ，必要な保護を行い，その最低限度の生活を保障するとともに，その自立を助長することを目的とする。

第２条　すべて国民は，この法律の定める要件を満たす限り，この法律による保護(以下「保護」という。)を，無差別平等に受けることができる。

第３条　この法律により保障される最低限度の生活は，健康で文化的な生活水準を維持することができるものでなければならない。
第４条　保護は，生活に困窮する者が，その利用し得る資産，能力その他あらゆるものを，その最低限度の生活の維持のために活用することを要件として行われる。
２　民法(明治29年法律第89号)に定める扶養義務者の扶養及び他の法律に定める扶助は，すべてこの法律による保護に優先して行われるものとする。
３　前２項の規定は，急迫した事由がある場合に，必要な保護を行うことを妨げるものではない。
第５条　前４条に規定するところは，この法律の基本原理であって，この法律の解釈及び運用は，すべてこの原理に基いてされなければならない。
第15条　医療扶助は，困窮のため最低限度の生活を維持することのできない者に対して，左に掲げる事項の範囲内において行われる。
１　診察
２　薬剤又は治療材料
３　医学的処置，手術及びその他の治療並びに施術
４　居宅における療養上の管理及びその療養に伴う世話その他の看護
５　病院又は診療所への入院及びその療養に伴う世話その他の看護
６　移送

持続可能な社会保障制度の確立を図るための改革の推進に関する法律 法律第112号(平25・12・13)

第１条　この法律は，社会保障制度改革推進法(平成24年法律第64号)第４条の規定に基づく法制上の措置として，同法第２条の基本的な考え方にのっとり，かつ，同法第２章に定める基本方針に基づき，同法第９条に規定する社会保障制度改革国民会議における審議の結果等を踏まえ，同法第１条に規定する社会保障制度改革(以下この条及び次条第１項において単に「社会保障制度改革」という。)について，その全体像及び進め方を明らかにするとともに，社会保障制度改革推進本部及び社会保障制度改革推進会議を設置すること等により，社会保障制度改革を総合的かつ集中的に推進するとともに，受益と負担の均衡がとれた持続可能な社会保障制度の確立を図るための改革を推進することを目的とする。
第２条　政府は，人口の高齢化が急速に進展する中で，活力ある社会を実現するためにも，健康寿命の延伸により長寿を実現することが重要であること

に鑑み，社会保障制度改革を推進するとともに，個人がその自助努力を喚起される仕組み及び個人が多様なサービスを選択することができる仕組みの導入その他の高齢者も若者も，健康で年齢等にかかわりなく働くことができ，持てる力を最大限に発揮して生きることができる環境の整備等(次項において「自助・自立のための環境整備等」という。)に努めるものとする。

2　政府は，住民相互の助け合いの重要性を認識し，自助・自立のための環境整備等の推進を図るものとする。

II．社会保障に関する基本判例　憲法25条の射程

1．朝日訴訟　最高裁昭和42年5月24日大法廷判決 生活保護法による保護に関する不服の申立に対する裁決取消請求事件　民集21巻5号1043頁

事案の概要：上告人らの被相続人Aが，Aが受給していた生活保護法に基づく医療扶助及び生活扶助について，本件保護変更決定及び被上告人厚生大臣がした不服申立てを却下する裁決の取消しを求めた事案の上告審において，傍論で，健康で文化的な最低限度の生活なるものは，抽象的な相対的概念であり，その具体的内容は，文化の発達，国民経済の進展に伴って向上するのはもとより，多数の不確定的要素を綜合考慮してはじめて決定できるものであり，その判断は一応厚生大臣の合目的的な裁量に委ねられていると示しつつ，生活保護法に基づく保護受給権が一身専属の権利である以上，本件訴訟は，上告人の死亡によって終了したとした事例。

「上告人は，十数年前から国立岡山療養所に単身の肺結核患者として入所し，厚生大臣の設定した生活扶助基準で定められた最高金額たる月600円の日用品費の生活扶助と現物による全部給付の給食付医療扶助とを受けていた。ところが，同人が実兄敬一から扶養料として毎月1,500円の送金を受けるようになったために，津山市社会福祉事務所長は，月額600円の生活扶助を打ち切り，右送金額から日用品費を控除した残額900円を医療費の一部として上告人に負担させる旨の保護変更決定をした。同決定が岡山県知事に対する不服の申立および厚生大臣に対する不服の申立においても是認されるにいたったので，上告人は，厚生大臣を被告として，右600円の基準金額が生活保護法の規定する健康で文化的な最低限度の生活水準を維持するにたりない違法のものであると主張して，同大臣の不服申立却下裁決の取消を求める旨の本件訴を提起した。

おもうに，生活保護法の規定に基づき要保護者または被保護者が国から生活保護を受けるのは，単なる国の恩恵ないし社会政策の実施に伴う反射的利

益ではなく，法的権利であって，保護受給権とも称すべきものと解すべきである。しかし，この権利は，被保護者自身の最低限度の生活を維持するために当該個人に与えられた一身専属の権利であって，他にこれを譲渡し得ないし(59条参照)，相続の対象ともなり得ないというべきである。また，被保護者の生存中の扶助ですでに遅滞にあるものの給付を求める権利についても，医療扶助の場合はもちろんのこと，金銭給付を内容とする生活扶助の場合でも，それは当該被保護者の最低限度の生活の需要を満たすことを目的とするものであって，法の予定する目的以外に流用することを許さないものであるから，当該被保護者の死亡によって当然消滅し，相続の対象となり得ない，と解するのが相当である。また，所論不当利得返還請求権は，保護受給権を前提としてはじめて成立するものであり，その保護受給権が右に述べたように一身専属の権利である以上，相続の対象となり得ないと解するのが相当である。（中略）入院入所中の保護患者については，生活保護法による保護の程度に関して，長期療養という特殊の生活事情や医療目的からくる一定の制約があることに留意しなければならない。この場合に，日用品費の額の多少が病気治療の効果と無関係でなく，その額の不足は，病人に対し看過し難い影響を及ぼすことのあるのは，否定し得ないところである。しかし，患者の最低限度の需要を満たす手段として，法は，その需要に即応するとともに，保護実施の適正を期する目的から，保護の種類および範囲を定めて，これを単給または併給することとし，入院入所中の保護患者については，生活扶助のほかに給食を含む医療扶助の制度を設けているが，両制度の間にはおのずから性質上および運用上の区別があり，また，これらとは別に生業扶助の制度が存するのであるから，単に，治療効果を促進しあるいは現行医療制度や看護制度の欠陥を補うために必要であるとか，退院退所後の生活を容易にするために必要であるとかいうようなことから，それに要する費用をもって日用品費と断定し，生活扶助基準にかような費用が計上されていないという理由で，同基準の違法を攻撃することは，許されないものといわなければならない。」

2．堀木訴訟　最高裁昭和57年７月７日大法廷判決　行政処分取消等請求事件　民集36巻７号1235頁

事案の概要：上告人が，被上告人に対し，内縁の夫との離別後独力で養育している子について児童扶養手当法に基づく児童扶養手当を請求したところ，視力障害者として国民年金法に基づく障害福祉年金を受給している上告人は

児童福祉手当法４条３項３号(昭和43年法律第93号による改正前のもの)に該当するという理由で右請求を却下する旨の処分がされたため，右処分の取消しを求めた事案の上告審で，社会保障給付の全般的公平を図るため公的年金相互間における併給調整を行うかどうかは立法府の裁量の範囲に属する事柄であるから，本件併給調整条項は憲法25条に違反せず，また，憲法14条及び憲法13条にも違反しないとして，上告人の請求を棄却した原判決を支持し，上告を棄却した事例。

「上告人は，国民年金法別表記載の１級１号に該当する視力障害者で，同法に基づく障害福祉年金を受給しているものであるところ，同人は内縁の夫との間の男子堀木守(昭和30年５月12日生)を右夫との離別後独力で養育してきた。上告人は，昭和45年２月23日，被上告人に対し，児童扶養手当法に基づく児童扶養手当の受給資格について認定の請求をしたところ，被上告人は，同年３月23日付で右請求を却下する旨の処分をし，上告人が同年５月18日付で，被上告人に異議申立てをしたのに対し，被上告人は，同年６月９日付で，右異議申立てを棄却する旨の決定をした。その決定の理由は，上告人が障害福祉年金を受給しているので，昭和48年法律第93号による改正前の児童扶養手当法４条３項３号(以下「本件併給調整条項」という。)に該当し受給資格を欠くというものであった。（中略）児童扶養手当は，もともと国民年金法61条所定の母子福祉年金を補完する制度として設けられたものと見るのを相当とするのであり，児童の養育者に対する養育に伴う支出についての保障であることが明らかな児童手当法所定の児童手当とはその性格を異にし，受給者に対する所得保障である点において，前記母子福祉年金ひいては国民年金法所定の国民年金(公的年金)一般，したがつてその一種である障害福祉年金と基本的に同一の性格を有するもの，と見るのがむしろ自然である。そして，一般に，社会保障法制上，同一人に同一の性格を有する二以上の公的年金が支給されることとなるべき，いわゆる複数事故において，そのそれぞれの事故それ自体としては支給原因である稼得能力の喪失又は低下をもたらすものであっても，事故が二以上重なつたからといつて稼得能力の喪失又は低下の程度が必ずしも事故の数に比例して増加するといえないことは明らかである。このような場合について，社会保障給付の全般的公平を図るため公的年金相互間における併給調整を行うかどうかは，さきに述べたところにより，立法府の裁量の範囲に属する事柄と見るべきである。」

３．生活保護老齢加算廃止訴訟　最高裁平成24年２月28日第三小法廷判決

生活保護変更決定取消請求事件　民集66巻３号1240頁
事案の概要：原告ら(控訴人，上告人)が，「生活保護法による保護の基準」の数次の改定により，老齢加算が段階的に減額されて廃止されたことに基づいて，所轄の福祉事務所長からそれぞれ生活扶助の支給額を減額する旨の保護変更決定を受けたため，保護基準の上記改定は憲法25条１項，生活保護法３条等に反する違憲，違法なものであるとして，被告ら(被控訴人，被上告人)に対し，上記各保護変更決定の取消しを求めたところ，原判決が，請求を棄却した第一審判決を維持したため，原告らが上告した事案において，本件改定については，裁量権の範囲の逸脱又はその濫用があるということはできず，生活保護法３条又は生活保護法８条２項の規定に違反するものではないと解するのが相当であるとし，上告を棄却した事例。

「生活保護法56条は，既に保護の決定を受けた個々の被保護者の権利及び義務について定めた規定であって，保護の実施機関が被保護者に対する保護を一旦決定した場合には，当該被保護者について，同法の定める変更の事由が生じ，保護の実施機関が同法の定める変更の手続を正規に執るまでは，その決定された内容の保護の実施を受ける法的地位を保障する趣旨のものであると解される。このような同条の規定の趣旨に照らすと，同条にいう正当な理由がある場合とは，既に決定された保護の内容に係る不利益な変更が，同法及びこれに基づく保護基準の定める変更，停止又は廃止の要件に適合する場合を指すものと解するのが相当である。したがって，保護基準自体が減額改定されることに基づいて保護の内容が減額決定される本件のような場合については，同条が規律するところではないというべきである。（中略）生活保護法８条２項によれば，保護基準は，要保護者(生活保護法による保護を必要とする者をいう。以下同じ。)の年齢別，性別，世帯構成別，所在地域別その他保護の種類に応じて必要な事情を考慮した最低限度の生活の需要を満たすに十分なものであって，かつ，これを超えないものでなければならない。（中略）保護基準中の老齢加算に係る部分を改定するに際し，最低限度の生活を維持する上で老齢であることに起因する特別な需要が存在するといえるか否か及び高齢者に係る改定後の生活扶助基準の内容が健康で文化的な生活水準を維持することができるものであるか否かを判断するに当たっては，厚生労働大臣に上記のような専門技術的かつ政策的な見地からの裁量権が認められるものというべきである。（中略）老齢加算の減額又は廃止の要否の前提となる最低限度の生活の需要に係る評価や被保護者の期待的利益についての可及的な配慮は，前記⑵及び⑶のような専門技術的な考察に基づいた政策的判断

であって，老齢加算の支給根拠及びその額等については，それまでも各種の統計や専門家の作成した資料等に基づいて高齢者の特別な需要に係る推計や加算対象世帯と一般世帯との消費構造の比較検討がされてきたところである。これらの経緯等に鑑みると，老齢加算の廃止を内容とする保護基準の改定は，〔1〕当該改定の時点において70歳以上の高齢者には老齢加算に見合う特別な需要が認められず，高齢者に係る当該改定後の生活扶助基準の内容が高齢者の健康で文化的な生活水準を維持するに足りるものであるとした厚生労働大臣の判断に，最低限度の生活の具体化に係る判断の過程及び手続における過誤，欠落の有無等の観点からみて裁量権の範囲の逸脱又はその濫用があると認められる場合，あるいは，〔2〕老齢加算の廃止に際し激変緩和等の措置を採るか否かについての方針及びこれを採る場合において現に選択した措置が相当であるとした同大臣の判断に，被保護者の期待的利益や生活への影響等の観点からみて裁量権の範囲の逸脱又はその濫用があると認められる場合に，生活保護法３条，８条２項の規定に違反し，違法となるものというべきである。」

著者略歴

利光　三津夫

1927年　3月10日東京に生れる。
1950年　慶應義塾大学法学部政治学科卒業
以後同大学副手，東洋大学法学部助教授，慶應義塾大学法学部教授，常葉学園富士短期大学学長，清和大学学長を歴任。
慶應義塾大学名誉教授，法学博士（京都大学）
2009年　9月13日没
主　著　『律令及び令制の研究』『律の研究』『裁判の歴史』『二流人物論』『律令制の研究』『古代日本法制史』

林　弘正

1947年　5月16日東京都台東区長者町に生れる。
1974年　中央大学法学部法律学科卒業
1983年　中央大学大学院法学研究科刑事法専攻博士後期課程単位取得満期退学
以後，中央大学法学部兼任講師，常葉学園富士短期大学教授，清和大学法学部教授，島根大学大学院法務研究科教授，武蔵野大学法学部教授を経る。
2006年　アライアント国際大学カリフォルニア臨床心理学大学院（Alliant International University/California School of Professional Psychology）臨床心理学研究科修士課程修了・臨床心理学修士（Master of Arts in Clinical Psychology）
現　在　島根大学名誉教授
主　著　『児童虐待 その現況と刑事法的介入』（成文堂，初版 2000年，改訂版 2006年）
『改正刑法假案成立過程の研究』（成文堂，2003年）
『児童虐待II 問題解決への刑事法的アプローチ』（成文堂，初版 2007年，増補版 2011年）
『相当な理由に基づく違法性の錯誤』（成文堂，2012年）
『裁判員裁判の臨床的研究』（成文堂，2015年）
『先端医療と刑事法の交錯』（成文堂，2018年）
『児童虐待の司法判断』（成文堂，2019年）

法学―法制史家のみた―［追補第２版］

1994年５月16日　初版第１刷発行
2010年５月16日　追補版第１刷発行
2020年11月20日　追補第２版第１刷発行

著　者　利光三津夫
　　　　林　弘正

発行者　阿部成一

〒162-0041　東京都新宿区早稲田鶴巻町514番地
発行所　株式会社　成文堂
電話　03(3203)9201　FAX　03(3203)9206
http://www.seibundoh.co.jp

製版・印刷　藤原印刷　　製本　弘伸製本

ISBN978-4-7923-0677-9　C3032
定価（本体3200円＋税）　検印省略